인터페이스
혁명이
온다

AI 시대를 지배하는 경영의 핵심

인터페이스 혁명이 온다

신성석 지음

나비의 활주로

영화적 상상과 인터페이스의 과거, 현재 그리고 미래

2002년 7월, 개봉했던 스티븐 스필버그 감독의 영화 〈마이너리티 리포트〉. 이는 2054년에 워싱턴을 배경으로, 범죄가 일어나기 전 최첨단 치안 시스템 프리크라임을 이용하여 범죄를 예측해 범죄자를 체포하여 시민의 안전을 지킨다는 내용이다. 영화 자체의 성공이나 실패를 떠나서 미래를 배경으로 한 이 영화에서는 다양한 볼거리를 제공해 주었다. 특히나 프리크라임 팀장인 존 앤더슨 역의 톰 크루즈가 범죄 장면을 검색하고 범행 위치를 추적하는 동안 보여준 일련의 화려한 인터페이스는 보는 이들의 상상력을 자극하였다. 촉각 디스플레이 장갑을 끼고 손동작으로 파일을 처리하고, 범죄 장면을 검색하며 손가락을 이용하여 자유자재로 확대하며 정리하는 모습은 컴퓨터와 인간 사이의 인터페이스HCI,Human Computer Interface, HCI의 미래상을 제시하며 인간과 컴퓨터 간의 상호작용이 어떻게 변화, 발전하게 될 수 있는가에 대한 일면을 보여주었다.

〈마이너리티 리포트〉를 관람한 사람이나 그렇지 않은 사람이나 모두 영화 속에 등장한 새로운 인터페이스에 대해 놀라움을 표시하였으

[영화 〈마이너리티 리포트〉의 한 장면]

며, 영화 속에 등장한 인터페이스의 혁신성에 대해서는 동의하였다. 그렇게 많은 사람이 환호하고 미래의 인터페이스 기술이라는 극찬을 쏟아냈지만, 이는 단지 영화를 미래지향적으로 표현하기 위해 컴퓨터 기술을 이용한 장면에 불과하다고 생각했을 수도 있다. 또는 어느 연구소에서 연구과제로 진행할 만한 프로젝트이며, 미래의 어느 시점에 상용화될 수도 있고 그렇지 않을 수도 있다는 대수롭지 않은 반응이 대부분이었을 것이다.

기업의 입장에서 살펴보면, 언제 실용화될지 또는 실용화가 가능할지 알 수 없는 새로운 기술의 하나로 인식했을 것이며, 이러한 인터페이스 기술에 투자하는 것은 쉽지 않은 시도로 현재 사업에 관련이 없다면 투자를 고려할 만한 사항은 아니었을 것이다.

애플은 2005년, 핑거웍스Fingerworks라는 회사를 인수하면서 멀티 터치에 대한 인터페이스 특허를 확보하였으며, 아이팟 터치와 아이폰을 시장에 내놓으면서 다양한 방식의 터치 인터페이스에 대한 특허를 출원하고 등록하였다. 애플의 특허가 〈마이너리티 리포트〉에서 영감을 얻었는지 아닌지는 모르지만 이와 유사한 방식으로 터치라는 기술을 이용하여 다양한 기기의 인터페이스의 혁신을 끌어냈다. 특허로 보호를 받음으로써 경쟁사보다 최소 1년 이상 앞서갈 수 있었으며, 2010년 초가 되어서야 애플의 기술을 모방하여 멀티 터치를 적용한 기기들이 출현했다.

2004년 1월, 사토루 이와타 닌텐도 회장은 21세기 독특한 엔터테인먼트로서 새로운 게임 디바이스인 닌텐도 DS를 발표한다. 같은 해 세계 최대의 가전 쇼인 E3에서 닌텐도 DS의 자세한 사양이 발표되었다. 3인치 TFT LCD 디스플레이 두 개를 장착한 듀얼 스크린이며, 터치로 게임을 진행하는 포터블 게임기였다. 하드웨어적인 성능은 먼저 발표한 경쟁사 소니의 PSP에 미치지 못했지만 독특한 듀얼 스크린과 터치 인터페이스를 내장함으로써 전 세계적인 성공을 거둔 제품이다. 2009년 말까지 약 1억 3천만 대가량이 전 세계적으로 판매되었으며, 하드웨어의 성공과 자체적으로 개발한 게임 소프트웨어의 성공으로 소니에 뒤처져 있던 게임 시장에서 재역전에 성공하기에 이른다.

애플과 닌텐도는 기존의 고정관념을 깨는 인터페이스를 제품에 적용하면서 성공한다. 인터페이스의 중요성은 점차로 확대되고 있다. 앞으로 성공하는 제품과 기업은 인터페이스에 노력을 많이 들이지 않는다면 결국에는 실패하고 말 것이다. 기술이 발전하면서 기술 자체로 차별화를 꾀하기는 점점 어려워진다. 스마트폰 시장만 살펴봐도, 이미 기술은 상향 평준화가 되어 있어 기술만으로 성공하기는 어렵다. 이제는 새로운 서비스, 새로운 인터페이스로 차별화를 꾀해야 할 시기이다.

그동안 우리가 갇혀 있던 2차원의 시각 인터페이스는 1970년대 영화 〈스타워즈〉에서 보여준 홀로그램이나 〈레디 플레이어 원〉 영화처럼, VR을 이용한 3차원으로 진화할 것이다. 기업이 짧은 시간에 많은 자원을 투입한다고 혁신적인 인터페이스가 바로 나오지 않는다. 그렇기에 기업은 인터페이스의 중요성을 인식하고 이에 대한 준비를 하지 않으면 경쟁에서 뒤떨어질 수밖에 없을 것이다.

그렇다면 인터페이스란 무엇인가? 영어 용어 중에 한국어로 번역해서 쉽게 그 의미를 이해하고 사용하기가 힘든 단어들이 존재한다. '디자인'이라는 용어가 그렇고 '인터페이스'도 그렇다. 한글화를 통해서 쉽게 그 의미를 전달할 수 있다면 좋겠지만 이러한 용어들은 무리하게 우리말로 번역하다 보면 오히려 제대로 된 의미 전달이 어려워질 수 있다. 인터페이스라는 말의 어원은 인터Inter와 페이스Face가 결합된 형태로, 면 얼굴이라기보다는 어떠한 개체 등과 면 사이 또는 연결의 매개체라는 뜻이다. 인터페이스에 대한 정의는 결국 무엇인가가 공유하는 경계면을 의미한다. 인터페이스에 대한 정의는 이미 학술적으로도 논의가 되었지만 일반인이 이해하기에는 조금 난해한 면이 있다. 인터페이스에 대한 내용을 다루는 책이다 보니 어느 정도 일반적인 인터페이스에 대한 이해를 돕기 위해서 책의 서두에서 간략하게 살펴보고자 한다.

인터페이스(영어: interface, 문화어: 대면부, 결합부) 또는 접속기는 사물 간 또는 사물과 인간 간의 의사소통이 가능하도록 일시적 혹은 영속적인 접근을 목적으로 만들어진 물리적, 가상적 매개체를 의미한다. 〈위키백과의 정의〉

인터페이스는 사물 간, 사람 간, 또는 사람과 사물 간에 상호작용을 할 수 있도록 연결해주는 장치, 방법, 형식, 공간 등을 통칭한다. 컴퓨터 분야를 예로 들어보자. 컴퓨터의 하드웨어에서 사용하는 각종 주변 기기끼리 연결을 위한 물리적인 인터페이스부터 컴퓨터 입력을 위한 주변기기들, 사용자 인터페이스User Interface가 우리 주변에서 쉽게 접할 수 있는 가장 대표적인 것이다.

사람과 사람 간의 인터페이스는 전화기, 스마트폰 등이 음성으로 서로 간의 의사소통을 확장할 수 있게 해주는 인터페이스이다. 또한 광의로 해석하자면, 사람의 인지에 영향을 미치게 할 수 있는 특정한 장치나 방법도 인터페이스로 볼 수도 있다. 현재 이슈가 되는 AI 스피커처럼 말로 명령을 내릴 수 있는 음성 인터페이스, 아이폰이나 갤럭시처럼 손가락으로 하는 터치 인터페이스 등 인터페이스는 다양해지고 여러 기술이 합쳐진다.

HCIHuman-Computer Interaction처럼 컴퓨터와 사람 간의 인터페이스를 통해 발현되는 상호작용을 전문적으로 연구하는 학문도 그 역사가 오래되었으며 내용 자체도 깊고 방대하다. 이 책에서는 인터페이스를 학술적으로나 연구의 대상으로 다루지 않고 기업이 어떻게 인식하고 다루어야 하는지에 초점을 맞추었다. 현재는 많은 기업이 인터페이스의 중요성에 대해서 인식하고 인터페이스를 개선하고 있다.

UI/UXUser Interface/User eXperience라는 말은 이제 많은 사람이 인지하는 단어이며, 모든 분야에서 중요도가 높다. UX사용자 경험은 잘 조직하고 구성한 UI사용자 인터페이스에 의해서 결정된다. 사용자 경험의 중요성을 강조하며 빠르게 그 이름을 알린 소프트웨어가 있다. 마이크로소프트에서 2001년에 출시한 윈도 XP의 제품명에서 XP가 의미하는 것을 인지하고 있는 사람이 얼마나 될까? 여기서 XP는 사용자 경험, 즉 eXPerience 의 XP를 따서 명명이 되었다. 윈도 XP는 그 이전 버전에 비해서 획기적으로 편리해지고 호환성도 높아졌으며 전 세계적인 성공을 거두기는 했지만, UI/UX 측면에서 크게 성공했다고 보기는 힘들다.

역설적이게도 사용자 경험을 중시하는 제품명으로 발표가 되었지만 이보다는 기술적인 면에서의 개선에 초점을 맞춘 제품이기 때문이다. 2000년대 초에는 마이크로소프트와 같이 일반 사용자용 운영체제를 만들 수 있는 기업이 없었기 때문에 기술력 자체가 높은 기업이 시장에서 성공을 거둘 수 있었다. 그래서 많은 기업이 기술 개발에 초점을 맞추고 있었으며, 인터페이스 자체에 대해서 고민을 크게 하지 않았다.

현재의 기술 개발 속도는 예전에 비해서 상상할 수 없을 정도로 빠를 뿐만 아니라 우리는 기술 자체를 쉽게 모방할 수 있는 시대에 살고 있다. 예전처럼 뛰어난 기술이 경쟁 우위를 확보하여 몇 년 동안 기업에 독보적인 경쟁력을 제공해 줄 수 있는 기술은 이제 그리 많이 남아 있지 않다. 이러한 경쟁 상황 속에서 기업은 이제 기술 자체가 아닌 디자인과 인터페이스 같은 부분에 집중해야 하는 시대가 도래하였다. 소비자도 많은 기능과 최신 기술로 무장한 제품보다는 아날로그 감성이 있으면서 디지털 방식으로 사용이 가능한 편리한 제품을 찾는다. 디지털 기술력을 가지고 있으며, 사용자와 쉽고 직관적으로 소통할 수 있는 인터페이스를 가진 기업만이 시장에서 성공할 수 있게 된 것이다.

그동안 시각과 청각은 가장 보편적으로 사용하던 인터페이스였다. 1차적으로 스크린이라는 인터페이스를 통해 인지하고 여기에 소리라는 청각이 더해진 인터페이스가 기본이다. 이러한 인터페이스는 앞으로도 지속적으로 사용될 것이지만 그 형식은 급격한 변화를 겪을 가능성이 있다. 스크린을 통한 인터페이스는 스크린 자체가 2차원적인 제약 사항이 있기 때문에 〈스타워즈〉의 홀로그램이나 VR과 같이 3차원적인 시각 인터페이스로 점차 변화, 발전할 것이다.

AI가 주목받으면서 이제 음성 인터페이스도 주류 시장에 편입되었다. 말로 명령을 내리고 소리로 결과를 듣거나 아니면 특정 작업을 진행할 수 있는 시대이다. 이제 인간의 오감을 통한 인터페이스는 상호 복합적으로 적용될 것이다. 이미 터치나 햅틱과 같은 인터페이스는 일반화되어 있으며, 후각에 대한 인터페이스도 많은 시도가 이루어지고 있다. 뇌파를 이용하여 컴퓨터와 인터페이스하는 기술도 시도가 되고 있는 시대이다. 현재 새로운 기술을 모방하는 것은 많은 시간이 걸리지 않는다(물론 모방이 쉽지 않은 기술도 여전히 존재한다).

그러나 인터페이스는 인문학적인 연구와 기술적인 연구 등이 동반해야만 확보할 수 있다. 많은 기업이 시간과 노력을 현재보다 더 쏟아서 최적의 인터페이스를 구현하여 제공할 수 있어야 성공할 수 있을 것이다. 이 책에서는 이러한 인터페이스가 기업의 제품과 성공, 실패에 어떠한 영향을 미쳤는지를 살펴볼 예정이다. 학술적인 내용보다는 인터페이스 관련 사례들을 살펴보면서 어떤 의미가 있는지를 느낄 수 있도록 구성하였다. 아무쪼록 이 책을 통해 인터페이스에 관한 이해를 도모하여 미래 성공 경영의 밑바탕이 되어 주길 기원한다.

신성석

CONTENTS

⌈CHAPTER 1⌋
컴퓨터와 인터페이스의 발달
그 불가분의 관계

⌈CHAPTER 2⌋
인터페이스 혁신 불감증으로
기업과 기술의 운명이 결정되다

INTERFACE STRATEGY

컴퓨터와
인터페이스의 발달
그 불가분의 관계

인터페이스는 초기 컴퓨터가 개발되고 PC가 널리 보급되면서 급격하게 변화한다. PC의 하드웨어/소프트웨어의 발달과 노트북과 태블릿 PC의 등장, 인터넷의 발달 등 컴퓨터 역사를 중심으로 인터페이스의 발전에 대해서 간략하게 살펴보고자 한다.

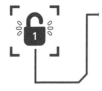

GUI :
스티브 잡스와
빌 게이츠의 모방 전략

컴퓨터 분야만큼 인터페이스 변화가 고착화되거나 급격하게 변화하는 산업도 드물다. 최초의 컴퓨터 발명부터 시작하여, 소형화되면서 PC개인용 컴퓨터가 개발되었다. 기술 혁신을 이루어, 스마트폰처럼 초소형 기기에 컴퓨터의 성능을 구현하여 터치로 명령을 내리는 인터페이스가 가능해졌다. 또한 최근에 주목 받고 있는 AI 스피커처럼, 음성 인터페이스를 이용하여 사용자가 원하는 것을 얻을 수 있도록 발전하고 있다. 그러나 PC가 발명된 후에 크게 바뀌지 않은 인터페이스도 존재한다.

[초기 천공카드를 입력 인터페이스를 사용하던 모습]

이에 인터페이스 측면에서 컴퓨터의 역사를 잠깐 살펴보고자 한다.

초기 컴퓨터에 그야말로 현재로서는 상상할 수 없는 수준의 입력 인터페이스가 있었다. 진공관을 이용한 컴퓨터인 애니악은 배선을 일일이 바꿔주어야만 했으며, 천공카드를 이용하거나 여러 개의 스위치를 켜거나 꺼서 입력해야 했다. 키보드가 발명되기 전까지는 컴퓨터에 입력하기 위한 인터페이스는 훈련된 일부의 사람만 다룰 수 있는 수준이었으며, 출력 인터페이스도 테이프에 기록되어 나오는 수준으로 이를 해석하기가 쉽지 않았다. 현재의 모니터와 같은 출력 인터페이스또는 시각 인터페이스는 존재하지 않았다. 최초의 컴퓨터는 입력과 출력 인터페이스가 현재와는 완전히 다른 방식을 사용하고 있었다.

우리가 현재도 사용하고 있는 대표적인 입력 인터페이스인 키보드는 1970년대 초 개인용 컴퓨터Personal Computer, PC가 개발되었고, 1970년대 중반 코모도어,애플II,아타리 등을 사용하면서 널리 보급되었다. 키보드가 대중에게 널리 알려진 게 50년이 넘었지만 모양과 기능을 추가해서 아직도 사용하고 있는 것을 감안하면 키보드가 대표적인 입력

[초기 IBM PC용 키보드]

인터페이스로서 차지하고 있는 위치를 미루어 짐작할 수 있다.

PC가 급격하게 보급되면서 흑백모니터는 대표적인 시각 인터페이스로 자리를 잡는다. 비록 텍스트 기반으로 구성된 화면이었지만 PC에 있어서는 없어서는 안 될 중요한 출력 인터페이스를 갖추게 된 셈이다. 모니터는 기술이 발전하면서 흑백에서 컬러로 발전하게 되고 현재 고해상도의 컬러 모니터는 쉽게 찾아볼 수 있는 필수품으로 화면 인터페이스 역할을 수행하고 있다.

마우스는 PC의 기술이 발전하고 GUI Graphic User Interface가 도입되면서부터 사용했다. 최초로 마우스를 개발한 더글러스 엥겔바트 D. Engelbart 는 마우스가 이렇게 대중적으로 보급되고 중요한 입력 인터페이스가 될지는 몰랐다고 한다. 엥겔바트는 제록스 연구소에서 제록스 스타라는 최초로 GUI와 마우스를 갖춘 워크스테이션을 개발했다. 그렇지만 가격이 너무 비싸고 시장 예측을 잘못하여 결국 시장에서 실패한다.

초기만 해도 GUI는 연구소에서 연구하는 프로젝트의 일부로 일반 대중에게는 생소한 개념이었다. GUI가 대중적으로 이용되기 시작한

[최초의 마우스]

시기는 1984년, 슈퍼볼의 광고로 발매를 시작한 매킨토시가 폭발적으로 보급되면서 부터이다. GUI를 처리하기 위해서는 그래픽을 처리하기 위한 뛰어난 하드웨어가 필요했으며, 가격도 높아질 수밖에 없었다. 이미 일반인은 텍스트 인터페이스에 너무 익숙해져 있었으며, 그래픽 인터페이스가 꼭 필요하지 않다고 생각하고 있었다.

심지어는 매킨토시를 창조했다고 여겨지는 스티브 잡스도 초기에는 그래픽 인터페이스에 대해서 그 필요성을 느끼지 못했다고 한다. 매킨토시 개발 시에 스티브 잡스는 그래픽 인터페이스를 삭제하고 출시하려고 했으나 그래픽 인터페이스 도입을 주장한 제프 라스킨[Jef Raskin]의 설득으로 GUI가 매킨토시에 채용하게 되었다고 한다.

PC가 도입되던 시절에 IBM은 매킨토시와 경쟁하기 위해서, 하드웨어 표준 인터페이스만 지키면 누구나 호환 PC를 만들 수 있도록 공개한다. 애플이 그래픽 인터페이스[GUI]를 소프트웨어[맥OS]에 적용하여 혁신을 이루었다면, IBM 하드웨어 인터페이스를 공개함으로써 시장을 지배하게 된다. IBM 호환 PC가 저렴한 가격으로 시장을 차지하게 되면

[GUI를 사용한 애플 매킨토시]

서 애플의 시장 점유율은 10퍼센트 정도에 머문다. 이 당시의 IBM 호환 PC는 빌 게이츠의 마이크로소프트에서 개발한 텍스트 인터페이스 기반인 MS-DOS를 운영체제로 선택한다. IBM 호환 PC의 성공은 덩달아서 마이크로소프트를 세계적인 회사로 만들어 주었으며, PC 시장에서 지배적인 사업자의 위치까지 끌어올리는데 결정적인 역할을 한다.

애플의 매킨토시가 혁신적인 그래픽 인터페이스GUI와 직관적인 사용법으로 시장에서 성공한다. 이를 지켜본 마이크로소프트 빌 게이츠는 그래픽 인터페이스의 중요성을 인식하고 매킨토시의 GUI를 모방한 윈도라는 제품을 개발한다. 마이크로소프트의 윈도 3.0은 1990년대에 출시되어 2년 만에 2,000만 카피가 팔리면서 시장에서 커다란 성공을 거둔다. IBM 호환 PC가 시장 점유율 90퍼센트가 넘는 상황에서 2,000만 카피는 큰 성공이라고 말하기는 힘들다. 많은 버그와 느린 성능으로 인해서 텍스트 기반의 도스를 그대로 사용하는 사람이 많았기 때문이다. 마이크로소프트는 GUI를 개선하고 성능과 안정성을 높인 마이크로소프트 윈도 95를 출시하면서 전체 PC 시장에서 독점적인 지위에 오르게 된다.

PC 태동기에 있어서, 그래픽 인터페이스로 무장한 매킨토시와 마이크로소프트 윈도는 텍스트 인터페이스의 불편함을 극복하며 대다수의 일반인도 컴퓨터를 쉽게 사용할 수 있게 만들어 주어서 성공했다. MS-DOS 자체가 텍스트 인터페이스를 사용하지만 어렵지는 않다. 그러나 MS-DOS가 간단한 명령어를 기억하고 입력을 해줘야만 프로그램을 실행할 수 있다면, 그래픽 인터페이스를 이용한 윈도는 간단히 클릭만으

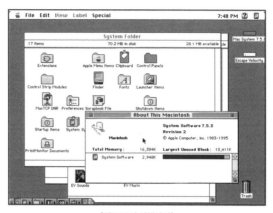

[맥OS 7의 실행화면]

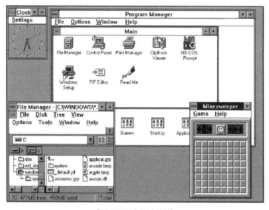

[윈도 3.0의 실행화면]

로도 프로그램을 실행할 수 있어 편리하다. 물론 그래픽 인터페이스가
만능이라고 보기는 힘들다. 그 나름대로 불편함이 분명 있다. 현재도
일부 전문적인 분야에서는 텍스트를 이용하여 서버를 관리하거나 텍
스트 방식의 명령어를 직접 입력하는 방식을 선호하는 전문가들이 있
다. 그래픽 인터페이스가 사용하기 복잡해서라기보다는 텍스트를 이

용해서 다양한 명령어를 빠르게 입력하고 결과를 바로 확인할 수 있기 때문이다.

그래픽 인터페이스^{GUI}는 일반인들이 키보드와 마우스라는 입력 인터페이스를 이용하여 쉽고 직관적으로 컴퓨터를 사용할 수 있게 만들어 주었다. 스티브 잡스와 빌 게이츠 모두 GUI를 고안하고 최초로 개발한 주역은 아니다. 제록스 연구소의 제록스 스타를 모방했건 매킨토시를 모방했건 간에, 오늘날의 애플과 마이크로소프트가 존재할 수 있도록 혁신적인 인터페이스로 시장에서 성공했다는 사실을 부인하기는 힘들다.

CPU 전쟁과 인텔 인사이드의 등장

PC가 보급되던 시기에 CPU는 여러 회사에서 개발하고 생산했다. 인텔, 썬의 스팍, IBM 진영의 파워PC, 모토로라, 델 등등이 여기에 해당한다. 이 중 IBM 호환 PC에 주로 사용하는 인텔의 CPU와 애플에서 사용하는 모토로라 CPU가 주류를 이루었다. IBM 호환 PC가 대부분의 시장 점유율을 차지하면서 자연스럽게 인텔이 시장을 지배하게 된다. 인텔의 80286, 80386 등이 이 시기에 대표적으로 사용된 CPU였다. 386 세대라는 말도 1980년대 PC에서 주로 사용하던 인텔 CPU의 명칭에서 유래되었다.

그 당시만 해도 인텔은 CPU보다는 메모리 분야에 집중하고 있었으며, 일본 기업이 가격 경쟁력을 무기로 메모리 시장에 진출하여 인텔의 매출이 많이 줄었다. 인텔 80386을 개발하고 IBM 호환 PC가 폭발적으로 팔리면서 CPU 분야가 회사에 가장 커다란 수익을 가져다 줄 수 있는 황금알을 낳는 거위임을 인식하게 된다. 인텔의 성공을 지켜본 사이릭스나 AMD 같은 몇몇 기업들이 인텔 80386 CPU를 모방한 클론을 생산하여 CPU 시장에서 인텔의 아성을 흔들었다.

AMD는 인텔 CPU의 하청 업체로 시작했다. AMD는 여러 이유로 자체적으로 CPU의 개발 필요성을 느끼고 Am386이라는 인텔 80386호환 CPU를 제작하게 된다. 현재까지도 진행 중인 인텔과 AMD의 CPU 시장 경쟁은 이때 시작되었다고 볼 수 있다. 인텔이 80486을 개발하자 AMD도 Am486을 만들어 출시한다. 인텔은 상표권 침해 등으로 AMD를 고소하지만 법원은 단순한 숫자에 상표권을 부여히지 않기로 하면서 패소한다. 이에 따라서 인텔은 다음 세대의 CPU부터는 펜티엄이라는 브랜드를 만들고 상표권을 등록하기에 이른다. 인텔은 이제 PC CPU 시장에서 치열한 경쟁에 직면하여 새로운 전략이 필요하게 되었다. 이때 등장한 것이 마케팅 역사에 한 획을 그은 '인텔 인사이드'라는 브랜드 마케팅 전략이다.

그렇다면 인텔 인사이드가 어떻게 인터페이스와 연결이 되는 것일까? 앞서 기술한 것처럼, 인터페이스는 사람과 사물 간에 상호작용을 할 수 있도록 연결해주는 방법이다. 인터페이스를 설계하는 사람은 사용자가 인터페이스로 편리함을 느끼는지, 어떻게 인터페이스를 경험하는지 등 사용자의 인지 측면을 고려해야 한다. 인텔 인사이드는 컴퓨터 내부에 내장된 CPU를 스티커나 화면에 노출시켜서 사람이 특정한 행동을 지속할 수 있도록 하였다. 이는 인지 심리학적인 영향을 미치는데 그 목적이 있다.

전략적 변곡점이라는 개념을 소개한 인텔 CEO였던 앤디 그로브는 34억 달러라는 거액을 투자하여 인텔 인사이드 마케팅 전략을 실행한다. 물론 그 당시 인텔 인사이드 마케팅이 인터페이스 마케팅이라는 개

[인텔 인사이드 스티커가 있는 노트북]

넘을 가지고 접근한 것은 아니었다. 컴퓨터를 제조하는 회사가 인텔의 CPU를 사용했다고 드러내면 이에 대한 대가로 해당 제조사에 CPU 구매 가격의 6퍼센트를 할인해주었다. 그 당시 마케팅은 완성된 제품에 대해서 진행하는 것이 상식인 시대였다.

CPU는 단지 컴퓨터의 중요한 부속품에 지나지 않았으며 제조사가 누구냐가 소비자 구매의사결정에 있어서 주요한 고려 요소였다. 인텔은 인텔의 로고를 컴퓨터 밖에 보이게 붙이거나 광고에 인텔을 상징하는 효과음을 넣음으로써 소비자에게 브랜드를 각인시켰다. 이는 소비자의 입장에서는 인텔 인사이드라는 마크나 소리가 신뢰할 수 있는 CPU가 들어 있으며 이 제품은 성능이 뛰어나고 문제가 발생하지 않을 것이라는 생각으로 제품을 신뢰하게 되었다. 이를 통해서 인텔은 시장 점유율 88퍼센트를 달성하여, 마이크로소프트의 윈도의 성공과 더불어 윈텔윈도와 인텔의 합성어이라는 신조어를 만들어 내기에 이른다.

사실 '인터페이스 마케팅'이라고 하면 그 개념이 모호하고 인터페이스를 광의로 해석했다는 생각이 들 수도 있다. 그러나 인간은 오감을 통해서 사물과 지속적인 인터렉션을 하면서 생활할 수밖에 없는 존재이다.

문의 손잡이가 그렇게 생긴 이유도 손잡이를 사용하면 문을 열 수 있는 인터페이스라는 것을 직관적으로 알 수 있게 디자인되었기 때문이다. 손잡이를 통해 문을 여닫기만 했던 사람이 버튼이 문을 열 수 있는 인터페이스라는 사실을 쉽게 인지할 수 있을까? 당연하게 생각되겠지만 문명화되지 않은 아프리카의 부족을 데려다 투명 유리로 사면을 둘러싼 건물에 유리문을 설치하고 여기에 현재와 같은 검은 버튼으로 문을 열고 닫을 수 있게 만들었다면 제대로 건물 안으로 들어갈 사람이 얼마나 될지 상상해보자. 현대인들은 이런 상황에서 자동문인지 아니면 버튼이 어디 있는지 찾을 테지만 여기에 익숙해지기까지 사람들에게 버튼이 문을 열 수 있는 인터페이스라는 것을 지속적으로 인지시켰기 때문에 가능한 것이다.

현재 사용하는 인터페이스 마케팅이라는 용어는 고객을 직접 만나서 소통하는 대면 방식, 대중 미디어를 통한 방식, 소셜 미디어를 통한 방식 등을 통칭하고 있다. 또한 특정 음식점이나 상점이 한 곳에 몰려있는 것도 일종의 사람의 인식에 작용하는 인터페이스 마케팅으로 분류할 수 있다. 장충동에 가면 족발집들이 몰려 있으니 그중 맛있는 집으로 들어가면 될 것이라고 생각할 것이다. 사실 동종 업체가 한 곳에 몰려 있다면 당연히 심한 경쟁으로 생존하기 어려울 것이라는 생각이 일반적이다. 그러나 특정 공간족발 골목을 사람의 인식 속에 명확히 기억할 수 있도록 해준다면인터렉션 한다면 이는 일종의 인터페이스며 많은 소비자가 찾게 되므로 모든 사람이 윈윈할 수 있게 만들어주는 마케팅이다.

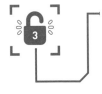

하드웨어
인터페이스 경쟁과
델의 혁신

현재 컴퓨터와 외부 기기를 연결하기 위한 인터페이스로서, 유선은 USB가 무선은 블루투스를 사용하는 것이 일반적인 추세이다. 이외에도 다양한 인터페이스 형식이 존재하고 있다. 1980년대 후반을 지나고 1990년대에 접어들면서 PC를 생산하는 업체들이 생겨났다. IBM, 애플, 델, 컴팩, HP, 후지쯔 등 많은 기업이 PC 사업에 뛰어들어서 경쟁은 점차로 치열해진다. 당시에도 CPU는 인텔을 사용하고 운영체제는 마이크로소프트 윈도를 사용하고 있었으므로 다른 방식으로 차별화가 필요한 시기였다.

기술이 발전하면서 저장 매체도 플로피 디스크를 벗어나서 용량이 확대된 하드디스크가 보급되기 시작했으며, 더 빠른 속도를 위해서 하드웨어 인터페이스 규격도 계속 발전한다. 지금이야 관심 있는 사람 일부를 제외하고는 자신의 PC나 노트북에 어떤 규격의 하드웨어 인터페이스를 지원하는지 알고 있는 사람이 드물지만, PC 초창기에는 하드웨어 업그레이드를 위해서 자신이 가진 PC의 하드웨어 인터페이스 규격을 알고 있어야 했다.

각 PC 제조사들이 광고와 마케팅을 통해서 자체 브랜드를 구축하는 것과는 별도로 하드웨어 자체를 이용하여 차별화하기가 수월하지는 않았다. 지금처럼 PC 디자인 자체가 차별화 요소가 아니었다. 그 당시의 PC는 많은 하드 디스크 용량과 빠른 CPU(대부분 인텔 인사이드라는 스티커가 붙은), 다양한 확장 슬롯 등이 포함된 커다랗고 네모난 타워였다. PC를 선택하는데 있어서, CPU가 어떤 종류인지 클럭은 얼마나 되는지 그리고 가격은 적당한지, 믿을 수 있는 회사인지 등이 구매의사결정에 영향을 끼치는 요소였다.

이러한 상황에서 각 PC 제조사들이 차별화할 수 있는 요소들은 최신의 하드웨어 인터페이스를 지원하고, 많은 슬롯을 내장하고 있다는 점을 최대한 부각시키는 것이었다. 일반 소비자는 높은 클럭의 CPU, 많은 메모리 소켓과 다양한 하드웨어 슬롯, 최신 인터페이스 규격을 가진 PC를 최고 사양의 PC로 인식하던 시기였기 때문이다.

다행이었던 점은 제조사마다 자사만의 독특한 인터페이스 규격을 가지고 있지 않아서 어느 정도 표준이 정해져 있었다는 점이다. 예를 들면, 키보드와 마우스는 PS2라는 방식이, 메모리는 DIMM 방식을 사용했었다. 기타 그래픽카드나 사운드카드, 하드디스크 등도 인터페이스 규약을 가지고 있었다. 조금 더 좋은 사운드를 듣기 위해서는 비싼 사운드카드를 구매하고 직접 설치하고 세팅을 해야 했다(그리 만만한 작업은 아니었다). 따라서 최신 인터페이스를 지원하는 하드웨어 슬롯이 갖춰진 PC가 하나의 마케팅 포인트였던 셈이다.

이 시기에 마이클 델은 PC의 하드웨어 인터페이스 경쟁을 새로운 방식으로 혁신함으로써 세계 최고의 컴퓨터 회사 중 하나로 성장시킨다. 마이클 델은 1984년, 대학교를 중퇴하고 피시즈 리미티드^{PC's Limited}(나중에 델^{Dell}로 회사명을 변경한다)를 설립하여 IBM 호환 PC를 싸게 조립하여 소비자에 직접 판매하면서 성장한다.

그 당시의 일반적인 판매 방식은 유통망을 통해서 대리점을 방문한 소비자가 직접 구매를 해야 하는 방식이었다면, 델의 방식은 소비자와 직접 거래하면서 가격을 낮추고 중간에 거쳐야 하는 유통망을 없애 버린 직접 판매 방식을 도입한 것이었다. 이러한 델의 판매 방식은 중간 유통을 거치지 않는 판매 인터페이스의 혁신으로 정의 내릴 수 있다. 즉, 소비자의 구매 행동을 일으키던 중간 단계를 생략함으로써 PC 구매 인터페이스를 단순화하고 이로써 가격 경쟁력을 갖추었다.

1990년대에 접어들면서 델은 더 명확한 구매 인터페이스 혁신을 통해서 세계적인 기업으로 발돋움한다. 앞서 설명한 것처럼, 컴퓨터 하드웨어는 어느 정도 평준화가 이루어졌다. 델은 특별한 하드웨어를 자체적으로 가지고 있지도 않고 마이크로소프트처럼 뛰어난 소프트웨어를 가지고 있는 회사도 아니었다. 유일한 무기는 가격 경쟁력이었다. 이러한 상황에서 델은 인터넷의 발전을 보면서 직접 판매 방식을 확장하기로 결정한다.

기존에 소비자와 직접 판매하는 방식이 중간 유통 인터페이스를 없애면서 단순화시켰다면, 새로운 혁신은 매장 등에서 면대면 방식으로 판매하던 것을 비면대면 방식으로 바꾸어 버렸다. 즉, 판매 인터페이스를 자체를 인터넷과 전화, 팩스 등 새로운 인터페이스로 바꿔버린 것이다. PC를 구매하는 고객은 CPU는 인텔 것을 사용하며, 운영체제는 마이크로소프트를 사용하고 타워형의 본체를 가지고 있다는 점을 모두 알고 있다. 따라서 직접 PC를 눈으로 확인하기 보다는 저렴한 가격에 내가 원하는 사양으로 사는 것이 중요해졌다.

하드웨어 인터페이스 경쟁에서의 승자는 델이 되었다. 델의 성공은 다른 회사들이 하드웨어 인터페이스 경쟁을 중요시할 때, 판매 방식에 대한 인터페이스를 혁신했기 때문이다. 비슷한 부품을 사용한 PC를 구매하는데 꼭 직접 눈으로 확인하고 사야 할 이유가 있을까? 물론 델이 혁신한 판매 인터페이스뿐만 아니라 가격 경쟁력, 뛰어난 AS 정책 등 복합적인 면이 없다고 할 수 없지만, 판매 인터페이스소비자 입장에서는 구매 인터페이스 혁신이 가장 주된 요인이었다는 점을 부인할 사람은 없을 것이다.

애플을 창업하고 매킨토시를 개발한 스티브 잡스는 자신이 창업한 애플에서 쫓겨난다. 이후 넥스트NeXT라는 회사를 만들어서 새로운 하드웨어와 OS를 개발하지만, 저조한 판매실적으로 소프트웨어 부문만을 남기고 회사를 축소한다. 또한 픽사를 설립하여 본격적인 장편 애니메이션 〈토이 스토리〉를 성공시킨다. 스티브 잡스가 승승장구하는 동안, 애플은 리더십의 부재로 인해서, 복잡한 제품군과 중복되는 프로젝트들이 늘어남에 따라서 수익성은 악화되고 회사는 위기에 처한다. 이에 애플은 스티브 잡스를 새로운 구원 투수로 등장시킨다. 스티브 잡스가 애플에 복귀해서 진행한 일은 성과가 나지 않은 프로젝트를 중단하고 핵심적인 프로젝트 10개만 남기고 나머지 40여 개를 취소시킨 일이다.

또한 복잡한 제품 라인업도 간소화한다. 그 당시 애플은 컴퓨터, 카메라, PDA, 프린터, 모니터 등 40가지가 넘는 제품을 보유하고 있었다. 애플은 같은 컴퓨터 라인업에도 가격과 성능이 다른 수많은 모델을 양산하고 있었고 개별 모델의 차이를 직관적으로 알 수 없어 이를 설명하기 위한 별도의 문서를 제공할 정도였다. 이에 스티브 잡스는 4개의 제품군으로 과감하게 정리해 버린다. 현재까지 애플 제품군의 단순함과 애플 디자인과 UI의 핵심인 직관적인 단순함이 이 시기부터 도입되기 시작한 것이다.

스티브 잡스의
복귀와
아이맥의 출현

1998년, 스티브 잡스가 애플 경영에 복귀한 후에 아이맥iMac이 세상에 모습을 드러낸다. 파란색 반투명 모니터와 본체가 일체화된 PC이다. 제품명에서도 알 수 있듯이 인터넷의 아이i와 매킨토시의 맥Mac을 결합한 이름이다. 인터넷이 폭발적으로 성장하면서 인터넷에 초점을 맞춘 PC로 개발되었다. 국내에서는 여러 이유로 아이맥이 활발히 보급되지는 않았지만 애플은 아이맥의 성공으로 현재까지 그 지위를 유지하고 있다. 조나단 아이브 등 애플의 디자인 철학을 완성시킨 디자이너와 재고 문제를 해결한 현 애플 CEO인 팀 쿡 등이 애플의 성공을 이끌어 낸 장본인들이다.

[아이맥의 초기 버전]

아이맥의 성공 요인에는 어떤 것들이 있을까? 물론 디자인적인 요소를 배제할 수는 없다. 그동안 업계 관행이던 노란색 본체(대부분의 PC는 본체가 노란색과 비슷하거나 검은색이었다)에서 과감하게 탈피해서 PC가 하나의 인테리어처럼 느끼게 만들어 줬다. 그런데 당시 PC가 아무리 가격이 낮아졌다고 해도 예쁜 디자인만으로 성공하기는 힘들었을 것이다. 애플이 아이맥을 출시하면서 강조한 것이 있다. 애플의 광고에서는 그냥 전원선과 인터넷 선만 연결하면 바로 PC와 인터넷 사용이 가능하다는 점을 부각시킨다. 기존 PC는 구입 후에 본체와 모니터를 연결해야 했으며 각종 장치들을 연결해야만 동작했다.

기존에 PC와 모니터를 연결했던 하드웨어 인터페이스를 과감하게 없앴으며, 모니터와 본체를 통합했기 때문에 전원선도 하나면 충분했다. 이외에도 하드웨어 인터페이스를 생략해서 일반 사용자가 편하게 사용할 수 있도록 만들어 주었다. 기존 PC 제조사들은 다양한 하드웨어 인터페이스들이 본체 뒷면을 빼곡히~~가능한 한~~ 많이 채우고 있었다. 전원, 모니터, 프린터를 위한 포트, 시리얼 포트, 마우스, 키보드 포트, 모뎀, 이더넷 포트, 확장성을 위해서 최대한 많은 슬롯…PC 제조사들은 일반인들이 쉽게 사용할 수 있게 하기보다는 많은 인터페이스를 제공하는 것이 회사의 기술력을 보여주는 것이라 여기고 있었다.

아이맥에서는 기존에 존재하던 플로피 디스크 드라이브를 삭제해 버렸다. PC에 자료를 저장하고 옮기기 위해서 5.25/3.5인치 플로피 디스크를 사용할 수 있도록 본체 앞면에 제공하던 것과는 대조적이다. 모뎀과 이더넷도 자체적으로 내장해서 별도로 구입할 필요가 없다. 또한 다양한 외부 장치와의 연결을 USB 포트로 통일했다. 당시 USB 기술은 막 도입되는 시기로 그 편리함을 인정받았지만 아직 널리 퍼진 인터페이스 규격은 아니었다. 그러나 아이맥의 성공으로 USB는 지금까지도 널리 사용하는 핵심 인터페이스로 자리 잡았다.

아이맥이 등장하기 전에 PC를 사용하기란 쉬운 일이 아니었다. 학생이나 IT에 관심이 있던 사람에게는 어려운 일은 아니었을지라도 인터넷을 사용하기 위해서 새롭게 모뎀이나 네트워크 카드를 구입해서 본체에 설치해야 했다. 실제로 구동하기 위해서는 소프트웨어 드라이버도 설치해야 했으며 각종 복잡한 세팅을 해야 했다. 물론 이러한 이유로 많은 사람이 최신 사양에 다양한 최신 하드웨어가 구비된 제품을 구매했을지도 모르겠다.

모니터와 본체를 일체형으로 구성한 것도 하나의 중요한 성공 요인이다. 델사에 의하면 당시만 해도 모니터와 본체를 연결하지 않거나 모니터의 전원을 연결하지 않고 PC가 동작하지 않는다는 고객 불만이 접수되었다고 한다. 델사는 이에 한 장짜리 간단한 안내장을 같이 포장해서 판매함으로써 이러한 고객 불만을 없앨 수 있었다고 한다. 애플의 아이맥은 하드웨어적인 인터페이스를 간소화하고 별도로 설치나 설정할 필요없는 소프트웨어를 구현하여 컴퓨터에 대해서 잘 알지 못하는 일반인을 PC 앞으로 끌어들여서 인터넷의 바다를 항해할 수 있도록 해주었다.

브라우저 전쟁과 더불어 마우스가 처음 등장하다

월드와이드웹World Wide Web, WWW은 1989년에 유럽입자물리연구소 CERN의 소프트웨어 공학자인 팀 버너스 리의 제안으로 시작되어 연구 개발되었다. 초기에는 순수한 연구 목적이었으며, 웹이 대중화되는 시점은 마크 앤드리슨과 에릭 비나가 개발한 '모자이크'가 출시되면서 부터이다. 이후 1994년, 마크 앤드리슨은 넷스케이프 커뮤니케이션즈를 설립하고 넷스케이프 네비게이션을 출시하면서 웹이 본격적으로 팽창한다. 마크 앤드리슨은 브라우저야말로 웹과 컴퓨터를 연결시켜줄 수 있는 최고의 인터페이스라는 점을 인식하고 있었다고 볼 수 있다. 넷스케이프 네비게이터 출시로 사람들은 쉽게 인터넷을 항해할 수 있게 되었다. 그 당시 PC 시장은 마이크로소프트 윈도의 성공과 윈도 95의 출시로 인해 이미 그래픽 인터페이스로 이전이 된 상태였다. 여기에 개선된 GUI로 무장한 넷스케이프 네비게이터는 웹의 팽창과 함께 성공할 수밖에 없었다.

마이크로소프트는 웹의 성장과 넷스케이프의 성공을 지켜보면서 웹과 컴퓨터를 연결하는 브라우저가 향후 시장에서 중요한 위치가 될 것임을 뒤늦게 깨닫는다. 마이크로소프트는 다른 회사의 브라우저를 라이센싱하여 인터넷 익스플로러를 개발하여 출시한다. 이후 윈도 95 플러스팩과 윈도 98에 인터넷 익스플로러를 통합하여, 90퍼센트 이상의 점유율로 시장을 지배하던 넷스케이프 네비게이터를 물리친다. 마이크로소프트와 브라우저 전쟁에서 패배한 넷스케이프는 오픈소스로 전환하고, 현재의 모질라의 모태로 남는다.

브라우저 전쟁에서 승리한 마이크로소프트는 브라우저 시장의 90퍼센트 이상을 지배하는 독점 기업이 된다. 유럽에서는 반독점법 위반으로 OS에서 브라우저를 분리하라는 명령을 받는다. 인터넷의 역사를 살펴보면, 마크 앤드리슨은 인터넷 브라우저 자체가 웹으로 통하는 인터페이스 역할을 하게 될 것이라는 선견지명이 있었으며, 넷스케이프의 성공을 지켜본 마이크로소프트는 OS에 브라우저를 통합하는 전략으로 웹 인터페이스를 장악한다.

웹이 폭발적으로 성장하면서 하드웨어 인터페이스 측면에 있어서 재미있는 현상이 발생한다. 1995년, 캘리포니아에 위치한 마우스 시스템즈가 다수의 버튼을 포함하고 스크롤 휠이 포함된 마우스를 출시한

[마우스 시스템즈의 최초의 휠 마우스]

다. 인터페이스 측면에서는 혁신적인 제품이었지만 시장에서는 무시당하고 만다. 1년 뒤인 1996년에 마이크로소프트에서는 인텔리마우스를 출시한다. 마이크로소프트 워드, 엑셀뿐만 아니라 인터넷 브라우징에 적합하다는 점을 홍보한다. 마이크로소프트 인텔리마우스의 폭발적인 보급으로 인해서 컴퓨터를 제어하는 방식이 휠/마우스의 조합으로 크게 바뀐다. 실제로 인텔리마우스는 2012년까지 생산되었으며, 현재는 다른 제품명으로 유사한 기능을 제공한다.

휠과 버튼이 추가된 마우스는 웹의 성장과 함께 급격하게 보급될 수밖에 없는 인터페이스였다. 웹 문서인 HTML의 특성상 세로로 길 수밖에 없었으며, 하이퍼링크를 통해서 다른 문서로 이동하는 것이 자유로웠다. 이에 사람들은 쉽게 웹 페이지를 스크롤해서 봐야 할 필요가 있었으며, 웹의 데이터가 늘어날수록 필요한 내용을 찾기 위해서 빠르게 스크롤링했다. 또한 링크를 클릭하여 이동한 페이지가 원하는 페이지가 아니라면 다시 원래의 페이지로 돌아가야 했다. 휠 마우스의 등장 이전에는 우측의 스크롤 바를 클릭하거나 뒤로 가기 버튼을 클릭하기 위해서 마우스 포인터를 이동해야만 했다. 마이크로소프트 인텔리마우스처럼, 중앙에 스크롤 휠이 있고 좌우 측에 추가로 버튼이 존재하여 클릭 시 뒤로 가기/앞으로 가기를 실행할 수 있게 됨으로써 인터넷을 빠르고 편리하게 사용할 수 있게 되었다.

현재 마우스의 대부분은 휠 기능이 있으며, 특이한 경우내구성, 가격 등를 제외하고는 휠 기능이 없는 마우스를 찾아보기가 어렵다. 애플의 매직마우스는 터치 인터페이스와 제스처를 이용하여 스크롤뿐만 아니

[애플의 매직마우스]

라 다양한 기능을 제공한다. 노트북에도 터치 패드에 스크롤 기능이 있다. 스크롤 기능을 제공하는 인터페이스가 없었다면 인터넷과 컴퓨터를 사용하는데 얼마나 불편할지 상상해보라. 사용 방법을 직관적으로 알 수 있고 기기를 편리하게 쓸 수 있도록 하는 인터페이스가 기본 기능에 충실한 인터페이스이다. 이 점을 고려하면 휠을 넣은 인터페이스를 경험한 사용자는 이 인터페이스를 무시할 수 없다.

초기 노트북
성공의 숨은 요인,
트랙패드

IBM은 1980년대 후반부터 저렴한 IBM 호환 PC가 등장하면서 PC 시장에서 고전한다. 노트북 시장에서는 일본의 도시바가 저렴한 가격과 가성비를 무기로 시장을 지배하고 있었다. 이에 1992년, 검은 색상과 빨간색 트랙 포인트일명 빨간콩으로 불렸음를 내장한 싱크패드ThinkPad라는 노트북을 생산하기 시작한다. IBM이 싱크패드라는 노트북을 출시한 이유는 PC 시장에서 부진을 만회하기 위해서 새롭게 부각하는 시장인 노트북 시장에서의 성공 가능성을 테스트할 목적이었다. 그러나 예상 밖으로 싱크패드는 시장에서 크게 성공한다. IBM은 싱크패드라는 브랜드로 노트북을 출시하며 브랜드 파워를 키워 나간다(현재는 사업 자체가 레노버에 인수되었으며, 동일한 브랜드로 판매된다).

도시바나 다른 제조사들은 그 당시에 유행하던 볼 마우스와 유사한 트랙 볼을 내장한 노트북을 판매하고 있었다. 트랙 볼은 볼 마우스(마우스 바닥에 볼을 굴려서 X축, Y 축의 위치를 계산하여 포인터를 이동시킴)를 뒤집어 놓은 것과 같은 모양으로 손가락으로 트랙 볼을 움직여서 화면의 포인터를 이동하는 방식이었다.

[IBM 싱크패드의 트랙 포인트]

당시에는 노트북에 마우스와 같은 입력 인터페이스를 내장하기 위한 다양한 시도가 이루어졌지만, 트랙 볼을 대체할 기술로 진화되지 않았다. IBM은 싱크패드를 개발하면서 타사의 트랙 볼 인터페이스의 불편함을 인식하고 이를 대체할 기술로 포인트 스틱의 일종인 트랙 포인트를 내장했다. 당시에 노트북은 기업용으로 사용이 되었으며, 일반적으로 데스크톱에 비해서는 성능이 떨어지지만 문서작업과 외부 프레젠테이션 등에 주로 사용되었다.

트랙 볼에 비해서 크기도 획기적으로 작았고 키보드의 중간에 위치하고 있어 키보드 타이핑 중에 바로 사용이 가능했으며, 정교한 압력 센서가 내장되어 움직임도 부드러웠다. 이러한 장점으로 인해서 다른 제조사도 트랙 포인트 기술을 도입하여 노트북 제품에 적용한다. IBM의 트랙 포인트 인터페이스는 널리 보급되기도 전에 트랙패드또는 터치 패드기술이 등장하여 싱크패드의 상징으로 기억하게 된다.

터치 패드는 1994년에 애플이 파워북에 내장하면서 다른 노트북에도 들어간 기술이다. 그 시기의 노트북은 트랙 포인트나 트랙 볼, 트랙패드가 2개 정도 조합되어 출시되었다. 트랙패드가 정교화되고 하드웨어적으로 노트북 디자인에 가장 적합한 인터페이스로 인식되면서 트랙패드가 노트북 포인팅 인터페이스의 주류를 이루게 된다.

물론 노트북의 성공에 있어서 가장 중요한 요소는 이동성이다. 누가 얼마나 가볍게 만들고 뛰어난 성능을 제공하느냐가 성공의 관건이었다. 그러나 인터페이스 측면에서 살펴보면, 이동성 이외에도 얼마나 정확하고 편하게 내가 원하는 곳에 포인터를 위치할 수 있느냐도 무시 못할 요소이다. 노트북 시장에 있어서, 트랙패드와 같은 입력 인터페이스 자체가 시장 성공에 미친 영향을 명확하게 분석하기는 어려울 것이다. 싱크패드 성공에 트랙 포인트가 얼마나 영향을 미쳤는지 모르겠지만, 트랙 포인트가 싱크패드의 상징처럼 된 점을 고려해보면 일정 수준 이상의 영향을 주었다고 볼 수 있다.

현재 노트북의 트랙패드는 별도의 버튼도 사라지고 애플의 맥북 시리즈처럼 사용자의 제스처를 이용하여 터치 인터페이스를 이용할 수 있을 정도로 기술적인 진보가 이루어졌다. 그리고 태블릿과 노트북의 역할을 동시에 하는 2in1 노트북이 등장하여 스크린을 직접 터치하거나 전용 펜을 이용하여 직접 입력하는 것도 가능하다.

마이크로소프트가 '서피스'라는 브랜드의 태블릿 PC를 발표하며 PC와 동일한 윈도OS를 지원하기 시작했다. 태블릿 PC는 PC와 동일한 성능과 기능, 인터페이스에 매력을 느낀 사람들 사이에서 비싼 가격에도 불구하고 인기가 많다. 노트북에 있어서 키보드와 트랙패드와 같은 인터페이스는 이제 사용자의 용도에 따라서 다양한 방식으로 사용되고 있다. 블루투스를 이용하여 노트북에서 무선 마우스를 이용하는 사람도 있고 트랙패드만을 사용하는 사람도 있다. 서피스같이 터치나 펜 입력 인터페이스를 사용하는 사람 등 자신이 노트북으로 하고자 하는 일에 따라서 다양한 인터페이스를 이용하게 되었다.

윈도와 오피스의 인터페이스는 이렇다

PC 시장이 발전하면서 필연적으로 노트북에 대한 개념이 생겨났다. 초기의 노트북은 PC보다 가벼웠지만 현재처럼 부담 없이 가지고 다니면서 이동 중에 업무를 보거나 인터넷을 할 수 있는 기기는 아니었다. 데스크톱에 비해서 상대적으로 무게가 가볍고 키보드와 모니터가 일체형이라 쉽게 이동할 수 있는 PC의 개념으로 이해하는 것이 좋을 것이다. 이러한 상황에서 노트북은 당연히 PC 업체들이 기술 개발에 초점을 맞추는 제품이었다.

PC 시장이 인텔의 CPU와 마이크로소프트 윈도 OS가 지배적인 시장

[윈도 95 최초 실행 화면]

이 되면서, 하드웨어를 생산하는 기업은 기술 차별화에 많은 어려움을 겪고 있었다. 어느 회사가 보다 가볍고, 노트북을 더 가볍게 만들고 노트북의 성능을 더 좋게 개발하느냐가 중요한 성공 요소인 시장이었다. 즉, 휴대성이 뛰어나고 성능이 우수한 노트북을 개발하여 생산하게 되면 가격 민감도가 PC에 비해서 상대적은 낮은 노트북 시장에서 많은 이윤을 남길 수 있었다. PC 시장의 강자들은 이 시기에 모두 노트북 제조 경쟁에 뛰어들게 된다.

컴퓨터의 역사에서 빼놓을 수 없는 것이 운영체제인 마이크로소프트 윈도 95와 사무용 소프트웨어인 오피스다. 윈도 95는 출시 이후 PC 운영체제 시장에서 독점적인 위치를 차지했기 때문에 그 중요성은 크다. 그러나 인터페이스 측면에서는 웹 브라우저 전쟁에 이기기 위해서 이후 인터넷 익스플로러와 OS를 통합했다는 점을 제외하고는 윈도 3.1에 비해서 혁신을 이루어 냈다고 보기는 어렵다. 대부분 운영체제가 안정성과 기술적인 완성도에 초점을 맞추고 있었기 때문에 인터페이스는 애플의 맥 OS에 비해서 상대적으로 떨어진다는 평가를 받는다.

현재는 상황이 조금 변하기는 했지만 마이크로소프트의 오피스는 윈도와 함께 2000년대 말까지 마이크로소프트의 제품들 중 가장 많은 매출과 이익을 가져다준 제품군이다. 특히나 오피스의 경우는 윈도 매출을 뛰어넘어서 최고의 매출에 기여했던 제품이다. 마이크로소프트 오피스의 성공에 있어서 어떤 인터페이스 혁신이 기여했는지 살펴볼 필요가 있다.

마이크로소프트는 초기에 개별적으로 워드, 엑셀, 파워포인트 등의

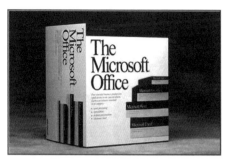
[마이크로소프트 오피스 1.0]

소프트웨어를 보유(대부분 인수를 통해서 확보)하고 있었으며, 시장에서는 워드퍼펙트, 로터스1-2-3 등과 경쟁하고 있었다. 1990년, 마이크로소프트 워드, 엑셀, 파워포인트를 통합한 오피스 1.0을 발표한다. 초창기 버전이라 제품별로 버전도 달랐고 인터페이스도 상이했으며, 통합된 제품이라기보다는 필요한 프로그램을 하나의 제품군으로 통합시킨 정도였다. 일종의 인터페이스 마케팅으로, 오피스라는 통합 패키지를 구입하면 사무용으로 필요한 프로그램을 한 번에 싼 가격에 구입할 수 있게 해준 정도로 이해하면 된다.

마이크로소프트 오피스는 필요한 프로그램을 하나의 패키지 형태로 제공함으로써 전 세계의 업무 진행 방식을 바꾸는 계기를 만든다. 지금으로서는 쉽게 상상이 가지 않겠지만, 오피스로 통합되어 판매하기 전에는 기업에서 회사 성격에 맞는 소프트웨어를 하나만 구입했었다. 예를 들어 로터스1-2-3을 사용하던 기업은 워드나 워드퍼펙트를 별도로 구입하지 않았으며, 구입한 로터스1-2-3 등을 사용하여 불편하지만 문서작성에도 사용하곤 했다. 마이크로소프트가 오피스의 개별 판매를 중지하고 하나의 제품처럼 판매한 후로는 문서 작성은 워드로 표나 데이터 분석은 엑셀로, 발표는 파워포인트로 진행하는 것이 회사 업무에 있어서 일상화되었다.

마이크로소프트 오피스가 사실상 업무용 생산성 소프트웨어에서 1위를 차지하기까지 많은 전략과 마케팅 노력이 있었겠지만 앞서 설명한 여러 소프트웨어를 통합하여 사용자의 사용 패턴을 변화시킨 것인터페이스 마케팅 이외에도 사용자 인터페이스 측면에서 많은 노력이 숨어 있다. 초기 오피스는 개별적인 제품으로 각각의 소프트웨어마다 별도의 UI가 존재했다. 마이크로소프트는 버전을 업그레이드할 때마다 UI를 일치시켜서, 윈도 95에서 설치하고 사용할 수 있는 오피스 95버전에서는 OS의 UI와 오피스의 모든 소프트웨어 UI까지 일치시킨다. 이로써 사용자는 오피스의 어떤 프로그램을 사용하든지 동일한 기능은 동일한 메뉴와 아이콘으로 표시되어 있어서 쉽게 적응할 수 있게 되었다. 한번 익숙해진 사용자 인터페이스User Interface는 자물쇠 효과Lock-In Effect를 일으켜 사용자가 다른 프로그램으로 이전하기 어렵게 만든다.

초창기 마이크로소프트 오피스가 경쟁사를 이기는 데 크게 기여한 인터페이스가 있다. 키보드 단축키가 그것이다. 그 시대에 PC를 사용하던 사용자는 텍스트 인터페이스에 익숙했으며 마우스를 사용하는 것보다는 단축키로 빠르게 원하는 기능을 호출하는 것을 선호했다. 다른 경쟁 제품들이 이러한 단축키를 사용하기 어려운 방식으로 처리를 하던 것을 오피스에서는 일관된 키보드 단축키를 사용하여 오피스 제품군 전체가 동일하게 사용할 수 있도록 통일시켰다.

국내에서도 한글과 컴퓨터의 아래아 한글 사용자가 마이크로소프트 워드에 적응하기 힘들었던 인터페이스 중 하나가 아래아 한글 프로그램과 상이한 단축키였다. 이에 국내에서 치열한 시장 다툼을 하던 한국 마이크로소프트에서는 국내 워드에 한글 단축키로 변경하여 사용할 수 있는 기능을 탑재한 적도 있다. 현재도 개발자나 서버 관리자들이 그래픽 인터페이스보다는 빠르게 작업할 수 있는 텍스트 기반의 명령어로 이루어진 쉘 프로그램을 많이 사용하고 있는 점만 봐도 단축키 인터페이스를 결코 무시할 수는 없다. 그래픽 사용자 인터페이스가 인터페이스 발달에 있어서 커다란 역할을 한 것도 사실이지만 특정 부분에서도 여전히 예전의 인터페이스가 유용한 경우도 있다.

이외에도 마이크로소프트의 오피스에는 다양한 인터페이스 혁신이 시도되었다. 오피스 97을 발표하면서 '클리피'라는 오피스 어시스턴스 기능을 집어넣었다. 클리피는 현재의 AI나 챗봇처럼 대화하듯이 사용자에게 프로그램 사용에 도움을 주려고 만들었다. 도움말 기능이 존재하지만 실제로 문서 형식으로 사용자가 쉽게 찾아서 기능을 실행하기도 힘들었다.

이런 의미에서 쉽게 원하는 기능을 찾아서 실행할 수 있게 해주는 도우미 인터페이스였다. 그러나 당시의 기술 수준으로는 사용자의 의도를 정확히 이해하기도 어려웠으며, 정확하지 않은 정보를 얻는 대가로 PC의 하드웨어 자원을 많이 소모했다. 이러한 점 때문에 클리피라는 인터페이스는 생산성 향상에 도움을 주지 못하고 오피스 사용에 방해를 주는 기능으로 인식되어서 사라지고 만다. 그러나 오피스 97을 발표

[마이크로소프트 오피스 97 클리피]

하면서 당시에는 다른 소프트웨어 개발사들이 시도하지 않았던 중요한 인터페이스 진보가 이루어진다. 이는 사용자 인터페이스라는 측면보다는 소프트웨어 사이의 인터페이스에서 이루어진다.

지금은 당연해 보이는 기능이지만 당시에는 동일한 윈도에서 실행되는 프로그램이라도 서로 내용을 복사하여 다른 프로그램에 붙여 넣는 것은 불가능하였다. 마이크로소프트 오피스 97에서 오피스 문서 간에 서로 공유하는 기능을 새롭게 포함시켰다. 오피스 97 이전 버전에서는 엑셀에 있던 내용을 워드에 표로 붙여 넣는 기능이 없어서 워드에서 동일한 내용을 다시 한 번 타이핑해야 하는 불편함이 있었다. 오피스 97에서 공유하고 복사하여 붙여 넣을 수 있는 소프트웨어 인터페이스 기능을 최초로 제공하게 된 것이다.

이러한 소프트웨어 인터페이스 혁신을 통해서 마이크로소프트 오피스는 다른 제품에 비해서 통일된 UI를 제공하고 프로그램 간 내용 공유가 가능한 소프트웨어 인터페이스를 제공했고, 강력한 잠금 효과를 만들어 내면서 시장에서 독점적인 지위를 누리게 된다. 이외에도 오피스 프로그램은 기업의 생산성 향상을 위한 도구로써 프로그램을 하나씩 제품에 추가하면서 발전해 간다. 엑셀보다 많은 자료를 처리하기 위해서 엑세스라는 개인 데이터베이스 프로그램이 추가되고, 메일/일정관리/연락처 등을 관리할 수 있는 아웃룩이 추가된다.

오피스에 프로그램이 많이 추가되고 또한 개별 소프트웨어에 많은 기능이 추가되면서 사용자들은 오피스 UI 자체를 복잡하게 느낀다. 이에 마이크로소프트는 UI를 연구하는 전담 조직을 구성하고, 이러한 연구를 기반으로 지금까지 사용되는 리본 UI시스템을 도입한다. 리본 UI는 사용자들이 주로 사용하는 기능을 아이콘 형식으로 보여줌으로써 직관적으로 사용할 수 있게 만들어 주었으며 현재도 오피스뿐만 아니라 다른 소프트웨어에서도 널리 사용되는 UI로 자리 잡는다.

인터넷 사용이 일반화되고 언제나 쉽게 네트워크에 접속할 수 있게 되면서 오피스 시장의 경쟁은 새로운 양상으로 바뀐다. 즉, PC에서 오피스라는 소프트웨어를 구입하고 작업하던 방식에서 벗어나서 웹 인터페이스로 문서를 작성하고 웹 브라우저만 있으면 어디서나 문서를 작성하고 편집하고 공유할 수 있다. 검색 서비스로 성장한 구글은 구글 독스Docs라는 서비스로 마이크로소프트의 오피스 아성에 도전한다.

일반 사용자는 마이크로소프트 오피스와 같이 지나치게 다양한 기능보다는 자주 사용하는 핵심적인 기능만을 사용하며 복잡하고 무거운 프로그램보다는 쉽고 가볍게 사용할 수 있는 프로그램을 선호할 것이라는 점에 착안하여 개발되었다. 국내보다는 해외에서 이런 경향이 크며, 비용적인 측면 그리고 효율성 측면에서 인정을 받아 구글 독스와 같이 웹 인터페이스에서 실행 가능한 프로그램을 사용하게 되었다. 이에 마이크로소프트도 오피스를 웹 인터페이스 방식으로 사용할 수 있도록 주요 프로그램을 제공한다.

마이크로소프트 오피스의 성공은 사람들의 업무 방식을 바꿀 수 있도록 개별 프로그램을 통합하고, 일관성 있는 UI를 제공하면서 이루어졌다고 볼 수 있다. 이는 사용자와 사용자의 업무에 중요한 인터페이스 역할을 했다. 이 책의 다른 부분에서도 다루겠지만 마이크로소프트 오피스처럼 사용자의 행동 패턴을 바꾸거나 소프트웨어적인 또는 서비스적인 통합 인터페이스를 제공하면서 성공한 사례가 많이 있다.

종이 없는 세상을 위한 첫걸음, 태블릿 PC

종이와 인터넷은 인류의 역사에 있어서 우리의 삶을 획기적으로 바꾸어 놓은 혁명적인 인터페이스 발명품이다. 종이와 인쇄술의 발달은 정보와 지식의 전달 인터페이스를 획기적으로 바꾸었다. 종이의 발명 전에는 구전되는 것이 유일한 방법이었으나, 기록할 수 있는 매체들죽간, 가죽 등이 발견되면서 전달 방식이 변화하기 시작했다. 종이 발명으로 많은 사람에게 정보와 지식을 전달할 수 있게 되었다. 또한 인쇄술이 이러한 정보와 지식의 전달을 확산시키는데 결정적인 역할을 했다. 인쇄술이 발달하기 전 책은 대량으로 생산하기도 힘들었으며 지식인들이 주로 이용할 수 있는 매체였다. 인쇄술이 발명되면서 이제 일반 대중도 책을 쉽게 접하고 정보와 지식을 습득할 수 있는 길이 열렸다.

인터페이스 측면에서 해석해 보면, 종이와 인쇄술의 발전으로 음성이라는 인터페이스에서 시각을 통해서 전달해주는 인터페이스로 전환을 이루었다. 인터넷도 마찬가지다. 정보와 지식의 전달이 종이 또는 책이라는 매개체에서 웹으로 진화한 것이다. 기술이 발전하고 사회가 빠르게 변화하면서 정보도 빠르게 흐르기 시작했다. 정보가 책이나 신문이라는 매체보다는 인터넷으로 전파되고 그 안에 쌓이면서 인터넷은 정보의 바다라고 불리었다. 이는 종이와 인쇄술이 이룩한 변화보다도 더욱 극적이고 훨씬 더 광범위하게 인류의 생활을 변화시켰다.

앨빈 토플러는 그의 저서 《제3의 물결》에서 컴퓨터 단말기의 등장으로 서류 없는 사무실이 열리리라 예측했었다. 또한 마이크로소프트의 빌 게이츠는 1999년에 펴낸 《생각의 속도》에서 컴퓨터와 인터넷의 발전으로 곧 '종이 없는 사무실'이 실현될 것이라고 예언한다. 그러나 현실은 종이의 소비량이 더욱 늘었으며, 종이가 인간에게 주는 다른 편익을 무시했기 때문에 종이가 사라질 것이라는 것은 잘못된 예측으로 판명 났다. 즉, 새로운 인터페이스가 아무리 혁신적이고 편리하다고 해도 사용자의 경험이나 행동 양식, 인지 등에 영향을 줄 수 없다면 그 즉시 보편적으로 사용하게 되지는 않는다. 종이의 경우는 사람의 생활 패턴에 영향을 주기는 했지만 전면적으로 바꾸기에는 힘들었다.

전자결재처럼 빠른 업무 처리의 필요성에 의해서 종이 결재를 빠르게 대체했지만 다른 부분에서는 생활 패턴을 근본적으로 바꾸기는 쉽지 않았다. 인터넷의 발달로 정보가 넘쳐났지만, 정보의 범람에 따라서 덩달아 필요 없거나 중복되는 내용도 넘쳐난다. 이에 사람들이 정보 검색은 인터넷을 사용하지만 정말로 자기에게 중요하고 검토가 필요한 자료는 종이에 인쇄해서 보는 경향이 그대로 남아있다. 보고 자료를 작성해도 작성 자체야 PC와 인터넷을 이용하지만 최종 단계에서는 종이에 인쇄해서 검토하는 사람이 많다. 즉 종이 없는 사무실이라는 예측은 인터페이스가 발전하면서 새로운 인터페이스가 완전히 대체가 될 것이라는 믿음 때문이었다. 그러나 현실은 대체재가 아닌 보완재 역할이었다.

마이크로소프트의 빌 게이츠가 《생각의 속도》에서 이런 예측을 내놓은 후 1년 뒤인 2000년에 태블릿 PC라는 개념을 컴덱스COMDEX, 컴퓨터 관련 전시회에서 발표했다. 이는 기존의 노트북이 가지고 있던 키보드와 트랙패드를 스타일러스 펜과 터치스크린으로 인터페이스를 대체한 것이었다. 스타일러스 펜을 가지고 터치스크린에 종이에 쓰듯이 쓰면 문자도 인식하고 종이를 사용하듯이 이용할 수 있도록 구현한 것이다.

《생각의 속도》에서 언급한 종이 없는 사무실을 만들기 위해서 필요한 디지털 기기를 만든 것이다. 나중에 자세히 다루게 될 터치 인터페이스는 이 시기부터 발전한다. 태블릿 PC라는 개념 자체는 기존의 노트북의 한계성을 극복하고 새로운 인터페이스로 사람들의 업무 습관까지도 바꾸려고 시도한 대표적인 사례이다. 발상과 시도 자체는 뛰어났지만 당시의 기술 수준으로는 늦은 반응성과 낮은 인식률 등 사람들의 인식까지 바꾸기는 힘들었다(단 태블릿과 태블릿 PC의 영역을 구분하기가 애매하다. 태블릿 PC가 윈도 등의 OS를 사용하는 PC 영역[노트북]에서 발전했다면, 태블릿은 스마트폰에서 발전하여 스마트폰 OS를 사용하는 화면 인터페이스가 확장된 기기 정도로 정의하여 다루겠다).

마이크로소프트는 윈도 OS 내에 태블릿 PC의 기능을 추가하면서 관련 시장을 키우기 위해서 노력하지만 시장에서 쉽게 성공하지는 못했다. 윈도 8을 기반으로 태블릿 PC가 시장에 출시되면서 조금씩 빛을 보기 시작한다. 초창기 제품은 윈도 8 RT라는 별도의 분리된 OS를 제공하는 제품과 PC용 윈도 8을 제공하는 제품으로 나누어져 있었다. 그러

[마이크로소프트 서비스]

나 윈도 8 RT를 사용하는 태블릿 PC는 전용 애플리케이션이 별도로 필요했으며 소프트웨어 개발사가 윈도 8 RT에서 구동하는 소프트웨어를 별로 개발하지 않아 이 윈도를 찾는 이도 적었다. 태블릿 PC에서 제공하는 윈도 8은 마우스와 터치 인터페이스가 뒤섞여 있어서 일관성이 없었으며 혹평을 하는 사용자가 많았다. 이미 익숙해져 있는 PC 기반의 윈도와 다르게, 윈도 8을 사용하기 위해서는 새롭게 UI를 익히고 행동방식을 바꾸어야 했기 때문이다.

2012년, 마이크로소프트는 서피스라는 자체 태블릿 PC를 직접 하드웨어부터 개발하여 출시했다. 그동안의 경험을 기반으로 PC나 노트북을 대체할 만한 성능과 PC와 동일한 OS를 탑재하여 사용자도 늘어난다. 또한 터치와 스타일러스 펜을 사용할 수도 있고 분리가 가능한 키보드와 트랙패드 기능이 있는 전용 커버를 이용할 수 있도록 구성한다. 이 제품은 이동성이 뛰어나고 인터페이스를 상황에 따라 선택할 수 있어 시장에서 찾는 사람이 많아졌다.

종이와 태블릿 PC의 사례에서 볼 수 있듯이 새로운 인터페이스가 사용자의 행동 방식에 어떠한 영향을 줄 수 있을지, 이 인터페이스가 기존의 대체재인지 보완재인지도 고려해 봐야 한다. 아이폰이나 아이패드(여기서는 태블릿으로 정의 내려서 별도의 내용으로 다루어진다)처럼 완전한 대체재가 아닌 이상 세밀하게 따져봐야 할 것이다.

INTERFACE STRATEGY

인터페이스
혁신 불감증으로
기업과 기술의 운명이
결정되다

기업이 과거의 성공한 기술이나 전략을 지나치게 믿거나 자만에 빠지게 되는 경우가 종종 발생한다. 새로운 혁신 기술이 등장하면 이러한 성공 법칙은 전혀 작용하지 않게 된다. 잘못된 전략이나 트렌드에 대응하지 못해서 실패한 사례도 많지만, 근본적으로 변하는 인터페이스 혁신을 간과하여 시장에서 실패하는 경우도 적지 않다. 이러한 인터페이스의 근본적인 혁신을 준비하지 않는 기업은 자신도 모르는 사이에 그렇게 된다.

디지털 카메라의 등장과 코닥의 착각

1881년, 조지 이스트만에 의해서 설립된 코닥사는 1990년대 미국 필름 카메라 시장에서 90퍼센트 이상의 점유율을 가진 성공한 기업이었다. 그러나 디지털카메라가 등장하면서 급격하게 쇠퇴하여 2012년에 미국 법원에 파산보호를 신청하기에 이른다. 코닥에서는 어떤 일이 발생한 것일까? 1980년대의 코닥은 최고의 기업으로 코닥 연구소는 현재의 구글과 같이 최첨단의 기술을 개발하는 회사로 유명했으며, 입사하고 싶어하는 사람이 많았다.

코닥 연구소에서 혁신적인 기술이 개발되었으며, 수많은 특허를 보유하고 있었다. 디지털카메라 기술도 그중에 하나였지만, 코닥은 미래를 예측하지 못하고 과거의 성공에 안주하고 만다. 필름 카메라 시장과 디지털카메라 시장은 근본적으로 접근법을 달리해야 하는 시장이다. 코닥은 클레이튼 크리스텐슨의 저서 《혁신 기업의 딜레마》에서 지적한 '파괴적 기술'에 대응하지 못해서 몰락하게 된 대표적인 기업이다.

코닥이 필름 카메라 시장을 지배하고 있던 시기에 막강한 자금과 뛰어난 인력으로 1975년, 세계 최초로 디지털카메라를 개발했으며, 현재

[코닥 필름과 카메라]

에도 쓰이는 디지털 이미지 처리 특허를 약 1,100개 정도 보유한 기업도 코닥이다. 세계 최초로 디지털카메라를 개발한 코닥이 디지털카메라의 급격한 보급으로 무너졌다는 점은 아이러니가 아닐 수 없다. 필름카메라는 사진을 찍고 기록하는 매개체가 필름이며 이를 현상소에서 인화를 해야만 무엇을 찍었는지 알 수 있었다. 이에 반해서 디지털카메라는 저장 매체가 메모리였으며 인화하기 위해서는 메모리를 읽고 사진으로 인쇄할 수 있는 최소한의 장치가 있는 곳을 찾아야만 했다.

사진을 인쇄또는 인화하기 위해서는 필름이라는 인터페이스가 필요했으며 인쇄된 결과물을 봐야만 어떤 사진이 어떻게 나왔는지 확인할 수 있었다. 지금으로서는 상상하기 힘들겠지만, 당시에 사진은 결과물이 나오기 전까지는 초점이 맞지 않거나 잘못 나와도 결국은 비용을 지불했다. 누가 봐도 감광이 잘못된 필름에 대해서는 사진관에서 필름을 맡긴 이에게 사진으로 뽑을지 물어보기도 했지만, 대부분 사진으로 나오기 전까지는 확인할 수 있는 길이 없었다. 그리고 사용자도 이러한 일련의 과정을 당연하게 생각했다.

디지털카메라가 사진이라는 결과물을 얻기 위해서 혁신한 것은 저장장치저장 인터페이스로서와 이를 바로 확인할 수 있는 인터페이스를 추가한 것이다. 앞서 지적한 것처럼 초기의 디지털카메라는 인쇄를 위해서는 디지털카메라의 메모리를 읽고 출력할 수 있는 기기를 지원해야 했으며 사실 그 당시에는 이러한 디지털카메라로 찍은 사진을 쉽게 인쇄할 수 있는 상황은 아니었다. 코닥은 최초로 디지털카메라를 개발하고 관련 기술을 확보했지만 경영진에서는 이미 필름 자체로 시장을 지배하는 상황에서 디지털 카메라가 시장에 미칠 영향력, 그리고 디지털로 인터페이스가 변함에 따라서 사용자가 사진에 대한 경험과 인식이 바뀔 것이라는 점을 미처 깨닫지 못하고 있었다.

코닥의 실패 원인은 급격한 인터페이스 혁신이 올 것이라는 사실을 애써 외면하고, 과거의 성공에 안주했기 때문이다. 즉, 디지털 기술의 발전에 대한 오판과 디지털 인터페이스의 도입에 따른 사용자 경험과 인식 변화를 미처 알아보지 못했기 때문이다. 코닥이 필름 카메라 시장에서 성공한 요인은 카메라를 가져오면 코닥 현상소에서 인화까지 책임져주는 원스톱 서비스를 제공했기 때문이다. 디지털 카메라가 보급되기 시작하고, 디지털카메라 시장의 가능성을 인식한 후지필름과 같

[소니의 디지털카메라]

은 기업은 재빠르게 디지털카메라를 출시한다. 디지털카메라가 시장을 잠식하기 시작하자, 코닥은 이지쉐어Easy Share라는 브랜드로 새로운 전략을 수립한다. 코닥 디지털카메라로 사진을 찍고, 코닥 프린터로 코닥 현상소에서 인쇄해주었다. 기존의 원스톱 서비스로 이룬 성공을 디지털에도 비슷하게 적용한 전략이다. 전략적인 측면에서 살펴보면 올바른 방향으로 보인다.

기존의 코닥 현상소의 인프라를 이용하면서 원스톱 서비스를 제공하는 셈이기 때문에 충분히 시도해 볼 만한 전략이었다. 그러나 이러한 전략도 결국 코닥의 몰락을 막지는 못했다. 코닥이 간과한 점이 있다. 디지털카메라로 저장 매체와 사용 인터페이스가 바뀌면서 사진 자체에 대한 소비자의 인식이 급격하게 변화했기 때문이다. 사진을 찍는 경험의 최종 목적이 사진으로 인화 또는 인쇄하기 위한 것에서 사진이라는 매개물 자체보다는 디지털 또는 인터넷 등에서 사진을 보고 즐기며 공유하기 위한 것으로 바뀐다. 물론 가장 잘 나온 사진이나 필요에 의해서 인화를 하기도 하지만 실제로 예전처럼 인화해서 남기려고 사진을 찍지 않는다. 싸이월드나 페이스북을 생각해보면 그 답이 있다. 디지털카메라로 찍은 사진을 살펴보고 그 중에서 잘 나온 사진을 싸이월드에 올리고 지인과 공유하는 새로운 경험을 하게 된다.

휴대폰에 카메라가 내장되고 성능이 좋아지면서 이러한 현상을 점차로 가속화한다. 휴대폰으로 사진을 찍고 이를 친구나 가족에게 전송하기도 한다. 디지털카메라로 찍은 사진은 현상소에서 인화하기보다는 PC의 모니터에서 확인하고 감상하는 용도로 사용한다. 스마트폰과 인터넷이 폭발적으로 성장함에 따라서 사진은 인터넷을 통해서 친구와 또는 가족과 또는 인터넷 사용자와 공유하는데 더 많이 쓰인다. 한번 주변을 둘러보라. 사진관에서 무엇을 많이 하는가? 주로 증명사진을 찍거나 급하게 사진을 인화할 때 찾는 곳으로 변화된 지 오래다. 사진에 대한 전문적인 기술이 필요하거나 정해진 규격에 맞게 증명사진 등이 필요할 때 찾는 곳으로 인식하고 있다. 인화는 인터넷상에서 사진을 보내면 싸고 쉽게 인화할 수 있게 되었다. 필름카메라에 비해서 디지털카메라는 즉석에서 사진을 확인하고 삭제할 수 있으며 다양한 설정_{필터 효과}등을 즉석에서 적용할 수도 있다.

코닥은 카메라 시장에 있어서 새로운 인터페이스의 변화(필름 > 메모리, 현상소 > 디지털 화면)에 대해서 미처 정확히 인식하지 못했으며 잘못된 방향의 전략을 수립함으로써 몰락의 길을 걸었다. 현재의 인스타그램처럼 사진 기반의 SNS를 생각해보면 코닥이 근본적인 인터페이스 변화에 대해서 둔감하고 과거의 성공 전략을 답습하다 무너졌다는 것을 알 수 있을 것이다.

소니 왕국이 침몰하게 되는 진짜 이유

워크맨, 바이오, 플레이스테이션, TV 등 2000년대 초반까지 일본의 소니는 혁신적인 제품을 내놓으며 '기술의 소니', '소니 왕국' 등으로 불리며 세계 최고의 전자업체로 군림한다. 그러나 소니는 서서히 몰락의 길로 접어든다. 소니 몰락의 이유를 많은 전문가들은 혁신의 늪에 빠진 것으로 진단한다. 혁신의 늪이란 혁신으로 성공한 기업은 지속적으로 혁신적인 제품을 만들어 내서 새로운 시장을 개척해야만 하는데 이를 극복하지 못하면 결국 몰락하게 되는 것을 말한다. 소니는 기존에 구축한 가전 왕국이라는 이미지를 유지하기 위해서 '월드 베스트 제품'을 만드는 데에 집중한다. 최고의 제품만이 성공을 이룰 수 있다는 생각에, 블루오션과 같은 새로운 시장을 창출하는 것보다는 기술개발 자체에 매몰되고 만다. 소니의 핵심 분야인 기술 중심의 제품도, 경쟁사의 빠른 기술 모방과 저가 전략 등 경쟁에 밀려서 여러 분야에서 추월당하는 악순환이 계속되면서 몰락해갔다.

소니의 초기 전략은 월드 베스트의 기술로 개발된 제품은 뛰어난 기술을 소비자들이 알아서 적용할 것이기 때문에 기술 개발 자체에 역량을 집중해야 한다는 것이었다. 워크맨이나 바이오 브랜드의 PC/노트북은 이런 전략의 산물이었다. 소비자들은 소니의 워크맨과 뛰어난 이동성과 디자인을 가진 바이오 노트북에 열광했지만, 이후에 새로운 시장을 창출하지 못하고 만다.

소니는 TV 다음으로 당시에 많이 사용하던 VCR을 1971년에 개발했으며, 1975년에 베타맥스 방식을 개발하여 가정용 비디오 레코더 시장을 선점한다. TV의 프로그램을 녹화하거나 영화 등을 볼 수 있도록 하는 인터페이스매개체인 비디오테이프의 등장이다. 이에 JVC는 VHS 방식의 기술을 개발한다. 소니는 자사의 기술이 품질이 높으며, 뛰어난 기술이라고 맹신한 나머지 소니에서 독점적으로 사용하기로 결정한다. 이에 비해서, VHS는 기술을 공유하여 다른 회사에서도 제품을 생산할 수 있도록 라이센스를 개방한다. 1984년이 되자, 기술 공유와 라이센스 생산이 쉬운 VHS는 일본 시장의 80퍼센트를 점유한다. 결국 소니는 1989년에 베타맥스 방식의 VCR생산을 중단한다. 소니의 베타맥스 방식은 분명 기술적으로 우위를 차지하고 있었지만, 소비자가 기술이 뛰어난 제품보다 다양한 콘텐츠를 보유한 제품을 선호한다는 점을 간과했다.

이와 유사한 사례는 소니의 MD미니디스크에서도 발생한다. 워크맨의 성공과 기술 우선 전략의 실패를 거울삼아, 1990년대 초 유행하던 CD의 불편함을 제거하면서도 휴대가 쉽고 작고 매력적인 MD 플레이어를 시장에 출시한다. 시장에서는 작고 디자인적으로 완성도가 높은 MD가 일본에서 큰 반향을 일으키고 선풍적인 인기를 끈다. 또한 콘텐츠의 중요성을 뒤늦게 깨닫고 소니 뮤직Sony Music을 설립하여 콘텐츠 수급에도 공을 들인다. 결코 베타맥스의 전철을 밟지 않겠다는 전략이었다. 이러한 소니의 전략도 결국에는 실패한다.

제품이 혁신적이고 전략을 잘 세웠어도 시장은 왜 외면했을까? 소니는 운도 따르지 않았을 것이다. CD가 음악 이외에 데이터 저장용으로도 쓰고 CD 라이터^{CD에 개인이 직접 자료를 넣을 수 있도록 해주는 제품}의 가격이 저렴해지면서 PC 등에 기본적으로 내장되어 있었다. CD 라이터는 CD를 다양한 용도로 활용하면서 함께 널리 쓰였다. 또한 CD 라이터로 싸게 음원 파일을 복사^{불법복제를 포함하여}할 수 있게 되면서 CD 플레이어가 더 많이 사용된다. 이에 따라서 MD에 대한 관심은 더 고음질의 음악을 즐기는 일부 마니아층에서만 높았다. 이보다도 플래시 메모리를 내장한 MP3 플레이어가 시장에 본격적으로 나오면서부터 MD가 밀려난다.

소니의 MD는 일본 내수에서는 아직도 시장에서 우월한 위치를 차지하고 있었기 때문에, MP3 플레이어의 위력을 미처 깨닫지 못했다. 소비자는 휴대하기 편하고 혁신적인 MP3 플레이어로 전환하고 있는데, 소니는 일본 내수 시장의 성공에 안주하고 있었다. 일본 기업이 내수

[소니의 MD 플레이어]

시장에서의 성공에 만족하고 세계 시장의 흐름에 뒤처지면서 점차 세계 시장진출이 막히고 내수 시장이 작아지면서 위기를 겪게 된다. 이를 갈라파고스화라고 하며 대표적인 예가 소니의 MD이다. 여기에 애플이 2001년에 1세대 아이팟을 출시하여 소니에 결정타를 날렸다. 이 시기에 유명한 P2P 공유 서비스인 냅스터가 등장하면서 사람들은 쉽게 MP3를 구하고(물론 정당하게 구입하지 않은 불법이었다) MP3 플레이어에서 들었다.

소니는 MD뿐만 아니라 자체 이동식 저장 매체인 메모리스틱에서도 유사한 전략을 취한다. 자사의 제품에 독자적인 규격의 메모리스틱을 고집한다. 소니 PSP, 디지털카메라, DSLR 등 시장에서 성공한 제품이 있었기 때문에 메모리스틱은 생존할 수 있었다. 그러나 결국에는 SD카드나 CF카드가 PC를 제외한 전자제품에 주로 쓰이는 이동식 저장 매체로 자리잡는다. TV 개발에서도 소니는 기술을 중시하여 화질이 우수한 프리미엄 TV를 위주로 생산한다. 그러나 소비자는 가격 대 성능 비가 우수하고 디자인이 뛰어난 삼성전자와 LG전자의 TV를 선택하자 소니의 가전 사업이 크게 어려워졌다.

물론 소니가 실패만 한 것은 아니다. 소니의 플레이스테이션은 닌텐도가 지배하고 있던 가정용 게임기 시장에서 승리한다. 닌텐도가 자체의 롬팩을 주장하던 시기에 사용이 보편화되기 시작한 CD를 게임의 매체로 사용하면서, 닌텐도의 전용 롬팩 라이센스 정책에 실망한 많은 게임 개발사를 유인하여 전 세계적인 성공을 거두기도 한다(이에 대한 내용은 4장에서 다시 살펴보기로 하겠다). 소니 자체 표준인 MD와 메모리 스틱의 실패 사례를 거울삼아 내린 선택이었을 것이다.

소니의 실패 사례에서 알 수 있는 것처럼, 시장에서 성공하는 제품은 뛰어난 기술만이 아닌 얼마나 널리 퍼져 있고 일반 사람들이 쉽게 접할 수 있는지 즉 널리 인정되고 보급될 수 있는 인터페이스매개체인지가 중요한 요소이다. 기술의 관점이 아닌 소비자와 소통의 관점에서 인터페이스를 바라봐야 한다. VHS의 사례처럼 소비자들이 시장에서 쉽게 접할 수 있도록 인터페이스를 만들어 주는 것이 성공의 요소이다. 기술이 발전하면 기기는 복잡해질 수밖에 없다. 기능을 더 많이 넣기 위해서는 이를 컨트롤 할 수 있는 인터페이스가 필요할 수밖에 없고 이를 연구하고 설계하지 않는다면 사용자는 결코 사용하려고 하지 않을 것이다. 소니는 사용자 인터페이스 측면에서 실패했다기보다는 사용자와 기기 간을 연결해주는 매개체로서의 인터페이스를 간과해서 실패했다고 할 수 있다.

모토로라는
왜 휴대폰 리더에서
추락했을까?

모토로라는 1928년, 설립되어 1930년대에 최초의 차량용 무전기를 개발하였다. 또한 1956년에는 일명 삐삐무선 호출기라 불리는 무선 통신기를 세계 최초로 개발하여 병원 중심으로 보급했다. 1969년에 인류 최초로 달에 착륙하여 '인간의 작은 발걸음 하나지만 인류에게는 큰 발걸음'이라고 말한 닐 암스트롱 선장의 생생한 육성이 지구에 전달된 것은 바로 모토로라가 개발한 우주통신용 무전기를 통해서였다.

1973년에는 인류 최초의 휴대폰을 개발하였으며 1983년에 최초로 상업용 휴대폰으로 승인을 받았다. 1980~90년대에는 매킨토시에 사용하는 CPU를 개발하였으며 무선 통신 뿐만 아니라 반도체 분야에서도 큰 성과를 거두었다. 1990년대 후반에는 스타텍과 레이저RAZR라는 휴대폰을 출시하면서 휴대폰 분야에서 성공한 기업으로 군림한다. 그러나 2011년에 구글이 모토로라를 인수하고, 2014년에는 다시 레노버에 매각되는 불운을 겪는다. 현재는 그 존재조차 미미하다. 휴대폰의 성공 이후, 20년 사이 모토로라에 어떤 일이 발생했을까?

1996년, 모토로라는 스타텍이라는 휴대폰을 출시하면서 시장에서 공전절후한 성공을 한다. 그 당시 휴대폰은 한마디로 벽돌과 같은 모양에 크기가 크고 휴대하기가 불편한 기기였다. 그러나 이동 중에 전화 통화를 할 수 있는 편리함으로 인해서 사용자가 증가하고 있었다. 휴대 전화가 본격적으로 도입되기 전에는 삐삐라는 무선 호출기가 유선전화를 대신해서 사람과 사람 간의 연락을 담당하는 인터페이스였다. 국내의 경우에는 PCS라는 과도기적인 제품이 등장했지만 발신 전용으로 커버리지가 넓지 않았다. 모토로라 스타텍은 당시 다른 휴대폰을 사용할 때 느껴지던 불편함을 해소하고 휴대성을 극대화하면서 히트 상품으로 자리매김을 한다. 스타텍은 휴대폰이라는 사람과 사람 간의 커뮤니케이션 인터페이스로서 획기적인 역할을 했을 뿐만 아니라 휴대폰 자체의 하드웨어적인 인터페이스 자체를 획기적으로 발전시켰다.

기존 대부분의 휴대폰이 바Bar타입이었던 반면에 최초로 폴더형으로 개발된 스타텍은 쉽게 접어서 주머니에 휴대할 수 있도록 해 주었다. 또한 통화 시 폴더를 펼쳐서 귀와 입에 밀착하면 통화하기가 편했다. 기술 발전으로 이런 디자인 자체가 그리 의미 있다고 보기는 힘들지만 당시에는 쉽게 주머니에 넣을 수 있고 폴더를 펼치면 통화하기가 편하다는 개념은 분명 혁신이었다.

또한 작은 크기로 인해서 주머니에 휴대 시에 전화벨 소리를 듣지 못할 수도 있기 때문에 세계 최초로 진동기능을 탑재하였다. 나중에 다루겠지만 최초로 햅틱 인터페이스진동도 탑재한 셈이었다. 지금이야 진동기능햅틱 인터페이스이 없는 스마트폰을 상상하기 힘들었겠지만 당시에는 휴대폰 벨 소리가 울린다는 자체가 고가의 휴대폰을 구매할 수 있는 경제적 능력을 보여주는 척도로 여겨지기도 했다. 휴대폰의 벨소리는 현재처럼 다른 사람을 방해하는 공해의 일종이 아니라 최신 기기를 가지고 있다는 신호 정도로 비난의 대상이 아니었기에 진동 모드가 꼭 필요하지는 않았다.

모토로라가 진동햅틱 인터페이스 기능을 넣은 이유는 타인을 방해하지 않기 위해서라기 보다는 사용자가 벨 소리를 듣지 못해서 전화를 받지 못하는 것을 방지하고 진동으로 알려주기 위해서였다. 햅틱 인터페이스를 넣은 이유가 무엇이든 간에, 결국은 사용자에게 전화가 왔다는 사실을 훌륭하게 전달하는 역할을 담당했음을 부인할 수 없다.

2004년, 모토로라는 레이저를 출시하여 1억 대 이상 판매하면서 다시 휴대폰 트렌드를 선도하는 기업이 된다. 1990년대 말부터 노키아가 휴대폰 시장에서 1위를 차지하면서 모토로라는 위기에 처하게 되는데 모토로라 레이저는 이런 위기를 극복하게 해주고, 휴대폰 시장에서 트렌드 리더라는 인식을 심어주는 계기를 만들어준 제품이다. 모토로라는 레이저 이전 스타텍을 통해서 휴대폰을 손으로 들고 다니기에는 편리하지만 약간은 거추장스러운 물건에서 쉽게 주머니에 넣고 다닐 수 있는 제품이라는 인식을 심어줌으로써 성공을 거둘 수 있었다.

그러나 다른 경쟁사도 작고 주머니에 넣을 수 있는 휴대폰을 생산하게 되면서 이제 새로운 전략이 필요하게 된다. 이때 개발한 제품이 레이저이다. 당시 대부분의 휴대폰이 비록 주머니에 넣을 수 있었지만 아직도 크기가 작지는 않아서 주머니가 불룩하게 튀어나오고 이동 시에 상당히 거추장스러웠다. 당시의 휴대폰은 철저히 기술 위주의 기능적

[모토로라 레이저]

제품이었다. 레이저는 여기에 새로운 하드웨어 인터페이스를 적용하여 휴대폰이 사람 간의 통신을 가능하게 하는 투박하지만 편리한 인터페이스 기기라는 인식에서 벗어나 하나의 패션 아이콘이라는 인식의 시대를 열게 된다.

당시 휴대폰의 버튼은 재질이 고무로 되어 있었으며 돌출된 형식이었다. 일반적으로 버튼이라는 인터페이스는 다른 분야에서도 유사하게 돌출되어 있었으며, 기술적으로나 비용적으로나 이는 당연히 받아들이는 전형적인 인터페이스였다. 지금 TV의 일반적인 리모컨을 상상해보면 이해가 빠를 것이다. 모토로라 레이저에 사용된 버튼 인터페이스는 기존의 것과 차원이 다르게 설계되어 있다. 얇은 금속판에 숫자를 인쇄하였으며, 평면에 찍힌 숫자를 눌러서 입력하는 방식이었다.

모토로라는 기존 버튼이 차지하던 두께만큼의 공간을 줄여서 얇은 휴대폰 제조가 가능했고 이제 휴대폰이 단순 커뮤니케이션 인터페이스가 아닌 패션의 일부로 여기는 트렌드를 창조했다. 버튼이라는 인터페이스에 익숙한 사용자라도 모토로라의 평판 키패드를 보고 전화를 거는 데 불편하지 않았으며 이는 인터페이스 설계에 있어서 직관적이어야 한다는 기본 원칙을 충실히 지키고 있다고 볼 수 있다. 거기에 심미성을 가미하게 되었으니 사람들이 열광하지 않을 이유가 없었다.

모토로라 레이저의 일체형 금속 키패드 인터페이스를 개발한 기업은 국내의 ㈜삼영테크놀로지라는 중소기업이다. 이 회사는 시계 문자판 공정에 사용하는 기술을 이용하여 얇은 금속판에 번호와 문자를 새긴 일체형 금속 키패드를 개발했다. 이러한 기술을 가지고 국내의 휴대폰 제조사의 문을 두드렸지만 문전박대를 당했다. 당시의 제조사들은 휴대폰 자체에 첨단 기능을 추가하는데 초점을 맞추고 있었으며, 디자인 자체는 부수적인 것으로 생각하고 있었다. 또한 금속판이라는 특성상 전파 방해가 일어날 우려가 있으므로 채용할 수 없다는 입장을 고수하였다. 이러한 시기에 ㈜삼영테크놀로지는 모토로라 레이저에 금속 키패드를 납품하게 되면서 모토로라의 히트작이 탄생했다.

모토로라는 레이저의 성공 이후, 새로운 시도 대신 레이저와 유사한 제품만을 생산하게 되면서 스스로 몰락하기에 이른다. 기존의 트렌드 리더로서 혁신을 추구하지 못하고, 과거의 성공을 답습했기 때문이다. 스스로 인터페이스의 혁신자로서 시장에서 성공했으면서, 지속적인 혁신 노력이 부족했으며, 노키아와 같은 기업과의 경쟁에서 뒤처지면서 결국은 다른 기업에 인수되는 수모를 겪는다. 기술 중심의 회사들이 흔히 겪는 혁신기업의 딜레마에 빠진 셈이다. 아이폰이라는 새로

운 터치 인터페이스로 무장한 혁신적인 제품이 등장하면서 모토로라
는 이제 기억 속에서 조금씩 잊혀 가는 브랜드가 되고 만다.

노키아에
벌어졌던
엄청난 사건의 전모

노키아는 세계 휴대폰 시장에서 14년1998~2011년간 1위를 기록한 최고의 기업이었다. 2007년 말에는 전 세계 휴대폰 시장에서 40퍼센트 점유율을 기록했으며, 핀란드 국내총생산GDP의 약 25퍼센트 정도를 차지할 정도로 성장했다. 노키아의 주가 총액은 핀란드 전체 상장사의 60퍼센트가 넘을 정도로 엄청난 성공을 거둔 기업이었다. 그러나 2007년을 기점으로 노키아는 몰락의 길로 접어든다. 노키아 성공의 이면에는 잘 조직된 플랫폼 전략과 조직 문화, 핵심에 집중하는 선택과 집중이 잘 작동했다.

초기 노키아는 제지회사에서 출발해서 다양한 분야로 진출하였다. 1992년에 휴대폰 사업을 제외한 제지, 고무 사업 등을 정리하고 휴대폰을 핵심 사업으로 정하고 여기에 역량을 집중한다. 노키아의 성공에는 경영 전략, 기업 문화, 기술력 등 다양한 성공 요인에 의한 것이지만, 인터페이스의 중요성에 대해서도 간과하지 않았다. 1998년, 노키아는 노키아 6100 시리즈를 약 4천 100만 대 판매하면서 모토로라를 2위로 밀어내고 휴대폰 시장 1위를 차지한다. 같은 해에 노키아 8810 시리즈를

[더 노키아 7650 The Nokia 7650]

출시하면서 스타텍 등 기존 경쟁사들과 차별화되는 안테나 내장형 휴대폰을 출시한다. 지금은 상상하기가 쉽지 않겠지만 1990년대에는 전파를 잘 수신하려면 안테나를 휴대폰에서 뽑고 통화해야 했다. 노키아는 전화를 사용하기 위해서 존재하던 인터렉션안테나를 뽑거나 넣는 일련의 과정을 간소화하면서 통화를 하기 위한 인터페이스의 단계 자체를 간소화시켜버렸다.

　노키아는 2001년, 더 노키아 7650The Nokia 7650을 출시하면서 세계 최초로 카메라가 장착된 휴대폰을 출시한다. 같은 해에 나온 노키아 3650 시리즈는 영상 녹화가 가능하다. 이 시기에 '디지털 컨버전스Digital Convergence'라는 용어가 등장한다. 디지털 컨버전스란 하나의 기기나 서비스에 모든 정보통신 기술이 융합되는 현상을 말한다<위키백과>. 즉, 개별적으로 존재하던 하드웨어나 소프트웨어, 서비스 인터페이스들이 통합되어 제공되는 것이다. 사진을 찍기 위해서 디지털카메라를 이용해야 했지만 이제는 휴대폰에서 사진을 찍을 수 있게 된 것이다. 노키아를 단순히 휴대폰 하드웨어 인터페이스 혁신을 해서 성공한 기업으로 정의하기 힘들 것이다. 그렇지만, 노키아의 뛰어난 기술력을 기반으로 소비자가 필요로 하는 적합한 인터페이스를 제공한 점이 성공에 일정 부분 기여했다는 점을 간과하지는 말자.

노키아를 몰락의 길로 인도한 것은 2007년, 애플의 아이폰이 출시되면서 부터이다. 물론 애플에서는 아이팟 터치라는 과도기적인 터치 인터페이스를 제공하는 디바이스가 존재했었지만 이를 눈여겨 본 기업은 많지 않았다. 노키아의 몰락이 휴대폰 시장이 스마트폰 시장으로 급격히 전환하는 시기에 현실에 안주했기 때문이었을까? 노키아는 에릭슨, 모토로라, PSION 등과 함께 심비안이라는 회사를 1998년에 설립하여 PDA와 휴대폰의 OS를 개발하였다. 나중에 노키아가 심비안을 인수한다. 노키아는 심비안을 휴대폰 OS에 적용하였으며, 다양한 휴대폰을 출시하여 가장 진보된 휴대폰 OS라는 평가를 받으면서 시장을 장악한다. 또한 스마트폰 시장이 출현할 것을 대비하여 노키아 9000 커뮤니케이터라는 단말기를 출시한다. 이 스마트폰에는 이메일, 팩스, 인터넷, 지도 기능 등이 내장되어 있었다.

2006년에는 스마트폰 시장에서 노키아가 50퍼센트 이상을 차지하고 있었다. 물론 당시에 스마트폰 시장 자체가 6천만 대 정도 수준이었기 때문에 시장 크기 자체는 그리 크지 않았다. 당시 스마트폰 시장은 성장 가능성이 있는 소규모의 새로운 시장 정도라고 인식하고 있었다(당시에는 스마트폰 시장 자체도 명확하게 정의되어 있지는 않았다). 노키아가 심비안을 개발하고 자체 OS 를 확보한 사실에 비추어 보더라도, 소프트웨어에 대한 개발과 이에 따르는 인터페이스 개발을 게을리했다고 단정하기는 어렵다.

노키아는 스마트폰이나 태블릿스마트패드라는 개념을 이미 애플의 아이폰/아이패드 출시 10년 전부터 이해하고 있었으며, 관련 제품을 개발하고 있었다. 미래를 미리 준비하는 것처럼 보이는 노키아에 어떤 일이 발생했기에 스마트폰 시장이 본격화되는 시기에 급격하게 몰락하게 되었을까?

모토로라가 폴더폰 레이저를 출시하면서 일반 휴대폰 시장은 급격히 폴더폰 타입의 슬림한 디자인으로 전환되었다. 그러나 노키아는 바 타입의 휴대폰만 고집하고 저가의 휴대폰을 쏟아 내면서 스스로 수익성을 악화시키고 있었다. 또한 애플의 아이폰이 출시되면서 터치 인터페이스를 제공하는 스마트폰의 위협에 제대로 대응하지 못했다. 이는 차후 살펴볼 블랙베리도 동일한 실수를 했다. 또한 휴대폰에 최적화된 UI와 기능을 가지고 있는 심비안 OS에 지나치게 집착하다 스마트폰 시장으로 전환이 너무 늦어서 회복이 불가능한 지경에 이르렀다. 모토로라 노키아뿐만 아니라 거대 휴대폰 제조사들은 스마트폰 시장이 급격하게 팽창할 것이라는 사실을 미처 예상하지 못했다. 심지어 애플의 스티브 잡스도 아이폰을 출시하면서 휴대폰 시장의 1퍼센트의 점유율을 목표로 하고 있다고 고백했을 정도였다.

애플의 아이폰이 촉발한 스마트폰 시장의 급격한 팽창은 노키아에 치명적인 위협으로 다가온다. 제조사가 애써 무시했던 아이폰이 전 세계적인 성공을 거두면서 기존의 휴대폰 제조사들은 스마트폰 시장에 대응하기 위해서 발 빠른 조치를 취해야 했다. 이에 노키아는 심비안

OS가 아닌 마에모라는 운영체제를 개발한다. 심비안은 휴대폰에 최적화된 오래된 플랫폼으로 터치 인터페이스와 넓은 화면에서 이용하기에는 불가능했기에 리눅스 기반의 마에모를 개발하게 된 것이다.

노키아는 인텔이 개발하던 리눅스 기반의 모바일 운영체제인 모블린과 프로젝트를 통합하여 미고라는 운영체제를 개발하여 iOS와 안드로이드에 대항하려고 했다. 그러나 노키아는 인텔과 공동으로 프로젝트를 진행하며 운영체제의 신뢰성과 성능을 높이고자 했지만, 두 거대 기업 개발팀 간에 문제가 자주 발생했으며 개발 과정이 길어진다. 노키아의 예상과는 다르게 애플의 iOS와 구글의 안드로이드는 빠른 속도로 스마트폰 OS 시장을 점령한다. 2011년도에도 노키아의 OS를 사용한 스마트폰은 아이폰 1세대 제품보다 성능과 사용성이 떨어졌으며, 오히려 안드로이드가 시장 점유율에서 노키아 OS를 추월하고 만다.

노키아는 이에 마이크로소프트와 전략적인 제휴를 맺고 윈도 폰을 출시하기 시작한다. 마이크로소프트는 스마트폰 OS에서 존재감이 없었고 노키아는 애플과 구글의 OS보다 뒤처졌다. 그래서 마이크로소프트와 노키아가 제휴를 맺으면 양사 모두에게 이익이 되리라 생각했다. 그러나 이 제휴는 iOS와 안드로이드가 애플리케이션 생태계를 조성하면서 아무런 가치가 없는 것으로 판명이 난다. 이미 애플은 무료 개발도구와 앱스토어라는 강력한 소프트웨어 인터페이스를 제공하면서 생태계를 조성했으며, 안드로이드도 유사한 생태계를 조성했다. 사용자는 새롭게 출현한 윈도 폰으로 전환하지 않았다. 쓸만한 애플리케이션도 존재하지 않았으며, 개발자도 사용자가 많지 않은 윈도 폰용 애플리케이션을 만들려고 하지 않았다. 이러한 악순환이 지속되자 마이크로소프트는 스마트폰 시장에서 철수를 선언하기에 이른다.

노키아는 후에 안드로이드를 도입하여 저가 스마트폰 시장에 진출하지만 시장은 이미 국내의 삼성전자와 중국의 안드로이드폰 개발사에 의해서 점령된 후였다. 휴대폰 시장에서 성공한 삼성전자도 노키아와 유사한 상황에 처했지만, 자사의 핵심 능력으로는 OS 개발이 쉽지 않을 것이라는 예측 하에 자체 OS 개발과 안드로이드 도입이라는 투트랙 전략을 수립한다. 이러한 전략의 일환으로 이미 많은 개발사들이 도입한 안드로이드를 스마트폰 OS를 재빠르게 도입하여 갤럭시라는 브랜드의 스마트폰을 시장에 빠르게 출시하면서 스마트폰 시장의 강자로 우뚝 선다.

스마트폰이 가져올 변화를 예측하지 못한 노키아는 사용자의 이용 형태가 터치 인터페이스 도입에 따라서 근본적으로 바뀔 수 있다는 점을 간과했다. 새로운 플랫폼을 빠르게 준비해야 했지만, 휴대폰의 성공에 안주하고 휴대폰 OS인 심비안에 너무 집착하면서부터 몰락한다. 세계 1위의 휴대폰 제조사로서 안드로이드를 즉각적으로 도입하기에는 쉽지 않았을 것이다. 스마트폰의 OS는 기기와 사용자의 인터렉션의 접점으로 가장 중요한 소프트웨어 인터페이스이다. 이러한 헤게모니를 1위 업체인 노키아가 놓치려고 하지 않았음은 당연하다. 그러나 지나치게 늦은 의사결정은 경영학 교과서의 대표적인 실패 사례로 남았다. 노키아가 삼성전자와 같은 전략을 취했으면 현재 어떠한 모습이었을까?

노키아의
전철을 밟아 블랙베리의
아성이 무너지다

국내에서는 일부 사용자를 확보하는데 그쳤지만, 캐나다 스마트폰 제조사 RIM의 블랙베리(차후 회사명 자체도 블랙베리로 개명한다.)는 한때 미국 대통령의 이름을 따서 '오바마폰'으로 불리며 북미 스마트폰 시장을 지배했다. 1999년, 첫선을 보인 블랙베리는 2009년까지 북미 스마트폰 시장의 51퍼센트를 차지하며 미래가 보장된 회사처럼 보였다.

그러나 그 뒤 5년 후에는 시가총액이 1/20로 떨어지고 결국 북미지역에서 진행된 정보통신 부문 인수합병M&A 중 기록적인 헐값이라는 수모를 겪으며 매각된다. 노키아가 휴대폰 시장에서 그랬듯이 RIM의 블랙베리도 스마트폰 시장에서 동일하게 몰락했다. 양사의 실패 사례는 터치 인터페이스가 가져올 파괴적 혁신에 대해서 지나치게 안일하게 대응했다는 공통점이 있다.

물론 터치 인터페이스 하나만으로 시장에서 커다란 파괴력을 가졌다고 볼 수는 없다. 터치 인터페이스와 기반이 되는 스마트폰 OS, 여기서 이용하는 수많은 애플리케이션들의 접점인 앱스토어라는 인터페이스가 등장하면서 그 파급력이 거대해졌다.

블랙베리는 PC에서 사용하는 자판과 동일한 배치의 쿼티 키보드 하드웨어, 이메일, 메시징 애플리케이션 등이 내장되어 있었다. 일반 휴대폰도 점차 기술이 발전하면서 WAP Wireless Application Protocol이라는 서비스가 등장하면서 텍스트와 저용량의 이미지로 구현된 인터넷 서비스를 이용할 수 있었다.

또한 심비안 같은 휴대폰 OS와 다른 OS들이 등장하면서 메일 애플리케이션이 내장되어 메일을 확인하고 작성할 수 있었다. 그렇지만 실제로 메일을 작성하거나 메시지를 보내는 것은 전화를 걸기 위해 마련된 숫자키 기반의 인터페이스로는 충분하지 못했다. 이에 착안하여 블랙베리는 익숙한 키보드 비록 크기가 작았지만를 축소해 휴대폰 하단에 장착함으로써 빠르고 쉽게 타이핑이 가능한 입력 인터페이스를 제공해줬다.

직장인들이 블랙베리로 쉽고 빠르게 회사 메일을 확인하고 답장을 보낼 수 있었으며, 뛰어난 메시징 애플리케이션을 통해서 어디서나 쉽게 메시지를 주고받을 수 있었다. 전 미국 대통령 오바마가 편리한 기능과 뛰어난 보안성을 이유로 블랙베리를 사용하면서 블랙베리의 명성은 높아졌으며, 직장인들은 빠른 업무처리와 최신 트렌드를 선도하

[블랙베리 폰]

는 미래지향적인 이미지 구축을 위해서 지니고 다녀야 하는 기기로 인식하게 되었다.

블랙베리는 이메일, 인터넷, 메시징 등 스마트폰이 가지고 있는 기본적인 기능들을 내장하고 있었기 때문에 초창기 스마트폰으로 분류가 되며, 스마트폰 시장 점유율은 50퍼센트 정도를 차지하고 있었다. 그러나 그 후 5년 만에 매각되기까지 블랙베리는 하드웨어에 집중하는 전략을 취한다. 블랙베리의 공동 창업자인 짐 발리시와 마이크 라자리디스는 아이폰을 장난감으로 표현하며 조롱하기도 했다.

이는 노키아도 비슷했다. 당시 휴대폰 시장과 스마트폰 시장의 선두 기업들은 아이폰이 하드웨어적으로 완성도가 떨어지며 일종의 장난감으로, 취미 생활로 즐기는 일부의 사람만이 사용하게 되리라 예측한다. 화면 전체가 터치스크린이라 떨어지면 깨지기 쉽고, 이미 휴대폰과 블랙베리에 익숙한 사람들이 결코 구매하지 않을 것이라는 확신이 있었다. 심지어 스티브 잡스조차도 아이폰 출시 시에 그렇게 폭발적인 반응이 있으리라 예측하지 못했다.

아이폰의 성공과 앱스토어의 등장으로 블랙베리는 위기에 직면한다. 여기에 더해서 안드로이드가 무료를 무기로 휴대폰 개발사에 보급되면서 안드로이드를 사용하여 스마트폰을 개발하는 회사가 증가했다. 블랙베리의 OS는 스마트폰 OS로서 생명이 꺼져갔다. 당시 블랙베리는 지나치게 하드웨어 중심의 전략으로 스마트폰 시장이 터치 인터페이스 중심의 소프트웨어 시대로 넘어가는 것을 인식하지 못했다. 물론 블랙베리에 기회가 전혀 없던 것은 아니었지만 의사결정자들이 잘못된 판단으로 몰락을 막지 못했다.

블랙베리는 노키아와 마찬가지로 자사의 OS를 지나치게 오랜 시간 동안 시장에 안착시키려고 노력한다. 노키아가 휴대폰 OS를 기반으로 했다면, 블랙베리는 이보다는 스마트폰 OS에 가깝기는 했지만, 근본적으로 입력 인터페이스는 '휴대폰보다 키가 많다'는 점을 제외하고는 유사했다. 입력 인터페이스가 터치 중심으로 변화를 하는 시기였기 때문에, OS자체에 근본적인 변경이 불가피했다.

그러나 터치 중심의 스마트폰 OS를 쉽고 빠르게 개발하기가 어렵다는 점을 인지했다면 블랙베리의 전략은 바뀌었을 수도 있다. 애플의 iOS는 애플의 정책이 그렇듯이 다른 회사가 라이센싱해서 사용할 수 없었다. 이에 반해서 구글의 안드로이드는 어느 회사나 라이센싱해서 스마트폰을 제조할 수 있도록 오픈 정책을 펼치고 있었다. 터치 인터페이스 중심의 스마트폰 OS를 바라보는 기업의 시각과 전략에 따라서 시장에서 성공하거나 실패하기도 한다. 국내의 삼성전자와 LG전자의 상반된 전략을 생각해보면 확실히 알 수 있다.

[블랙베리 OS]

삼성전자는 휴대폰에서 스마트폰으로 시장이 개편되는 것을 인식하면서 빠르게 자사의 OS를 개발하고 동시에 구글의 안드로이드를 채용하였다. 갤럭시라는 브랜드로 스마트폰 시장에 뛰어들어서 세계 1위의 스마트폰 제조사가 된다. 이에 반해서 LG전자는 노키아나 블랙베리처럼 기존에 성공에 만족하고 스마트폰 시장에 늦게 뛰어들면서 몇 년간 적자가 누적되어 사업의 존립 자체가 위협을 받았다. 자체 OS를 가지고 생태계를 구축할 수 있다면 최상의 결과를 이끌어 낼 수 있다. 그렇지만, 급변하는 시장의 환경을 무시하게 되면 결코 이전의 성공이 미래를 담보해주지 않을 것이다.

블랙베리의 실수 중 하나는 자신의 강점인 하드웨어 쿼티 키보드 인터페이스를 너무 쉽게 포기한 점도 있다. 애플은 미국 거대 통신사인 AT&T와 독점적으로 아이폰을 공급하고 있었다. 이에 경쟁사인 버라이존은 터치 인터페이스를 내장한 블랙베리 출시를 요청하여 블랙베리 OS를 멀티 터치가 가능하도록 업그레이드하고 하드웨어 키보드를 제거하여 출시한다. 당시의 블랙베리의 명성은 키보드 인터페이스로 소비자에게 익숙함과 편리함을 제공하는 데 있었다.

이를 무시한 제품을 출시하여 블랙베리의 충성 고객들마저 등을 돌려 버린다. 그뿐만 아니라 아이폰을 모방하여 급하게 블랙베리 OS에 추가한 멀티 터치 기능은 버그를 일으킨다. 심지어 터치 인터페이스 기반의 스마트폰 개발을 요청한 버라이즌에서 반품하는 사태에까지 이른다. 블랙베리는 자사의 강점인 하드웨어 인터페이스도 살리지 못하고, 멀티 터치를 지원하는 터치 인터페이스도 블랙베리 OS의 버그로 인해서 제대로 지원하지 못하게 되면서 시장에서 완전히 밀려난다.

블랙베리에도 기회가 없지는 않았다. 2011년, 블랙베리 공동창업자 중 한 명인 짐 바실리는 블랙베리의 강점 중 하나인 실시간 메신저 BBM BlackBerry Messenger를 다른 기기에 개방하는 것을 구상한다. BBM은 카카오톡이나 라인, 왓츠앱 같은 모바일 애플리케이션의 초기 버전과 같은 제품이다. 이를 외부에 공개한다는 것은 BBM을 다른 제조사에 제공하고 인터페이스함으로써 거대한 메신저 연합군을 만드는 것과 같은 효과를 가져올 수 있었다.

BBM은 카카오톡이나 라인처럼 사용하기 쉽고 안정성과 보안성도 높았다. 블랙베리에 있어서 킬러 애플리케이션과 같은 존재였으며 유료로 서비스하고 있었다. 블랙베리는 BBM을 통해서 1천억 원 정도의 매출을 올리고 있었으며 이익률은 무려 90퍼센트에 달했다. 바실리는 당시 메신저 시장의 성장 가능성을 예측하고, 이동 통신사와 제휴하여 BBM을 무료로 전환하고 이동 통신사와 데이터 요금 등의 수익을 나누는 전략을 취하고자 했다.

SMS의 서비스를 대체하여 BBM으로 메시지 서비스 2.0을 등장시키고자 노력한 것으로 일부 이동 통신사가 이에 동의했다. 그렇지만 블랙베리 내부에서는 수익성을 포기할 수 없다는 경영진의 의견과 공동창업자인 라자리디스의 하드웨어 중심 전략에 따라서 결국 이사회에서 승인을 얻지 못한다. 짐 바실리는 이 사건 이후로 블랙베리의 주식을 전량 매각하고 회사를 떠난다.

블랙베리는 자체 OS에 대한 미련을 버리지 못하고 2013년, 블랙베리

10에 전면적으로 터치 인터페이스를 지원하는 제품을 출시한다. 기능적인 면이나 OS적인 면이나 나쁘지 않은 제품이었지만, iOS와 안드로이드가 장악한 시장이 외면하고 결국 블랙베리에 약 1조 원에 달하는 적자를 안겨주는 제품이 된다. 분석가들은 블랙베리 10이 2011년쯤 출시되었다면 시장에 안착할 수 있는 가능성이 컸다고 예측했지만, 2013년에는 이미 iOS와 안드로이드가 시장을 장악하고 있었기 때문에 실패할 수밖에 없었다.

BBM도 같은 전철을 밟는다. BBM을 뒤늦게 iOS와 안드로이드 애플리케이션으로 출시하여 시장에서 어느 정도 성과를 거두지만 이미 시장은 왓츠앱과 같은 메신저 애플리케이션들이 시장을 선점한 상태였으며 안정성마저 블랙베리에서 실행되던 것과는 차이가 있었다. 카카오톡이나 라인과 같이 메신저 애플리케이션들의 성공을 생각해보면, BBM 인터페이스를 외부에 공개하고 무료로 전환하여 많은 사람이 이용하게 하겠다는 생각은 분명 뛰어난 아이디어였다. 만일 짐 바실리의 의견이 받아들여졌다면, 카카오톡 같은 애플리케이션은 스마트폰 시대에 생겨나지 않았을 수도 있다. 하지만 블랙베리 입장에서는 하드웨어 중심 전략과 BBM의 수익성을 포기하기란 쉽지 않았을 것이다. 블랙베리는 BBM 인터페이스 공유를 통해서 부활할 수 있는 절호의 기회를 놓친 셈이다. 이로써 블랙베리는 시장에서 쓸쓸히 그 존재감을 잃어 간다.

CD와 DVD는 왜 사라지고 있는가?

2008년 1월 15일, 스티브 잡스는 맥월드 키노트에서 서류 봉투에서 얇고 가벼운 노트북인 맥북 에어를 꺼낸다. 세계에서 가장 얇은 노트북이라는 설명과 함께 전 세계에 출시를 알린다. 다양한 최신 기술의 집약으로 밝고 얇은 노트북이 세상에 출시된 것이다. 애플의 맥북 에어를 살펴보면 인터페이스 측면에서 특이할 만한 점이 있다. 기존의 노트북에 당연시되던 DVD 드라이브도 없으며, 유선 인터넷을 연결할 수 있는 포트도 없다. 얇게 만들기 위해서는 거추장스러운 DVD 드라이브가 들어갈 공간도 줄여야 했을 것이며 유선 인터넷 포트도 없애는 것이 유

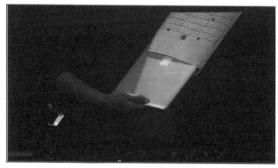

[맥북 에어를 발표하는 스티브 잡스]

리했을 것이다. 그렇지만 이러한 인터페이스를 애플이 단지 기기의 두께를 줄이려고 삭제하고 출시했을까?

　최초의 CD^{Compact Disc}는 1981년, 독일의 하노버에서 폴리도르 프레싱 오퍼레이션^{Polydor Pressing Operations}사가 출판하면서 알려지기 시작했다. 이 디스크에는 베를린 필하모니가 연주하고 헤르베르트 폰 카라얀이 지휘한 리하르트 슈트라우스의 알프스 교향곡을 담고 있었다. 소니와 필립스가 공동 개발한 CD는 초기에 오디오를 위해서 출시된 저장 매체^{하드웨어 인터페이스}였으며 차차 데이터를 담을 수 있도록 개량되면서 컴퓨터 프로그램, 게임, 영화 등의 저장 매체로 쓰인다. CD는 MP3라는 음악 압축 코덱이 등장하면서 음악에서 그 지위를 잃고 DVD라는 용량이 큰 저장 매체가 일반화되면서 데이터 저장 매체로서 그 자리를 잃는다. DVD^{Digital Video Disc}는 CD를 대체하여 많은 데이터를 저장하기 위한 목적으로 출시되었다.

　2000년대 DVD 플레이어의 가격이 낮아지고 다양한 영화가 DVD로 출시되기 시작하면서 일반 가정에 널리 보급되었다. DVD는 저장용량의 증가로 인해서 고화질 화면과 고음질 소리 재생이 가능해지면서 홈시어터 시스템을 구축하는 사람들이 증가한다. 이러한 현상은 고화질을 지원하는 대형 TV 시장을 만들고, 고음질을 출력할 수 있는 스피커 시장이 새로 형성된다. TV가 우리의 일상에 많은 영향을 미친 시각 인터페이스의 대표적인 제품이기 때문에 DVD 도입으로 일반 가정의 인터페이스에 많은 변화를 이끌어 냈다는 점은 분명하다(이는 나중에 스마트 TV에서 자세히 다룰 예정이다). 또한 넷플릭스와 같은 기업의 창업에도 영향을 미쳤다. DVD를 영화를 저장하는 매체로 쓰다가 점차 데이터를 저장하는 매체로 썼다. 가격이 저렴해지면서 일반 PC나 노트북에 DVD구동기를 내장하였고 소니의 게임기인 플레이스테이션의 매체로 활용하면서 널리 퍼졌다.

DVD가 널리 보급되고 활발히 이용되는 상황에서 애플의 맥북에어는 왜 DVD 드라이브를 삭제했을까? 인터넷의 급격한 발전에 그 답이 있다. 인터넷은 이제 단순한 정보의 바다가 아닌 서비스를 제공하는 최고의 인터페이스로 발전하는 단계에 이른다. 그 당시만 해도 소프트웨어는 DVD나 CD에 담겨서 제공되고 있었으며, 인터넷에서는 디지털 다운로드라는 이름으로 막 시장이 열리던 시기이다.

애플의 판단은 향후 인터넷이 소프트웨어 배포의 중심이 될 것이며, DVD를 통해서 배포가 되는 것은 곧 사라지게 될 것이라는 점을 예측했을 것이다. 또한 영화와 같은 대용량의 콘텐츠도 DVD를 통해서 배포가 되기는 하겠지만, 초고속 인터넷처럼 빠른 속도로 데이터 전송이 가능해지면서 인터넷을 통한 배포가 중심이 될 것이라는 예측 하에 맥북 에어에서 과감하게 삭제하는 전략을 취한 것이다. 물론 DVD를 USB로 연결할 수 있는 인터페이스를 제공하기는 했지만, OS의 재설치 등 이외에는 그리 필요하지 않았다.

저장 매체로서의 DVD의 역할은 그 후 몇 년간 지속이 되기는 하지만 DVD 드라이브가 없어서 불편함을 느낄 이유는 전혀 없다. USB 메모리 드라이브가 널리 보급되면서 더더욱 그런 현상이 가속화되었으며 이제는 웹하드와 같은 인터넷 클라우드 서비스가 일반화되면서 그

[DVD 롬이 제거된 맥 미니와 아이맥 iMac]

필요성이 사라져 버렸다. 애플은 2010년 맥미니를 발표하면서 DVD 드
라이브를 삭제했으며, 2012년에는 데스크톱인 아이맥에서도 과감하게
없앴다. 노트북인 맥북/맥북 프로에서도 DVD 드라이브는 삭제되며,
이는 다른 제조사도 이런 트렌드에 맞게 DVD 드라이브를 노트북에서
삭제하여 출시한다. DVD를 읽을 수 있는 기기를 보유한 사람이 거의
없기 때문에 앞으로는 DVD에 저장된 데이터나 동영상을 보기 위해서,
DVD를 자신의 인터넷 클라우드에 업로드해주는 서비스가 출현할 수
도 있다.

어도비 플래시의 엄청난 착각

어도비는 2017년 7월 25일에 2020년 말까지 플래시에 대한 지원을 종료할 것이라고 발표한다. 플래시는 1990년대 말 매크로미디어에서 개발되었다. 2000년대 초 인터넷이 급팽창하면서 작은 용량에 고품질 멀티미디어를 표현하기 위한 용도로 널리 사용되었다. 어도비사는 그래픽 소프트웨어 외에도 PDF 포맷을 이용하여 고품질의 문서를 작은 용량으로 변환하여 인터넷으로 배포할 수 있는 문서 포맷을 장악하고 있었다.

2005년, 어도비사는 웹 플랫폼 확장 전략의 하나로, 매크로미디어사를 34억 달러에 인수하면서 플래시를 자사의 웹 개발 플랫폼에 편입시킨다. 플래시는 작은 용량에도 불구하고 벡터 기반으로 제작이 가능했으며, 애니메이션, 사운드, 비디오, 액션 스크립트 등 웹 콘텐츠 제작에 필요한 기능을 제공하면서 사실상 웹 콘텐츠 필수적인 공통 포맷으로 자리 잡았다. 어도비 플래시를 지속해서 업데이트했지만 웹 개발에 사용되는 일은 거의 없었고 기존에 있던 방대한 플래시를 지원하는 용도로 썼다.

보안성 문제와 PC의 리소스를 많이 소비하는 문제가 지속적으로 제기되기는 했지만 이런 요인에 의해서 플래시가 시장에서 밀려난 결정적인 이유는 아니다. 애플이 아이폰을 출시하면서 아이폰의 브라우저인 사파리에서 공식적으로 지원하지 않겠다는 발표가 난 뒤 시장에서 외면하기 시작했다.

2010년, 애플의 스티브 잡스는 애플의 홈페이지에 '플래시에 대한 생각Thoughts On Flash'라는 장문의 글을 올린다. 애플의 아이폰과 아이패드에 모바일 플래시를 금지하는 이유에 대한 내용이었다. 플래시로 제작된 동영상은 모바일 기기의 배터리 소모를 2배 빠르게 하며 모바일 장치에 맞지 않는다는 이유와 보안과 안정성 측면에 매우 취약하기 때문이라는 것이다. 또한 다른 이유도 있지만, 플래시가 PC 기반으로 개발되었기 때문에 터치 인터페이스에 적합하지 않다는 점을 지적한다. 당시에는 웹 사이트 전체가 플래시로 제작된 사이트도 많았으며 플래시 기반으로 제작된 게임도 넘쳐나고 있었다. 심지어 유튜브도 플래시 기반으로 제작되었으며, 스마트폰 사용자가 늘어남에 따라서 새로운 코덱인 MP4 형식으로 전환하는 과도기에 있었다.

애플의 이런 정책에 대해서, 사용자의 불만도 존재했다. 일부 사용자는 플래시 사용이 허용되는 안드로이드 스마트폰으로 전환하기도 했다. 어도비는 모바일 플래시를 개발하고 있었지만 제한된 성능과 많은 문제점으로 인해서 2011년에 모바일 플래시 개발 중단을 선언한다. 애플의 아이폰과 아이패드가 출시되고 시장에서 플래시 채용이 줄어들고 대체 기술인 HTML5도입이 증가하면서 결국 어도비 스스로 실패를 인정하고 만다. 현재는 모바일 분야뿐만 아니라 PC 기반 주요 인터넷 브라우저에서도 플래시는 실행되지 않고 있으며, 별도의 설정을 통해서만 설치하여 실행할 수 있다.

플래시가 사라지는 이유 중 하나는 어도비의 지나친 자만심도 한몫했다. 웹에 수많은 콘텐츠들이 플래시로 제작되어 있고 사용자들은 플래시가 없다면 실제로 사이트를 볼 수 없는 경우가 발생했다. 스마트폰에서 마찬가지였다. 경험해보신 분들은 알겠지만 플래시를 회사나 기타 사이트의 메뉴에 사용했을 때 메뉴 자체가 뜨지 않기 때문에 사이트에서 더는 내용을 살펴보지 못하는 경우가 종종 발생했다.

어도비는 애플의 아이폰이나 아이패드가 결국에는 당시까지 웹에서 널리 사용되는 플래시를 외면할 수 없을 것이라는 자신감이 있었다. 이러한 자신감의 근거는, 결국 스마트폰 사용자들의 요구에 의해서 안드로이드처럼 플래시를 지원하리라 생각했을 것이다. PC 중심의 웹에서 확고한 위치에 있던 플래시에 대한 자신감은 결국 시장이 급격하게 모바일 인터넷으로 재편되면서 모바일 시장에서 퇴출되는 수모를 겪는다. 어도비는 플래시가 가지고 있는 PC 웹에서의 우월적인 지위를 기반으로 자신감을 넘어 자만심이 조직 내에 팽배해 있었다. 시장은 점점 모바일 인터넷 중심으로 변화가 되고 있었지만, 스마트폰의 인터페이스와 기기 성능에 최적화된 모바일 플래시 개발과 지원에 소극적인 자세를 유지하는 전략적 실수를 저지르고 만다.

아이폰의 성공과 함께 터치 인터페이스가 스마트 기기에서 널리 사용하게 되었다. 플래시는 PC 기반의 마우스 인터페이스를 기준으로 개발되었기 때문에, 마우스와 다른 방식으로 동작하는 플래시는 스마트 기기 사용자에게 최악이었다. 스마트 기기에서 플래시 기반의 동영상을 본다면 그 차이를 느끼기 쉽지 않겠지만 앞서 예를 든 플래시로 제작된 메뉴가 있는 사이트를 상상해보자. 플래시는 기본적으로 마우스가 특정 영역에 위치하면 기능을 수행할 수 있게 되어 있다.

즉, 상위 메뉴에 마우스를 올려놓으면 하위 메뉴가 펼쳐지는 식이다. 그러나 터치 인터페이스에서는 이러한 작업이 불가능하다. 인터페이스의 특성상 마우스의 이동이라는 것이 없으며, 터치하는 곳에서 바로 실행하기 때문이다. 위의 메뉴 같은 경우에 터치 인터페이스 상에서는, 상위 메뉴가 다른 페이지에 링크가 되어 있다면 무조건 링크된 페이지로만 이동할 수밖에 없고 하위 메뉴 페이지로 이동할 수 있는 길이 없다. 또한 플래시로 제작된 게임을 예로 들어봐도, 마우스를 기준으로 구현된 조작기능이나 키보드 연동 기능^{이동}이 구현되어 있다면 터치 인터페이스로는 게임이 불가능하다.

어도비도 나름대로 터치 인터페이스를 대응하기 위해서 플래시에 API^{Application Programming Interface}를 추가했지만 이조차도 PC 마우스 기반의 기능을 확장한 수준정도에 불과했다. 사실상 PC 기반의 웹을 장악하고 있던 어도비는 터치 인터페이스 지원하는 스마트 기기의 사용이 예상보다 급격하게 증가할 것이라는 예상을 하지 못했다. 그리고 인터넷의 사용 행태도 PC 기반에서 모바일 웹으로 빠른 속도로 변화하고 있다는 점을 간과하고 만다. 어도비는 사실상의 표준인 플래시가 조금 불편하더라도 기존의 방대한 콘텐츠나 사이트를 애플과 같은 회사가 쉽게 포기하지 못할 것이라고 오판했다. 많은 회사가 모바일과 PC에서 동시에 사용이 가능한 HTML5로 콘텐츠를 제작하기 시작한다. 결국 플래시는 설 자리를 잃어버리고 HTML5의 보급으로 인해서 PC에서마저 그 지위를 잃어버리고 만다.

어도비가 스마트폰의 터치 인터페이스를 빠르게 지원하고, 보안성 문제 등을 빠르게 해결했다면 현재의 모바일 인터넷 세상에서 어떤 모습으로 존재하고 있었을까? HTML5라는 대체 기술이 있었지만 시장은 성숙한 단계도 아니었고, 플래시가 제대로 된 성능과 터치를 전향적으로 지원했다면 사용자가 플래시를 버리고 HTML5로 넘어가지 않았을 것이다. 플래시의 몰락에는 다양한 이유가 있지만, 터치 인터페이스 시대에 빠르게 대응하지 못했던 점이 가장 크다. 플래시의 장점인 적은 용량에 고품질의 리치 미디어 제작이 가능하다는 점이 초창기 모바일 인터넷에서 꼭 필요할 것이라는 착각(초기 인터넷 시장에서는 느린 데이터 통신 속도와 요금이 문제가 되기도 했다)과 이로 인해서 모바일 플래시 개발에 소홀히 한 점은 생각해 볼 만하다. 이제 플래시는 스마트 기기 시대의 터치 인터페이스의 혁신의 물결에 미처 대응하지 못하고 좌초한 기술이 되었다.

미국 전체 웹 사이트에서 인기 절정이었던 마이스페이스의 추락

2005년, 언론 재벌 루퍼스 머독의 뉴스코프는 마이스페이스^{MySpace}를 5억 8천만 달러에 인수한다. 마이스페이스는 2003년에 사이트를 오픈한 이후 2005년경에는 미국 전체 웹 사이트에서 3번째로 인기가 많았다. 2008년 기준으로 약 2억 7천만 개의 계정이 있으며, 매일 55만 명씩 새로 가입하는 가장 인기 있는 SNS였다. 하지만 뉴스코프에 인수된 후 적자 누적으로 2011년, 퍼시픽미디어에 뉴스코프 인수가의 약 6퍼센트 수준 가격에 매각되었다. 마이스페이스는 세계 최고의 SNS에서 몇 년 사이 경영학 실패 사례가 되었다. 페이스북보다 먼저 SNS의 강자로 여겨지던 마이스페이스가 추락한 이유는 무엇일까?

마이스페이스는 친구를 초대하고 친구의 친구를 불러오면서 미국 최대 소셜 네트워크 서비스로 성공한다. 친구와 웹상에서 긴밀하게 교류할 수 있는 인터페이스를 제공함으로써 네트워크 효과를 타고 급격하게 퍼졌다. 마이스페이스는 특히나 인디 음악가들이 자신의 음악을 친구들과 쉽게 공유하고 감상할 수 있도록 하는 서비스가 인기를 얻으면서 폭발적으로 성장했다.

넵스터와 같은 P2P 서비스가 불법 MP3 파일 공유로 인해서 음반 저작권자의 반발을 불러온 것과는 반대로 마이스페이스는 음악과 뮤직비디오를 공유하는 플랫폼으로 인기를 끌었다. 음반 저작권자는 마이스페이스에서 팬을 확보하고 홍보 목적으로 마이스페이스 가입자들이 저작권 문제없이 친구들과 음악과 뮤직비디오를 공유하는 인터페이스를 자유롭게 이용할 수 있도록 했다.

막강한 미디어 기업과 인기 SNS의 결합으로 크게 성장할 것으로 예상되던 마이스페이스는 예상과 다르게 몰락의 길을 걸었다. 몰락의 원인으로는 인수 후 거대 미디어 기업인 뉴스코프의 관료적 문화와 거대 미디어 기업이 자체가 보유한 자원인 콘텐츠를 쉽게 사용할 수 있게 되면서 서비스 혁신의 필요성을 크게 느끼지 못하고 정체되었다는 점을 들 수 있다. 그러나 이보다는 합병 후, 인터페이스 혁신 실패와 불편한 사용자 경험을 제공했다는데 원인이 있다.

뉴스코프는 상장사이기 때문에, 주기적인 실적 보고와 주가를 관리해야만 했다. 이에 2006년, 마이스페이스는 구글과 초대형 계약을 맺음으로써 엄청난 매출을 올렸다. 그러나 구글로부터 지속해서 돈을 받으려면 일정 수준 이상의 페이지 뷰를 계속 달성해야만 했다. 팝업 광고를 클릭해야만 음악을 들을 수 있었으며, 이를 통해서 페이지 뷰와 광고의 클릭 수를 높이도록 구성했다. 뉴스코프 입장에서는 마이스페이스의 트래픽을 이용하여 광고 매출을 극대화하기 위한 조치였지만 지나친 광고로 인해서 사용자 경험을 해치는 최악의 인터페이스를 제공하는 사이트가 되어 버린다. 또한 지나치게 많은 기능을 추가하면서 사용자 인터페이스는 복잡하게 변하고 만다.

결국 마이스페이스의 사용자들은 심플한 인터페이스를 가진 경쟁사 페이스북으로 이탈했다. 2008년에 마이스페이스는 한글화를 통해서 국내에도 서비스를 제공하지만 싸이월드가 시장을 주도 하는 상황에서 사용자 확보에 실패했다. 해외 마이스페이스 서비스의 경우, 각종 이미지나 동영상, 배너 크기 등 자유롭게 설정해서 사용할 수 있는 기능을 제공하지만, 정리가 덜 된 느낌을 넘어서 지저분하고 산만하다는 느낌이 강했다. 이에 비해 한국어 서비스를 출시하면서 통일성을 줄 수 있도록 동영상, 이미지, 배너 크기 등을 일정하게 정리한 후에 한글 서비스를 제공했다.

이러한 조치에도 불구하고, 싸이월드나 네이버 블로그에 비해서는 사용자가 신경 써야 하는 부분이 많았다. 마이스페이스의 인기 요소인 음악과 뮤직비디오도 해외와는 다르게 콘텐츠 확보가 쉽지 않았다. 결국 사용자들은 마이스페이스를 음악과 뮤직비디오 중심의 엔터테인먼트에 적합한 SNS로 인식하게 되었고 싸이월드나 네이버 블로그에서 옮겨갈 필요성을 느끼지 못했다.

마이스페이스의 몰락 원인 중에는 웹 2.0이라는 트렌드에 적응하지 못한 부분도 있다. 개방, 참여와 공유라는 트렌드가 등장하고 경쟁사인 페이스북은 '페이스북 커넥트'라는 이름으로 페이스북과 인터페이스를 할 수 있는 기능을 제공하면서 다른 사이트들의 참여를 끌어냈다. 마이스페이스는 성공에 안주하여 폐쇄적인 정책을 고수하다가 단순하면서 편리한 사용자 경험을 제공하는 페이스북을 결국 따라잡지 못했다.

가수 저스틴 팀버레이크는 퍼시픽미디어와 함께 마이스페이스 인수에 참여한다. 저스틴 팀버레이크는 마이스페이스를 초기에 성공한 모델인 음악 중심 소셜 네트워크에 집중하면서 월 5천만 사용자를 확보한다. 음악에 초점을 맞추어 인터페이스를 정돈하여 제공하면서 음악에 관심 있는 사용자를 모으는데 어느 정도 성공을 이룬다. 2016년에 〈타임〉지가 마이스페이스를 인수하였다. 〈타임〉지가 가진 문화 콘텐츠와 마이스페이스가 결합하여 마케팅 플랫폼으로 진화하고 있다. 이제 마이스페이스는 음악가가 웹상에서 자신의 음악을 알릴 수 있는 많은 인터페이스 중의 하나로만 남아있다. 주류 SNS의 자리에서 특정 분야의 전문 SNS로 방향을 선회한 것이다.

INTERFACE STRATEGY

아이팟은 진짜 필요한 기기였을까?

MP3 종주국이라고 불리는 한국은 아이팟이 출시 이후 그 위치를 상실하고 만다. 애플의 아이팟이 기술적으로 뛰어나서 모방하기 힘든 제품이기 때문은 아니었다. 다양한 기술을 접목시키기 위해서 노력했던 국내 기업에 비해서, 애플은 인터페이스 자체에 집중했다. 클릭 휠이나 터치 인터페이스 뿐만 아니라 아이튠즈나 앱스토어 같은 소프트웨어 인터페이스와 플랫폼 구축을 통해서 경쟁력을 강화했기 때문에 다른 기업들이 모방하기 힘든 거대한 생태계를 만들 수 있었다.

아이리버, 성공의 이면과 실패의 이유

새한정보통신은 1998년, 세계 최초로 MP3를 휴대용 기기에서 재생할 수 있는 MP3 플레이어를 발표한다. 당시 MP3는 PC에서만 주로 사용하던 음악 포맷이었으며, CD 플레이어를 통해서 음악을 감상하는 것이 일반적이었다. 새한정보통신의 '엠피맨 F10 16M'는 5곡 정도의 MP3 음악을 저장할 수 있었으며, 아주 간단한 인터페이스를 제공하는 제품이었지만 CD없이도 고음질의 음악을 들을 수 있었다는 점에서 주목받았다.

2004년, 아이리버레인콤에서 사명을 변경는 김영세 대표의 이노디자인에서 디자인한 '아이리버 프리즘'이라는 뛰어난 디자인과 휴대성을 가진 MP3 플레이어를 발표한다. 아이리버 프리즘 성공에 힘입어, MP3 플레이어 시장에서 국내 1위 업체로 등극한다. 또한 잠수함을 본떠서 디자인한 후속 모델인 '크래프트'가 국내 처음으로 단일 품목 백만 대 판매 기록을 수립한다. 아이리버의 MP3 플레이어는 국내 시장의 75퍼센트, 세계 시장의 25퍼센트를 점유하면서 가장 혁신적인 벤처 기업으로 주목을 받으면서 코스닥 시장에 화려하게 입성한다.

IT 시장조사업체인 IDC에 따르면 전 세계 MP3 플레이어 시장은 2002년에 1,300만 대, 2004년에 6,500만 대, 2008년에 약 1억 8천만 대에 이를 것으로 보고되었다. CD 플레이어 같은 기존 휴대용 음악 플레이어가 휴대성이 뛰어난 플래시 메모리 기반 MP3 플레이어로 대체가 되면서 폭발적으로 시장이 성장한다. 이에 따라서 대기업뿐만 아니라 시장에 참여하는 경쟁자도 많아진다. 삼성전자도 옙이라는 브랜드로 시장에 참여하고, 코원 같은 벤처 기업들이 참여하면서 경쟁은 치열해진다. 아이리버는 시장의 선도 제품과 브랜드로 지속적인 성장을 하고 있었지만, 경쟁사의 출현과 애플이 아이팟을 발표하면서 커다란 위기에 직면한다. 뛰어난 디자인과 휴대성은 경쟁사도 쉽게 모방할 수 있게 되고, 고급형 MP3 플레이어라는 이미지를 이어가려고 수많은 신기술을 개발하여 적용하면서 돌파구를 찾으려고 한다.

MP3뿐만 아니라 다양한 포맷의 음악 파일을 넣을 수 있는 기능을 추가하고, 모바일 플래시 기술을 이용하여 사용자가 인터페이스를 디자인할 수 있게 하는 등 기능이 많아지고 복잡해진다. 또한 기존 제품과

[아이리버 프리즘]

큰 차별점이 없는 기능과 디자인의 제품을 수시로 출시하면서 사용자가 외면하기 시작하고, 노이즈 발생과 같은 버그가 있는 제품을 판매하면서 경쟁에서 뒤처진다. 애플이 아이팟을 출시하면서 아이리버는 심각한 위기에 직면한다. 노키아나 블랙베리가 그러했듯이 아이리버는 MP3 플레이어 시장의 리더라는 자만심이 있어 위기를 제대로 인식하지 못했다. 당시의 아이리버는 뛰어난 기술력을 가지고 있었기에 기술력으로 승부를 내려는 전략을 고수하며 많은 기능과 버튼을 아이리버 제품에 추가하였다.

뛰어난 디자인과 휴대성으로 소니의 아성을 무너뜨린 아이리버가 아이러니하게도 소니의 워크맨이 취했던 전략을 그대로 답습하게 된다. 많은 기술기반 기업들이 흔히 범하게 되는 전략적인 실수를 되풀이한 것이다. 최신 기술을 적용하고 최대한 많은 기능을 제공하는 것이 소비자에게 최신 제품이라는 인식을 심어줄 것이라는 가정을 쉽게 받아들인 것이다. 사실 소비자가 원하는 제품은 단순하다. 자신이 원하는 기능에 충실하고 쉽고 편하게 쓸 수 있는 제품이 우선 고려 대상이지 복잡하고 많은 최신 기술로 무장한 제품을 꼭 구매하는 것은 아니다 (물론 가격 요소도 중요한 구매의사결정에 영향을 미친다).

아이리버는 이러한 실수를 똑같이 답습하면서 인터페이스와 사용자 경험에 대해서는 크게 신경쓰지 않는다. 최대한 단순한 인터페이스와 편리함을 갖춘 애플 아이팟이 출시되었을 때도 최고의 기술로 무장한 아이리버는 경쟁에서 이길 수 있을 것이라는 자만심에 아이팟이 시장에 미칠 영향에 대해서는 크게 신경 쓰지 않았다.

애플의 아이팟이 MP3 플레이어 시장에서 커다란 성공을 거두자 아이리버는 또 한 번 실수를 범한다. 아이리버는 2005년, H10이라는 하드디스크를 내장하고 터치 스크롤 인터페이스를 채용한 제품을 출시하면서 애플의 아이팟과 경쟁에 나선다. 애플의 로고를 비유한 사과를 깨무는 도발적인 광고를 전 세계에 공개하면서 타도 애플을 외친다. 그러나 애플의 클릭 휠 인터페이스를 모방한 터치 스크롤에서 감도 문제가 발생하고, 함께 공개한 아이리버 플러스 프로그램이 아이튠즈에 비해서 사용자 인터페이스가 불편하여 사용자 경험에 문제가 발생한다.

또한 내장된 하드디스크에 문제가 생기면서 아이리버 제품은 반품되는 사태를 맞고 커다란 손실을 본다. 아이리버는 이러한 손해를 극복하기 위해서 PMP^{Portable Media Player} 시장에 진출하지만, 당시 다른 기업의 제품과 유사하게 커다란 제품 크기와 불편한 인터페이스, 선명하지 않은 LCD 화면 등으로 인해서 시장에서 실패한다. PMP 시장은 터치 인터페이스로 무장한 애플의 아이팟 터치와 아이폰과 같은 스마트폰의 등장으로 빠르게 사라진다.

아이리버의 실패에는 여러 가지 요인이 있겠지만 애플 아이팟의 전 세계적인 성공이 가장 큰 영향을 미쳤다고 볼 수 있다. 다음 내용에서 살펴보겠지만, 새롭고 편리한 인터페이스로 무장하고 디자인까지 뛰어난 제품과 경쟁하기란 쉽지가 않다. 디자인은 그 디자인을 모방해서 쉽게 따라잡을 수 있지만 인터페이스는 오랜 고민과 연구가 필요한 분야이다.

인터페이스의 중요성을 인지하지 못한 기업들은 혁신적인 인터페이스로 무장한 제품이 등장했을 때 몰락하는 사례가 많다. 현재의 아이리버는 아스텔앤컨이라는 브랜드로 고음질의 휴대용 음원 플레이어를 출시하여 자사의 성공 DNA를 계승하면서 새로운 시장을 개척하고 있다. 그동안 비싸고 무거운 음향기기를 통해서만 들을 수 있었던 고음질의 음원을 상대적으로 저가출시 당시 70만 원 정도이며 작고 가벼운 기기에서 들을 수 있도록 휴대성을 개선한 것이 성공의 비결이다. 결국 아이리버는 새로운 고음질의 음악 감상 기기라는 하드웨어 인터페이스를 소비자에게 제공하면서 어느 정도 재기에 성공한다.

클릭 휠 ?
돌리고 돌려라,
아니면 셔플

애플은 프로젝트를 비밀스럽게 진행하기로 유명하다. 최근에는 애플에서 개발하는 정보가 2000년대 초에 비해서 많이 유출되는 편이다. 스티브 잡스 시대에 애플은 철저하게 비밀을 지켰다. 아이팟 프로젝트도 이런 비밀 프로젝트 중 하나였다. 2001년에 필립스에서 엔지니어로 근무하던 토니 파델은 PDA 개발하면서 초고속 승진을 하던 뛰어난 엔지니어였다. 한국의 MP3 플레이어가 커다란 성공을 거두자 휴대용 음악 기기 시장이 급격하게 성장하리라 확신했다. 이에 필립스를 그만두고, 퓨즈Fuse라는 회사를 설립한다.

직접 휴대용 음악 기기를 개발하기 위해 소니와 협상을 시도하지만 소니에서 거절을 하고, 다른 투자자들에게 제안하지만 이마저도 실패한다. 애플은 토니 파델에게 비밀 프로젝트를 제안하며 8주간의 단기 계약을 제안한다. 애플 경영진은 8주간의 프로젝트 결과를 보고 휴대용 음악 기기 시장에 진출할지 여부를 결정할 생각이었다. 토니 파델은 경영진과의 회의에서 기존 MP3 플레이어의 문제점을 지적하면서 개발된 시제품을 공개하고 애플이 휴대용 음악 기기 시장에서 어떠한 기회가 있는지 설명한다. 일주일 후에 애플은 정식으로 아이리버가 장악하고 있던 MP3 플레이어, 휴대용 음악 기기 시장에 진출을 결정하고 아이팟을 본격적으로 개발한다.

애플은 휴대기기 제조에 대한 경험이 없을뿐더러 스티브 잡스가 요구한 연내 출시를 위해서 포털 플레이어사와 제휴하여 기기를 제조하기로 결정한다. 이때 토니 파델은 연내 출시를 꺼리는 포털 플레이어사에 향후 애플은 음악회사가 되어 있을 것이라는 얘기로 설득하고 이런 비전에 동감한 포털 플레이어어사는 적극적인 지원을 아끼지 않았다. 애플이 아이팟을 정식 프로젝트 진행하면서 가장 신경을 쓴 것은 인터페이스였다.

휴대용 음악기기의 특성상 주머니에 들어가는 크기로 제작을 해야 했다. 시장에 출시된 대부분의 MP3 플레이어는 정보를 표시하는 화면의 크기가 매우 작았으며, 정보를 확인하면서 조작을 하기에는 인터페이스가 매우 불편했다. 아이팟을 제작하면서 기존 MP3 플레이어의 작은

[아이팟 클래식]

화면을 2인치(5.08센티미터) 크기로 확대하여, 쉽고 편하게 정보를 확인할 수 있도록 만들었다. 화면에 들어가는 요소인 UI도 이에 맞게 구성하고 사용자들이 직관적으로 인식할 수 있는 애니메이션 효과를 추가함으로써 사용자 인터렉션을 자연스럽게 만들었다.

스티브 잡스는 초기에 버튼 자체도 모두 삭제하고 싶어 했지만 최소한으로 남겨놓는 것으로 타협한다. 스티브 잡스는 아이리버 같은 MP3 플레이어에 버튼이 추가되고 사용자들에게 지나치게 많은 기능을 제공하는 것은 사용자에게 불편함을 야기한다고 생각했다. 스티브잡스는 극도로 단순화되고 직관적인 인터페이스의 중요함을 강조하며 세 번 이내에 원하는 곡을 찾을 수 있는 인터페이스를 구현할 것을 지시한다. 이에 새로운 인터페이스에 대해서 고민하던 토니 파델에게 애플 경영진 중 한 명인 필 쉴러는 클릭 휠 인터페이스를 고려해보라는 조언을 한다.

클릭 휠이 적용된 여러 전자기기의 샘플을 보여주고 이를 활용하면 편리한 인터페이스 개발이 가능할 것이라는 아이디어를 제공한다. 1,000곡의 음악을 담을 수 있는 아이팟에서 음악을 빠르게 찾을 수 있는 인터페이스의 제공은 아이팟 성공에 있어서 중요한 요소로 작용한다. 클릭 휠 인터페이스와 연계하여 다른 회사의 제품보다 빠른 반응을 보이는 액정 화면, 직관적인 애니메이션의 결합은 사용자 경험을 극대화 할 수 있는 요소가 되었다. 만일 버튼만으로 수많은 곡 중에 하나를 찾는다고 상상해보라. 아이팟에 클릭 휠이 없었다고 상상해보자. 그랬다면 과연 아이팟이 성공할 수 있었을까?

2001년 10월 23일, 스티브 잡스는 자신이 소장한 음악을 담을 수 있다는 내용과 조깅이나 이동 중에도 들을 수 있도록 주머니에 들어갈 정도 크기라는 점을 직접 보여주며 프리젠테이션을 한다. 아이팟에 음악을 넣고 관리할 수 있는 아이튠즈는 아이팟 발표 8개월 전에 출시하였고, 아이튠즈는 나중에 아이팟 성공에 결정적인 역할을 하는 소프트웨어 인터페이스로 작용한다.

애플의 아이팟은 출시 후에 곧바로 성공했다고 생각하지만 실제로는 성공까지 상당한 시간이 걸렸다. 비록 기기 자체가 뛰어난 디자인, 성능, 인터페이스를 가지고 있었지만, 제약사항도 존재했다. 아이팟은 출시 후 컬트적인 반향이 생기면서 시장에서 주목받기 시작한다. 기존 MP3 플레이어나 CD 플레이어의 경우, 이어폰의 색상은 검은색이 일반적이었다. 애플은 아이팟의 본체 색상과 맞추기 위해서 흰색 이어폰을 제공한다.

이는 흰색 이어폰을 사용하는 사람들은 아이팟 사용자이며 컬트 브랜드를 사용하고 있다는 입소문을 타면서 사용자가 많아진다. 애플은 다른 브랜드와 차별화되는 흰색 이어폰을 광고의 전면에 내세우며 감

[아이팟을 발표하고 있는 스티브 잡스]

각적인 색상의 그래픽, 흰색 이어폰을 결합시킨 광고를 진행한다. 그렇지만 초창기 아이팟은 3세대까지 자체 개발한 통신 인터페이스 표준 FireWire을 사용했으며, 이는 애플의 매킨토시에서만 사용할 수 있었다. 애플은 3세대 아이팟 이후부터 윈도에서도 사용할 수 있는 USB를 지원하기 시작한다.

아이팟의 성공 이후, 2004년에 아이팟 미니를 출시한다. 아이팟 미니는 아이팟보다는 저장 용량이 적어졌지만, 소형에 동일한 클릭 휠 인터페이스를 제공하였으며 디자인적으로 완성도를 높였다. 아이팟 미니 출시 후 애플은 휴대용 음악 기기 시장에서 90퍼센트를 점유한다. 시간이 지남에 따라서 플래시 디스크의 가격은 급격하게 하락한다. 이에 애플은 새로운 MP3 플레이어 개발을 시작한다. 2005년, 애플은 아이팟 셔플이라는 플래시 디스크를 이용하고, 스크린이 생략된 작은 휴대용 음악 기기를 출시한다. 가격은 애플의 다른 아이팟 제품보다 파격적으로 낮아서 플래시 기반의 MP3 플레이어 제조사가 타격을 받았다.

출시 후 2개월 만에 플래시 기반 휴대용 음악 기기 시장에서 43퍼센트를 점유한 것으로 추정되었으며, 그 후 한 달 만에 58퍼센트가 된다. 아이팟 셔플은 "인생은 랜덤Life Is Random!"이라는 문구와 함께 판매가 되었으며, 화면이 사라진 대신에 셔플 기능을 전면에 내세운다. 시각적으로 확인할 수 있는 인터페이스가 생략되면서 보이스 오버Voice Over라는 음성 인터페이스를 도입한다. 보이스 오버 기능을 아이튠즈에서 활성화하고, 이어폰에 내장된 터치 인터페이스를 터치하는 횟수에 따라서 음성으로 안내해주는 기능을 최대한 활용하도록 했다. 클릭 휠을 내

[아이팟 제품군]

장하기에는 작은 크기라 이와 유사한 인터페이스를 제공하는 버튼으로 대체된다. 아이팟 셔플을 편리하게 사용할 수 있는 액세서리도 제공한다. 조깅을 하면서 팔에 장착하고 음악 감상을 할 수 있게 해주는 암밴드를 판매하기도 한다. 이는 일종의 음악 인터페이스이다.

아이팟 제품군의 성공은 뛰어난 디자인과 섬세한 인터페이스 덕분이다. 아이팟 제품들이 기술적으로 가장 뛰어난 제품이라고 볼 수는 없다. 스티브 잡스의 인터페이스에 대한 집착과 애플의 심플한 디자인 철학이 만나서 MP3 플레이어 시장을 지배하게 된 것이다. 아이튠즈라는 강력한 소프트웨어 인터페이스도 여기에 한몫한다. 애플은 이미 존재하는 기술을 최대한 활용하면서 디자인과 인터페이스에서 최고의 사용자 경험을 제공함으로써 성공한 회사이다.

아이튠즈와 아이팟의 상관관계

2001년 1월, 애플은 '아이튠즈'라는 매킨토시용 음악 관리 프로그램을 출시한다. 매킨토시에서 인기를 끌던 사운드잼^{SoundJam} MP를 인수하여 애플의 이름으로 출시한다. CD 음악을 MP3로 변환하고, MP3를 감상하며, MP3를 CD 레코더를 통해서 CD로 변환하는 전형적인 음악 관리 프로그램이었다. 초기의 아이튠즈는 매킨토시에서만 사용할 수 있는 소프트웨어였다. 그해 10월 아이팟이 출시되면서 아이튠즈는 아이팟과 MP3 파일을 연결해 주는 중요한 소프트웨어 인터페이스가 된다.

기존에 가지고 있던 CD를 아이튠즈를 통해서 쉽고 빠르게 아이팟에 전송하여 음악을 들을 수 있다. 아이팟은 반응이 빠르고 화면이 넓으며 클릭 휠과 같은 인터페이스가 있어서 성공했다. 아이튠즈는 아이팟의 성공뿐만 아니라 애플 생태계를 구축하는데 결정적인 역할을 하는 중요한 소프트웨어 인터페이스이다.

아이팟이 처음 나왔을 때 초기에는 그다지 큰 성공을 거두지 못한다. 아이튠즈라는 편리한 소프트웨어를 제공했지만, 매킨토시에서만 실행이 가능했다. 이러한 제약사항으로 인해 윈도에 비해서 시장 점유율이 낮은 맥 사용자를 대상으로 하는 아이팟은 생각보다 빠르게 시장을 지배하지 못했다. 애플은 2003년 10월, 마이크로소프트 윈도를 지원하는 아이튠즈를 내놓는다. 이때부터 아이팟의 판매량은 급격하게 늘어나기 시작한다. 윈도용 아이튠즈가 발표된 이후 아이팟은 하드디스크형 MP3 플레이어 시장의 90퍼센트 점유하고 전체 MP3 플레이어 시장에서는 70퍼센트 이상을 차지한다. 결국 아이튠즈라는 소프트웨어 인터페이스가 윈도용으로 포팅되면서 폭발적으로 증가한 것이다.

아이팟과 아이튠즈처럼 아무리 뛰어난 하드웨어 또는 소프트웨어 인터페이스라도 많은 사람이 사용하는 접점과 만나지 못하면 쉽게 성공하기는 힘들다. 아이튠즈가 CD를 컴퓨터에 넣고 버튼 하나로 바로 아이팟으로 전송할 수 있는 편리한 기능을 사용할 수 있었지만 국내에서는 아이팟뿐만 아니라 아이튠즈도 크게 성공하지 못한다. 인터페이스가 널리 퍼지려면 사용자의 문화와 주변 상황을 반영하여 개발해야하는데 이 인터페이스는 당시 한국의 문화나 상황과 맞지 않았다. 현재도 음악 감상을 위해서 아이폰에 음악을 넣는 일이 안드로이드폰에 비

[윈도용 아이튠즈 초기 버전]

해서 편하다고 생각하는 사람은 그리 많지 않다.

2003년, 윈도용 아이튠즈가 발표되었을 때 한국 상황을 되돌아보자. 국내에서 1997년부터 초고속 인터넷이 보급되어 2003년에 당시 인터넷 사용자 수가 2천8백만 명을 넘은 상태였다. 이미 인터넷 속도는 세계 1위였다. 지금은 저작권법 등 저작물에 대한 인식이 자리를 잡았지만 당시만 하더라도 국내에서는 저작권에 대한 인식이 매우 낮았다. 냅스터와 같은 P2P 서비스를 통해서 쉽게 MP3를 다운로드할 수 있었으며, CD를 바로 아이팟에 전송해주는 아이튠즈와 같은 편리한 기능이 그리 필요하지 않았다. 국내 사용자는 아이튠즈와 같은 방식으로 기기에 전송하는 것보다는 윈도에서 파일을 복사하듯이 쉽게 전송하는 방식을 선호한다. 또한 폴더와 같이 계층적인 구조를 선호하며 폴더를 통째로 옮기는 것을 편리하게 느낀다.

현재도 안드로이드에서 음악이나 동영상을 바로 윈도의 하드 드라이브처럼 옮기는 것을 선호하지 아이튠즈를 통해서 동기화하는 것을 선호하지는 않는다. 초고속 인터넷의 빠른 보급으로 인터넷에서 쉽게 MP3 파일을 다운로드할 수 있었기 때문에, 소장한 CD에서 MP3를 추출할 필요성이 별로 없었다. 그래서 세계적으로 성공한 아이팟이 국내 시장에서는 상당히 고전했다. 현재도 아이폰 사용자들이 가장 불편하다고 느끼는 점 중에 하나가 아이튠즈를 통해서만 음악과 동영상을 동기화해야만 하는 점이다. 국내 사례처럼 문화와 인터페이스 간의 관계는 사용자 인터페이스 면에서 상당한 차이가 발생하는데, 웹 인터페이스에서 자세히 살펴보기로 하겠다.

애플은 음악 산업을 근본적으로 바꿀 뮤직 스토어를 2003년에 아이튠즈에 통합한다. 사용자는 이제 CD를 구매하고 이를 MP3로 변환할 필요가 사라지면서 원하는 곡을 낱개로 쉽고 싸게 구매하여 바로 아이튠즈와 아이팟에서 감상할 수 있게 되었다. 애플은 아이튠즈에 구매라는 인터페이스를 통합한 것이다. 기존에 CD 판매 방식에서는 앨범에 포함된 모든 노래를 구매해야 했다면, 아이튠즈에서는 원하는 곡만 싼 가격에 살 수 있도록 음악의 구매 방식 자체를 바꾸어 버린다.

아이튠즈에 뮤직 스토어를 추가함으로써 음악의 구매 인터페이스이자 유통 플랫폼으로 자리 잡고, 아이팟 사용자의 경험을 극대화할 수 있도록 진화한 것이다. 아이튠즈의 뮤직 스토어는 출시 후 디지털 음원 시장의 70~80퍼센트를 점유하고 있으며, 2010년에는 총 100억 개의 노래가 판매된다. 이듬해에는 총 150억 개가 팔려 급속한 성장을 이룬다.

아이팟과 아이튠즈의 결합은 잘 설계된 하드웨어적인 인터페이스와 서비스적인 인터페이스가 결합하여 얼마나 시장에 파급력이 있는지 보여주는 대표적인 사례이다. 아이튠즈는 차후 애플리케이션과 동영상을 제공하는 플랫폼으로 진화한다. 아이튠즈는 애플의 생태계를 구축하는 데 가장 중요한 역할을 수행하는 인터페이스며, 애플의 하드웨어 제품들과 연결하는 가장 핵심적인 인터페이스다.

나이키의 영리한 전략적 선택

세계 1위 스포츠용품 업체인 나이키는 2000년대 초까지 5년 연속 3배 이상 성장하는 경이로운 기록을 달성한다. 그러나 경쟁이 심해지면서 서서히 성장은 둔화하고 있었다. 2위 업체인 아디다스는 리복을 인수하면서 매출 규모를 키우는 데 집중한다. 나이키는 시장조사를 해서 성장이 더딘 이유를 알아낸다. 나이키 조사의 결과는 예상과는 다르게 나타난다. 나이키의 주요 고객 측인 청소년들이 멋진 스포츠 스타에게 열광하면서 용돈의 60퍼센트 이상을 신발과 스포츠용품에 사용하던 소비 행태에서 벗어나서, 소니나 닌텐도 같은 기업의 게임이나 게임기를 구매하거나 IT 제품을 구매하는 것으로 변화한 것이다.

나이키는 이러한 소비행태 변화를 연구하기 시작한다. 나이키의 직원들은 조깅하는 사람들이 지루함을 달래기 위해서 음악을 들으면서 조깅을 한다는 사실을 발견한다. 그리고 아이팟 사용자를 조사한 결과 50퍼센트가 음악을 들으면서 조깅을 한다고 나왔다.

2006년 5월 23일, 나이키 CEO 마크 파커와 애플 CEO 스티브 잡스는 나이키+아이팟Nike+iPod 제품을 뉴욕 이벤트에서 발표한다. 스티브 잡스는 음악과 스포츠를 새로운 경지로 이끌기 위해서 나이키와 협업을 했으며, 애플과 나이키의 제품을 사용하면 운동에 동기를 부여해주는 개인 코치나 트레이너를 가진 것과 같은 결과를 이끌어 낸다고 말한다.

지금은 건강 관련 애플리케이션이 일반화되어 있어 큰 감흥을 주기 힘들지만, 당시 발표한 제품은 조깅과 음악을 연결해주는 새로운 인터페이스를 발명한 것으로 볼 수 있다. 기술적으로는 뛰어난 혁신을 이루어 냈다고 보기는 힘들다. 쉽게 얘기하면 디지털 만보기가 신발 밑창에 달린 형태이다. 이 센서는 사람이 움직임을 인식하고 이를 아이팟으로 전송해준다. 전송된 데이터는 아이튠즈와 연동되어 조깅 시간, 거리, 소비 칼로리 등으로 자동으로 계산해준다. 이 제품을 출시하고 나이키는 전체 런닝화 시장에서 13퍼센트의 성장세라는 놀라운 결과를 만들어낸다.

이후 나이키는 아이팟 이외에 아이폰, 아이패드, 애플 워치 등으로 연결할 수 있는 기기를 확장했으며, 2012년에는 퓨얼밴드를 출시한다.

[나이키 플러스]

나이키는 나이키 플러스 전용 애플리케이션을 통해서 자신의 운동량을 측정할 뿐만 아니라 친구나 지인에게 공유하고 게임하듯이 경쟁할 수 있는 인터페이스를 제공한다. 2013년에 이미 천8백만 명의 사용자를 확보했으며, 그 후 지속적으로 성장했을 것이다. 나이키는 스포츠용품 회사라는 인식에서 벗어나서 애플과 나이키+아이팟이라는 제품을 시작으로 다양한 주변 IT 기기와 인터페이스를 선도적으로 제공한다는 기업 이미지를 구축한다.

나이키는 애플의 아이팟이라는 제품과 스포츠 분야를 연결해주는 새로운 인터페이스를 제공함으로써 시장을 재정의한 것이다. 단순한 스포츠용품 회사라는 이미지에서 벗어나서 스포츠와 IT를 연결해주는 최신 기술을 개발하는 회사라는 이미지를 구축하게 되었다. 이를 통해 나이키가 추구하는 것은 이윤뿐만 아니라 나이키 사용자의 삶을 풍요롭게 하기 위해서 IT 기술을 연구하고 사용자 경험을 새롭게 정의하는 브랜드라는 인식을 심어 주는 것이었다.

[나이키 퓨얼밴드]

나이키 플러스라는 브랜드 플랫폼을 구축하고 커뮤니티를 형성함으로써, 나이키는 소비자에게 운동이 주는 즐거움을 타인과 공유하고 경쟁할 수 있는 재미를 함께 주는 기업이 되었다. 나이키에는 최고 디지털 책임자CDO라는 직책이 존재하며 현재 아담 수스만 부사장이 재임 중이다. 2018년 3월, 나이키는 데이터 분석 기업 조디악을 인수하면서, 다음과 같이 말했다.

"조디악 인수를 통해 나이키는 디지털 트랜스포메이션을 가속화하고 소비자 데이터 분석 기능을 고도화시킬 수 있을 것으로 기대한다. 우리는 소비자와 일대일 관계를 형성하기 위해 세계 최고의 데이터 과학 인재와 도구를 추가하고 있다."

나이키는 이제 스포츠와 IT 결합을 통해서 새로운 인터페이스를 제공해 주는 기업을 넘어서, 개인의 스포츠와 디지털 접점 전반에 대한 분석을 기반으로 맞춤 서비스를 하려고 한다. 나이키와 결합된 디지털 기기를 이용하는 개인에게 정교하고 새로운 경험을 제공하는 회사로 발전하고 있다.

아이팟의 동영상 기능과 커버플로우

아이팟 터치 발표 이전, 아이팟 클래식이나 아이팟 미니 등에서 사진이나 동영상을 재생하는 기능이 있다는 사실을 많은 사람들이 기억하지 못한다. 또한 이외에도 캘린더, 연락처 기능도 추가되었으며, 클릭 휠 인터페이스 기반의 게임도 실행할 수 있다는 사실도 마찬가지다. 애플은 아이팟을 개발하면서 다른 MP3 플레이어 개발사가 늘리던 기능을 과감히 줄이고 음악 감상에 필요한 기능과 직관적인 인터페이스로 성공했다는 사실에 비추어 볼 때 동영상 재생이나 캘린더, 연락처, 게임과 같은 기능을 추가한 것에 대해서 조금은 의아한 생각이 들 수도 있다.

스크린 가격이 점차 하락하고 기술의 발전으로 아이팟에 컬러 스크린을 도입하는 것은 당연한 하드웨어의 진보에 속한다. 애플은 2005년에 아이팟 5세대를 출시하면서 2.5인치의 컬러 스크린을 내장(이전에는 2인치 흑백 스크린을 내장하고 있었다)하고 동영상을 재생할 수 있는 제품을 출시한다. 2인치 컬러 디스플레이가 내장된 아이팟 나노는 2007년에 나온다.

애플이 아이팟에서 사진을 보는 기능이나 동영상 기능을 추가한 이유는 무엇일까? 애플은 아이팟을 단순히 음악만 감상할 수 있는 기기가 아닌 멀티미디어를 아우르는 플랫폼으로 키우고자 시장을 테스트하고 있었을 것이라는 추측에 무게가 실린다. 또한 당시에 유행하던 PMP^Personal Muntimedia Player를 견제하고자 하는 의미도 있었을 것이다.

애플은 2005년부터 아이튠즈에 영화 렌털 서비스와 TV 프로그램 구매 기능을 추가하면서 이를 아이팟에서 이용하기를 원했을 것이다. 비록 당시에는 아이팟에서 재생하는 것보다는 PC의 아이튠즈에서 보는 것이 일반적이었지만 일부 사용자들은 이동 중에도 볼 수 있다는 장점으로 구매한 동영상을 아이팟을 이용하여 재생하기도 했다. 또한 보유하고 있는 동영상을 스스로 아이팟에서 재생이 가능한 동영상 포맷으로 인코딩하여 아이팟에 넣어서 감상하기도 했다.

앞서 얘기한 것처럼 아이팟에는 캘린더와 연락처 같은 일부 PDA 에서 제공하던 기능도 내장되어 있었다. 또한 아이팟 4세대부터 사진을 동기화하여 아이팟에서 확인할 수 있는 기능까지 추가되었다. 클릭 휠 인터페이스를 이용하여 간단히 즐길 수 있는 게임도 아이튠즈를 통해서 제공하고 있었다. 클릭 휠 인터페이스에서 즐길 수 있도록 게임의 인터페이스를 최적화시킨다. 외부 개발자나 개발사에서 직접 개발하여 판매할 수 있는 길은 없었지만, 앱스토어라는 거대한 애플리케이션 인터페이스가 출현하기 전까지 시장을 테스트하는 역할을 담당했으리라 추측된다.

2007년 1월, 애플은 스마트폰 역사를 바꾸어 놓을 아이폰을 출시한다. 그해 말경 아이폰과 맥OS, 아이튠즈에 사용되던 커버플로우^Cover

Flow를 아이팟에서도 사용할 수 있도록 업그레이드를 한다. 아이폰과 아이팟 터치처럼 멀티 터치가 본격적으로 사용된 스마트 기기 이전에도 커버플로우는 아이팟의 클릭 휠과 만나면서 사용자 경험을 극대화하는 가장 조화로운 인터페이스로 자리 잡는다.

아이팟의 스크린이 컬러로 바뀌고 사진 감상 및 동영상 재생 기능이 추가되고, 사용자는 MP3 파일의 앨범 커버와 같이 그림으로 노래와 가수를 구분하는 인터페이스를 사용한다. 이때 스티브 잡스가 아이폰 발표 시에 공개한 부드러운 움직임과 가속 기능이 내장된 3차원 인터페이스인 커버플로우가 아이팟에도 적용된 것이다. 현재는 커버플로우가 아이튠즈나 맥OS에서 사라져서 그 혁신성과 심미성에 대해서 잊히고 있지만 당시만 해도 전 세계적으로 엄청난 열풍이 불 정도였다.

다양한 애플리케이션에서 가장 많이 사용하는 UI 형식이었으며, 많은 인터넷 사이트가 커버플로우 형식의 이미지 배너들로 장식되어 있었다. 사실 커버플로우는 마우스와 잘 맞는 인터페이스라고 보기는 어렵다. 이미지를 3차원 형식으로 보여주고, 가속도를 이용하여 빠르게

[아이팟 미니의 커버플로우]

전환이 가능하기 때문에 터치가 내장된 트랙패드나 마우스, 또는 터치 인터페이스를 기본으로 하는 스마트폰 등에 적합한 UI이다.

그러나 커버플로우가 가져다주는 아름다운 인터렉션 애니메이션과 작은 공간에 많은 것을 배치할 수 있는 편리성 때문에 웹과 애플리케이션에서 널리 사용하게 된 것이다. 아이팟의 클릭 휠은 휠을 움직이는 속도나 양에 따라서 빠르게 커버플로우의 이미지당시는 주로 앨범 커버나 동영상 이미지를 이동하여 원하는 노래나 동영상을 빠르게 찾을 수 있는 뛰어난 인터페이스였다.

커버플로우는 역사를 간단히 살펴보자. 커버플로우 UI도 애플이 개발한 것으로 생각할 수 있지만 다른 사람이 개발한 기술을 구매하여 애플 제품에 포함시킨 UI이다. 커버플로우는 앤드류 코울터 엔라이트라는 사람이 최초로 구상했다. 인라이트는 나중에 커버플로우와 구분하기 위해서 플립틱Fliptych으로 이름을 바꾼다.

2006년, 애플은 커버플로우 기술을 인수하고, 같은 해 아이튠즈 7.0버전에 핵심 UI로 포함시킨다. 커버플로우는 2007년, 아이폰 발표 시 적용되었고, 그 해에 아이팟 제품군에 적용이 된다. 이후 맥OS, 사파리 등으로 적용 영역이 넓혀 나간다. 2008년에는 미러스월드사에서 애플 커버플로우가 자사의 특허를 침해했다는 소송을 제기한다. 2010년, 6억 달러의 손해배상을 하라는 판결이 나오지만, 그 이듬해에는 무효로 다시 판결이 뒤집힌다.

2010년, 애플은 특허청에 의해서 커버플로우에 대한 특허를 획득한다. 애플의 커버플로우는 애플리케이션이 많고 웹에 널리 사용되면서 최신 UI의 대명사처럼 사용되기도 했다. 2013년부터 애플은 아이폰과 아이튠즈에서 커버플로우 UI를 삭제하고 다른 UI로 대체하면서 역사의 한 획을 그었던 커버플로우를 사용하지 않게 된다.

커버플로우 UI의 사례를 보면, 사용자의 인터렉션을 효과적이고 직관적으로 만들어주는 인터페이스의 중요성이 어느 정도인지 확인할 수 있다. 또한 거기에 더해서 화려하지만 직관적으로 의미를 전달해 줄 수 있는 애니메이션은 사용자와 인터렉션하는데 최고의 경험을 제공한다. 커버플로우가 단순히 애니메이션 효과만 화려한 인터페이스였다면 오랜 시간 동안 사랑받는 인터페이스가 될 수 없었을 것이다. 커버플로우에서는 빠르게 원하는 콘텐츠를 탐색하고 이동할 수 있는 편리함과 뛰어난 사용자 경험이 있었다. 아이팟이나 아이폰과 같이 작은 화면에서 많은 정보를 빠르게 탐색할 수 있도록 해주는 인터페이스는 사용자 경험을 극대화하는 데 효과적이며, 커버플로우와 아이폰 UI에 적용되었던 관성 스크롤 기능은 애플 스마트 기기 UI의 핵심으로 아직도 널리 사용되고 있다.

애플의 터치 인터페이스에서 현재까지도 광범위하게 사용되는 관성 스크롤은 바스 오딩이라는 애플 디자이너가 고안했다. 스티브 잡스는 아이폰과 같은 스마트폰의 킬러 애플리케이션은 이동 중에 빠르게 인터넷을 확인할 수 있는 브라우저라고 생각했다. PC보다 화면이 작았던 아이폰을 잘 활용하려면 웹 페이지 같은 긴 문서를 쉽고 빠르게 훑어볼 수 있는 UI가 성공의 핵심이라고 여겼다. 바스 오딩에 의해서 고안된 관성 스크롤 기능을 본 스티브 잡스는 스마트폰과 같은 작은 화면에

서 빠른 탐색이 가능하여 PC와 경쟁할 수 있을 것이라는 판단을 내린
다. 관성 스크롤은 iOS 전반에 걸쳐 핵심 UI의 기능으로 선정되어 광범
위하게 사용된다. 일부 UX 전문가들은 바스 오딩의 관성 스크롤이야
말로 아이폰 성공에 결정적인 영향을 미쳤다고 주장하기도 한다. PC에
서처럼 우측 스크롤 바를 터치하여 아이폰을 스크롤한다고 상상해 보
자. 또는 터치 스크롤하여 한 페이지 정도씩만 화면이 상하로 이동된다
고 가정해 보면, 관성 스크롤이 적용된 인터페이스의 편리함을 느낄 수
있을 것이다.

아이팟 터치와 앱스토어

아이팟 터치는 아이폰이 출시된 후 몇 개월 뒤인 2007년 9월에 나온다. 아이폰 기능에서 전화와 메시지, GPS, 진동 센서 기능을 삭제하고, 터치 인터페이스를 내장한 휴대용 멀티미디어 플레이어였다. 아이폰보다 상대적으로 저렴한 가격에 출시된다. 애플이 아이폰을 출시한 후에 아이팟 터치를 시장에 내 놓은 이유는 여러가지가 있다.

첫째, 아이폰은 출시 후 애플의 예상보다 커다란 성공을 거둔다. 생산량이 수요를 감당하지 못하면서 제한된 국가에서만 출시가 가능했다. 이러한 공급의 불균형을 해소하기 위한 목적으로 휴대용 멀티미디어 플레이어로 출시된 것이다.

둘째는 PMP 시장을 흡수하려는 의도였다. 크기가 크고 사용이 불편한 PMP를 즉시 대체할 수 있으리라 예측했을 것이며, 아이튠즈를 통해서 음악과 동영상을 쉽게 이용할 수 있는 플랫폼을 갖추어 놓았기 때문이다.

마지막으로 PDA^{Personal Data Assistant}의 대체재로 향후 애플이 개발하려고 하는 앱스토어를 통해 새로운 시장이 생길 가능성을 염두에 두었을 것이다.

애플은 아이폰을 출시하면서 함께 발표한 iOS를 기존의 스마트폰노키아나 블랙베리이라 불리던 다른 기기의 OS나 PDA와는 완전히 다른 개념으로 개발을 시작한다. 아이폰 출시 전, 애플은 매킨토시의 운영체제를 업그레이드하는 프로젝트를 진행 중이었다. 아이폰의 개발과 출시가 결정되면서 매킨토시 운영체제를 개발하던 개발자들이 대거 아이폰 OS인 iOS에 투입되면서 노트북과 데스크톱 운영체제인 맥OS는 출시가 연기가 된다. 애플은 처음부터 아이폰을 작은 컴퓨터의 개념으로 접근했으며, 여기에 필요한 OS는 기존의 PC에서 가능한 성능과 기능을 지원해야 한다는 점을 분명히 했다.

노키아나 블랙베리가 기존에 휴대폰피처폰 또는 이와 유사한 기능을 하는 OS에서 출발하여 필요한 기능을 지속적으로 업그레이드하여 스마트폰 OS로 사용하고자 했던 것과는 출발선부터 달랐다. 마이크로소프트는 당시에 윈도 CE라는 운영체제를 가지고 있었으며, 이는 많은

[초기 아이팟 터치]

PDA에서 사용하던 OS였다. 그러나 마이크로소프트의 윈도 CE는 윈도와는 크게 상관이 없었으며 PDA가 가진 하드웨어의 제한점낮은 CPU 성능과 제한된 그래픽 성능을 고려한 OS였다. 물론 윈도 CE는 PC의 프로그램을 그대로 사용할 수 없었으며, 완전히 새로운 방식으로 개발해야 했다. 마이크로소프트는 나중에 윈도 10을 만들면서, PC 운영체제와 호환이 가능한 유니버설 애플리케이션이라는 개념을 도입하지만 스마트폰 시장에서 환영받지 못하면서 결국 개발 중단을 선언한다. 애플의 iOS를 개발하면서 아이폰과 아이팟 터치 같은 스마트 기기를 작은 PC로 정의하고 이를 위하여 새롭게 설계된 UI와 기능을 넣는 역발상을 통해서 현재까지도 많이 사용하는 스마트폰 OS로 살아남을 수 있었다.

아이폰 출시 후 시간이 많이 흘렀기 때문에 사람들이 착각하고 있는 점이 있다. 사실 아이폰 1세대가 출시되었을 때, 아이폰으로 할 수 있는 일은 그리 많지 않았다. 전화나 메시지 기능은 당연히 지원했을 것이며, 아이튠즈에서 음악과 동영상을 구매하고 감상하는 것은 가능했다. 또한 사파리라는 모바일 브라우저를 통해서 인터넷을 이용할 수 있었다. 아이팟 터치가 출시된 후에도 크게 바뀐 점은 없었다. 와이파이를 통해서 인터넷을 한다는 점을 빼고는 애플에서 제공하는 애플리케이션들만 사용이 가능했다. 아이폰과 아이팟 터치가 뛰어난 터치 인터페이스와 아름다운 디자인을 가진 스마트 기기였지만, 애플에서 제공하는 일부 애플리케이션만 사용할 수밖에 없는 기기였다.

애플은 아이폰 출시 후 1년 이상이 지난 2008년 7월이 되어서야 아이폰 3G 발표 시점에 앱스토어를 공식적으로 오픈한다. 아이튠즈의 업데이트 형식으로 PC에서 이용이 가능했으며 iOS당시에는 iPhone OS로 불림가 버전 2.0으로 업그레이드되면서 아이폰이나 아이팟 터치에서 애플리케이션 설치가 가능했다. 앱스토어 출시 전에 분기마다 약 1백만 대의 아이폰이 판매되던 것이 출시 후에는 약 5백만 대 수준으로 급격하게 늘어난다.

아이폰 1세대의 판매량은 블랙베리와 유사한 수준이었으며, 스마트폰 시장을 양분하는 수준이었다. 앱스토어가 출시되고 수많은 애플리케이션이 앱스토어에서 팔리면서 블랙베리와 노키아 같은 기업은 급격하게 쇠락한다. 사실 블랙베리와 노키아 몰락의 직접적인 원인은 아이폰 자체라기보다는 앱스토어가 등장하면서 아이폰과 앱스토어가 만든 생태계와 경쟁할 수 없었기 때문이다.

아이폰 판매량이 급격하게 증가하면서 아이팟 터치의 판매량이 감소했을 것이라는 예측은 타당해 보인다. 아이팟 터치보다 하드웨어적으로 뛰어난 아이폰이 많이 보급되면서 상대적으로 기능이 삭제된 아이팟 터치는 시장에서 점차 사라져야 하지만 사실은 그렇지 않았다. 애플은 개별제품에 대한 판매량을 공개하지 않는 것으로 유명하다.

2011년에는 이례적으로 아이팟 터치의 판매량을 공식적으로 발표한다. 전체 iOS를 내장한 스마트 디바이스 중에서 아이팟 터치는 32퍼센트를 차지할 정도로 무시하지 못할 판매량을 기록한다. 2011년에는 아이폰 판매량 자체가 급격하게 늘고 있던 시기였기 때문에 전체 iOS 기기 중에서 32퍼센트라는 수치는 판매 대수로 치면 기록적이라고 볼 수 있다. 애플은 2013년 1분기까지 약 1억 대의 아이팟 터치를 판매했다

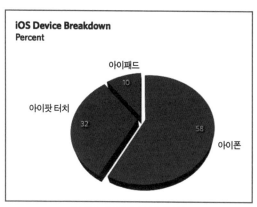

[2011년 아이팟 터치 판매 점유율]

고 발표한다. 아이폰 같은 스마트폰이 급격하게 보급되면서 2015년부터 판매량은 하락하기 시작하고 새로운 아이팟 터치 제품이 잘 출시되지 않았지만 아이팟 터치는 애플이 제공한 스마트 기기 중에서 독특한 위치를 차지한 것은 분명하다. 아이팟 터치가 이처럼 성공할 수 있었던 이유는 무엇일까?

아이팟 터치 시장은 아이폰 시장과 다르다. 아이폰이 이동통신 기기 분야에서 스마트폰 시장으로 분류가 되는 반면, 아이팟 터치는 휴대용 멀티미디어 기기로 분류된다. 동일한 OS에 동일한 터치 인터페이스를 제공하지만 두 기기가 접근하는 시장 자체는 다르다. 아이팟 터치가 스마트폰 사용자를 대상으로 했다기보다는 PDA, PMP, MP3 플레이어 등 휴대용으로 즐길 수 있는 시장의 대체재 위치를 차지하고 있다. 여기에서 더 나아가서 앱스토어에 게임이 급격한 속도로 증가하면서 휴대용 게임기의 시장까지 잠식한다(물론 아이폰도 동일하게 게임을 실행할 수 있었다).

앱스토어에서 다운로드해서 실행할 수 있는 애플리케이션들이 기하급수적으로 늘어나면서 스마트폰 사용자가 아닌 일반 휴대폰 사용자의 경우, 세컨드 디바이스로 아이팟 터치를 선택했기 때문이다. 즉, 아이팟 터치의 경쟁자는 PDA나 PMP 등을 넘어, 닌텐도 DS 제품군이나 소니 PSP와 같은 휴대용 게임기이다. 2008년에 앱스토어를 발표하면서 500개의 애플리케이션도 판매를 시작한다. 500개의 애플리케이션 중 3분의 1은 게임으로 앱스토어에 있어서 가장 강력한 콘텐츠가 게임이라는 점을 알 수 있다.

게임에 특화된 휴대용 게임기에 비해서, 아이팟 터치는 초기에는 가볍고 새로운 터치 인터페이스로 진행하는 게임들이 시장에서 성공하면서 새로운 게임 시장을 창출한다. 닌텐도와 소니 PSP가 고품질의 게임을 위한 기기였다면, 아이팟 터치는 누워서 인터넷도 하고 동영상도 감상할 수 있으며, 0.99달러에서 2.99달러면 누구나가 가볍게 게임을 즐길 수 있는 기기였다. 휴대용 게임기는 비싼 게임과 별도의 전용 미디어가 있어야 했으며 인터넷을 사용하기도 힘들었다. 휴대용 게임기가 게임을 좋아하는 고객을 대상으로 했다면, 아이팟 터치나 아이폰의 경우는 게임을 선호하지 않아도 가볍게 즐기고자 하는 고객도 대상이다.

아이팟 터치는 상대적으로 아이폰보다 저렴한 가격에 아이튠즈와 앱스토어에서 내려 받아 음악, 동영상, 애플리케이션, 게임까지 모두 즐길 수 있다. 와이파이를 통해서 인터넷도 쉽게 즐길 수 있는 다양한 용도로 활용된 스마트 기기이다. 터치 인터페이스를 통해서 직관적으로 음악과 동영상을 감상할 수 있으며, 터치 인터페이스에 최적화된 가볍지만 새로운 재미를 줄 수 있는 게임도 즐길 수 있었다. 고가의 아이폰이 부담스러운 사람이나 스마트폰이 필요하지 않은 사람이라면 아이팟 터치가 MP3 플레이어나 PMP등의 대안재로 충분히 고려할 만했기에 예상보다 커다란 성공을 했다. 앱스토어가 이러한 성공에 결정적인 역할을 했다는 점은 분명하다. 앱스토어가 없는 아이팟 터치는 시장에서 그렇게 큰 성공을 거둘 수 없었을 것이다. 앱스토어는 아이팟 터치나 아이폰, 아이패드 등의 소프트웨어 인터페이스로서 애플 생태계의 핵심이다.

앱스토어 VS 플레이스토어

안드로이드는 앤디 루빈이 안드로이드Android Inc.사를 설립하면서 개발이 시작되었다. 앤디 루빈은 미국 캘리포니아 팔로 알토에 회사를 설립했으며 초창기에는 작은 스타트업에 불과했다. 사업 초기에는 안드로이드를 채용하는 회사가 없어서 삼성전자에 인수 제의를 했다는 루머도 돌았다.

2005년 7월, 안드로이드의 가능성을 알아본 구글이 인수하면서 안드로이드는 새로운 전기를 맞는다. 2007년 11월, 구글은 텍사스 인스트루먼트, 브로드컴, 구글, 인텔, HTC, LG전자, 모토로라, 엔디비아, 퀄컴, 삼성전자, 스프린트, T-모바일 등으로 구성된 '오픈 핸드셋 얼라이언스Open Handset Alliance, OHA'를 통해 안드로이드 기반의 스마트폰을 개발하기로 합의한다. 이 시기의 안드로이드는 아직 베타 정도 수준으로 실제로 안드로이드 기반의 스마트폰은 그 후 1년 뒤인 2008년 9월, HTC가 세계 최초로 출시한다.

2007년, 아이폰이 출시되고 시장에서 선풍적인 인기를 얻게 되자 많은 휴대폰 개발사들은 스마트폰 개발에 뛰어든다. 그러나 애플은 자사

OS를 애플의 하드웨어에만 탑재한다는 원칙을 고수하고 있었기 때문에, 개발사들은 대안으로 안드로이드를 선택하였다. 물론 안드로이드 이외에 마이크로소프트의 윈도 모바일이라는 대안이 존재했다. 윈도 모바일은 오래된 PDA 운영체제 기반인 윈도 CEWindows CE에서 스마트폰 시장이 급격하게 팽창하자 급하게 스마트폰 OS로 전환을 시도한다.

그러나 개발의 진척이 느렸고, 라이센스 비용을 지불해야 했기 때문에 안드로이드가 아닌 윈도 모바일을 채택하는 회사는 거의 없었다. 이에 비해서 안드로이드는 2008년, 오픈소스로 전환하였으며, 삼성전자의 갤럭시와 중국의 제조업체들이 채택하면서 급격하게 점유율이 높아진다. 2010년부터는 애플의 iOS의 점유율을 넘어섰으며, 2013년에는 전체 스마트폰 시장에서 약 78퍼센트를 차지한다.

스마트폰 운영체제는 PC의 경우처럼, 하드웨어와 소프트웨어를 연결해주는 인터페이스이며, 여기에 사용자 인터페이스UI를 통해서 사용자와 상호작용할 수 있게 해주는 핵심이다. 안드로이드는 구글이 인수한 후, 버전1.0부터 구글 앱스토어인 구글 마켓과 브라우저, 구글의 서비스지메일, 구글 맵, 유튜브 등가 포함되어 있었으며 아이폰과 차별화되는 하드웨어 버튼 인터페이스도 이 시기에 적용되었다. 아이폰이 홈버튼 하나의 인터페이스를 제공할 때, 안드로이드는 홈버튼 이외에도 뒤로 가기, 메뉴 버튼 등을 제공했다.

안드로이드는 오픈 소스 기반으로 제조사들이 자유롭게 원하는 기능을 추가할 수 있었고, 애플리케이션 마켓 자체도 구글 마켓만 사용하는 것이 아니라 필요에 따라서 누구나 제공할 수 있도록 오픈한다. 국내를 살펴봐도, 이동 통신사별로 별도의 안드로이드 마켓이 있었으며 현재는 원스토어로 정리되었다. 중국의 경우는 아직도 구글의 플레이 스토어보다는 자국의 애플리케이션 마켓이 더욱 활성화되어 있다. 아이폰의 앱스토어와 마찬가지로 구글의 플레이 스토어예전 구글 마켓는 스마트폰 활성화의 일등 공신이다. 애플의 앱스토어와 구글의 플레이 스토어는 스마트폰이라는 기기에 애플리케이션을 쉽게 설치하고 관리할 수 있게 해주는 가장 중요한 인터페이스다.

애플이나 구글이 유사하게 개발자와 매출을 공유하며 70퍼센트(최근에는 비율이 조정되었다)는 개발자 몫으로 나머지는 애플과 구글의 몫으로 분배한다. 앱스토어와 플레이 스토어의 이런 정책은 전문 개발사가 아닌 개인이라도 애플과 구글이 제공하는 애플리케이션 인터페이스 공간에 쉽게 애플리케이션을 등록할 수 있게 해주었다. 판매를 통해 발생한 매출의 많은 부분을 가져올 수 있었기에 개발자의 참여가 폭발적으로 증가한다.

개인 개발자에 의해서 개발된 애플리케이션과 게임을 쉽게 여러 국가에 판매할 수 있고 전 세계적으로 성공을 거두면서 많은 개발자들이 유입되고 터치 인터페이스에 적합한 UI를 제공하는 혁신적인 애플리케이션들이 더욱더 많이 출현했다. 이런 유인 효과로 개발자가 기하급수적으로 증가하고 애플리케이션이나 게임의 출시가 증가하는 선순환 구조가 확립되면서 거대한 애플리케이션 생태계가 탄생한다. 현재까지도 앱스토어나 플레이 스토어는 디지털 미디어 역사에 있어서 가장 창조적이고 혁신적인 인터페이스로 역사에 길이 남을 만한 업적을 이루어 내고 있다.

앱스토어나 플레이 스토어를 통해서 전 세계적으로 성공한 예를 살펴보자. 핀란드 개발사인 로비오는 2010년, 앵그리 버드를 애플 앱스토어에 출시하면서 성공을 거둔다. 몇 달 동안 전체 유료 매출 1위를 차지했으며, 그해 약 100억의 매출을 기록했다. 2011년에는 약 1,200억 원의 매출을, 2012년에는 약 2,100억 원의 매출을 기록하며 급성장하고, 노키아 이후 핀란드 경제를 책임질 수 있는 회사라는 찬사와 함께 전 세계 스타트업의 롤모델로 각광받았다. 2013년부터 서서히 몰락하게 되지만, 로비오의 성공은 여러 가지 면에서 분석해 볼 필요가 있다. 앵그리 버드의 게임은 그 방식부터 터치 인터페이스에 최적화된 방식으로 개발되었다.

예전에 국내에도 국민 게임으로 불리던 포트리스라는 게임이 있었다. 게임 방식은 유사하지만, 키보드 인터페이스와 터치 인터페이스의 차이를 극명하게 보여준다. 포트리스는 대포를 발사하여 상대방을 물

[로비오사의 앵그리 버드 플레이 화면]

리치는 게임으로 키보드 상,하 버튼으로 각도를 조정하고 스페이스키로 강도를 조정하면서 스페이스키를 놓으면 발사하는 방식이다. 이에 비해서 앵그리 버드는 앵그리 버드가 걸린 새총을 터치하여 뒤로 드래그하면서 방향과 세기에 따라서 발사되는 각도와 세기를 직관적으로 조정할 수 있는 방식이다. 즉, 기존에 PC나 게임기에서 볼 수 없었던 터치 인터페이스를 이용하여 직관적으로 게임을 즐길 수 있도록 터치에 최적화한 것이다.

초창기 게임 중 '푸루이트 닌자'는 과일이 화면에 나타나면 화면을 드래그하여 과일을 자르는 아주 단순한 게임이었지만 전 세계적으로 성공한다. 이처럼 초기 앱스토어나 플레이 스토어에서 성공한 게임이나 애플리케이션은 터치 인터페이스 기반으로 최상의 사용자 경험을 제공하는 것들이 대부분이다.

로비오의 앵그리 버드가 앱스토어에서는 유료로 판매된 반면, 구글 플레이 스토어에서는 다른 사업 모델을 적용한다. 앵그리 버드는 플레이 스토어에서 무료로 제공되는 반면에 구글의 광고가 포함된다. 사용자는 광고를 보면서 무료로 게임을 즐길 수 있었으며 로비오는 사용자가 광고를 클릭할 때마다 구글로부터 광고료를 받는 수익 구조를 취한다. 플레이 스토어에서도 3일 만에 약 700만 다운로드를 달성했으며, 로비오는 광고만으로도 엄청난 이익을 거둔다. 스마트폰과 게임이 광고의 하나의 주요한 채널인터페이스로 등장한 것이다.

그렇다면 왜 로비오는 구글 플레이 스토어에 광고가 포함된 무료 버전을 출시하게 되었을까? 이는 애플의 iOS와 안드로이드의 서로 다른 철학 때문에 발생한 것이다. 애플의 앱스토어는 통제된 범위 내에서 자유를 허용하는 반면에 구글의 플레이 스토어는 오픈 소스로 공개된 안드로이드의 철학을 따르기 때문이다.

애플은 앱스토어 개발에 필요한 개발도구인 엑스코드Xcode를 무료로 공개하는 반면에 앱스토어 등록을 위해서는 철저한 심사를 거쳐야 했다. 그에 비해서 안드로이드는 운영체제 자체가 공개되어 있었으며 꼭 구글의 플레이 스토어에 등록할 필요도 없었고, 애플리케이션 파일만 가지고 있다면 바로 설치하여 사용할 수도 있었다.

이런 이유로 구글의 플레이 스토어에 등록된 애플리케이션들은 쉽게 해킹을 해서 배포할 수 있었고, 플레이 스토어에 등록되는 애플리케이션들은 별도의 심사 과정 없이 자동으로 등록되다 보니 게임을 모방한 게임들로 넘쳐나게 되었다. 지금은 프리미엄Feemium 모델(게임이나 애플리케이션은 무료로 제공되나 아이템이나 기능은 유료화하는 모델)이 일반화되어 있어서 상대적으로 해킹이 줄어들었지만 당시에는 쉽게 해킹된 안드로이드 게임이나 애플리케이션을 내려받아서 실행할 수 있었다. 이런 이유로 구글의 플레이 스토어에는 유료 게임보다는 광고를 기반으로 하는 게임이 성행한다. 실제로 구글 안드로이드 시장 점유율이 80퍼센트에 육박하지만 유료 애플리케이션의 매출은 앱스토어의 약 절반 정도를 차지하고 있다.

현재는 개발도구의 발달로 안드로이드 파편화에 대한 문제가 조금 덜하다. 그러나 오픈 소스로 공개된 안드로이드는 개발사에 의해서 쉽게 커스터마이징할 수 있었고 화면의 크기도 모두 제각각이며, 매년 발표되는 안드로이드의 버전이 범람하면서 개발에 많은 어려움을 겪었다. 애플이 엑스코드라는 통일된 개발도구를 제공한 반면에 구글은 최근에서야 안드로이드 스튜디오라는 개발 툴을 제공하고 있다.

그 이전에는 이클립스라는 오픈 소스 자바 개발도구를 추천해주기는 했지만 개발자가 자신이 원하는 개발도구로 개발을 해도 아무런 문제가 없었다. 이런 이유로 안드로이드를 위한 애플리케이션 개발이 초기에는 각광받지 못했다. 애플이 앱스토어라는 통일된 애플리케이션 인터페이스를 제공하고, 아이폰/아이패드라는 일정한 규격의 하드웨어만을 지원하였다. 그러나 안드로이드는 통일된 애플리케이션 인터페이스를 제공하지 않았으며, 이러한 애플리케이션 인터페이스 자체도 크게 관리하지 않았을 뿐만 아니라 하드웨어가 지나치게 다양하고 업데이트가 빈번했다. 그래서 시장 점유율에 비해서 앱스토어보다 애플리케이션 매출에서 뒤떨어지는 결과를 초래한다.

애플 앱스토어의 통제된 환경이 좋으냐 안드로이드의 오픈된 환경이 더 좋으냐에 대한 논쟁은 아직도 있다. 애플의 시장 점유율보다 안드로이드의 시장 점유율이 80퍼센트에 육박하는 점은 분명 안드로이드 애플리케이션을 개발하도록 한다. 그러나 애플리케이션을 구입하고 관리하는 애플리케이션 인터페이스라는 일반적인 측면에서만 살펴본다면, 비록 통제가 되지만 잘 관리되고 있는 앱스토어가 더 낫다. 이는 매출 비중을 보더라도 자명한 사실이다.

국내 환경을 살펴보면 주요 게임들은 구글의 플레이 스토어에 먼저 출시된다. 그리고 업데이트도 플레이 스토어에서 먼저 진행된다. 플레이 스토어는 애플리케이션을 심사하는 데 시간이 그리 걸리지 않고 구글이 제시한 규약만 지키면 바로바로 스토어에 등록이 되기 때문이다. 또한 삼성전자 갤럭시의 성공과 LG전자의 스마트폰 등이 보급되면서 안드로이드 시장이 훨씬 크기 때문이기도 하다.

이에 비해서 애플의 앱스토어는 등록하는 데 일정 시간이 걸리며약 3~10일 만일 심사에 통과를 못하게 되면 많은 시간이 소요된다. 이런 측면에서 살펴본다면 구글의 플레이 스토어가 애플리케이션 인터페이스로써 시장과 시간이라는 측면에서는 우위에 있다고 볼 수도 있다. 결국, 각 국가나 개발사가 처한 환경에 의해서 적합한 스토어애플리케이션 인터페이스를 선택하고 집중하는 현상이 나타나고 있다. 앱스토어나 구글 플레이 스토어와 같이 애플리케이션 생태계의 중심이 되는 인터페이스는 21세기 초 가장 혁신적인 플랫폼으로 기억될 것이다.

INTERFACE STRATEGY

CHAPTER 4

반복되는 닌텐도의 히스토리

가정용 게임기 시장에서 '뛰어난 하드웨어 성능과 게이머의 눈높이를 맞출 수 있는 고품질의 게임 타이틀'이 성공에 중요한 요인이다. 물론 하드웨어와 게임 자체는 게임기 성공에 있어서 필수 요소다. 그러나 게임회사인 닌텐도의 사례를 살펴보면, 이러한 요소 이외에도 하드웨어 인터페이스가 성공에 미치는 영향이 크다. 닌텐도는 게임회사이자 혁신적인 인터페이스를 만든 회사이기도 하다.

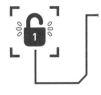

늘 레드오션이었고 지금도 그런 게임기 전쟁

게임기의 역사는 상당히 길어서 한 권의 책으로 부족하다. 게임기에 대해서 다룬 책도 이미 출판되어 판매 중이다. 이 책에서는 게임기의 역사보다는 게임기와 인터페이스의 상관관계를 중심으로 살펴보자 한다. 사실 가정용 게임기나 휴대용 게임기의 인터페이스는 정형화되어 있다. 게임기는 본체와 컨트롤러 부분으로 구성되어 있으며, DVD나 카트리지에 담긴 게임 타이틀을 넣고 실행하면 된다(최근에는 인터넷에서 다운로드하여 실행이 가능하다). 그러나 이러한 전형적인 구성 이외에, 새로운 인터페이스를 도입함으로써 커다란 성공을 이루어 내기도 한다.

현재 닌텐도와 소니, 마이크로소프트는 가정용 게임기 시장(콘솔이라고 불린다)을 지배하고 있으며, 휴대용 게임기 시장은 이제 스마트폰과 스마트 기기가 전용 휴대용 게임기 시장을 넘어서서 주류로 떠오르고 있다. 게임기 시장에서 성공하기 위해서는 당연히 하드웨어의 성능이 뛰어나야하고, 게이머가 선호하는 게임 타이틀을 갖추어야 한다. 이는 일반적으로 게임기 시장의 성공에 있어서 필수적인 요소이다. 그러나 닌텐도와 같은 회사는 이러한 일반적인 공식이 뛰어넘어 여러 차례 새로운 인터페이스 요소를 도입함으로써 성공을 거두기도 한다. 게임기의 간략한 역사를 살펴보고, 인터페이스가 어떤 식으로 성공에 영향을 미쳤는지 알아보겠다.

초기 게임기는 전자오락실 또는 게임장이라는 곳에서 일정한 비용을 지불하고 플레이하는 형태였다. 미국의 아타리가 대표적인 사례로 1970년대 중반에 출시되어 선풍적인 인기를 누린다. 이후 1980년 초에 접어들면서 아타리가 가정용 게임기를 출시하고 커다란 성공을 거둔다. 아타리의 성공을 모방한 회사들이 가정용 게임기 시장에 뛰어들면서 시장은 혼탁해지고, 결국 1983년에 아타리 쇼크로 인해서 시장이 전체적으로 붕괴한다. 아타리 쇼크는 급속도로 성장한 게임 시장을 공급자가 통제하지 못하고, 경쟁이 심화하면서 일어났다. 소프트웨어의 질적인 하락과 저질 게임이 시장에 범람하면서 소비자들이 등을 돌렸다. 이때 닌텐도가 패미컴(북미에서는 Nintendo Entertainment Systems-NES라는 이

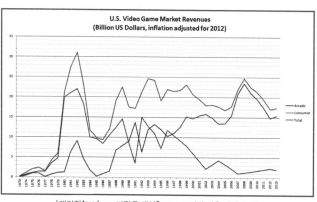

[게임장Arcade vs. 가정용 게임Consumer 시장 매출 변화 추이]

름으로 발매된다)이라는 가정용 게임기를 판매하기 시작하면서 게임기 역사를 바꾸어 놓는다. 닌텐도는 패미컴의 게임을 카트리지에 담아서 배포했으며, 게임 자체의 중요성을 인식하여 자체적으로 게임을 개발하여 출시하는 전략을 취한다. 이러한 닌텐도의 전략은 현재도 동일하게 유지하고 있다.

닌텐도의 동키콩, 슈퍼마리오 등 성공한 게임 지적 재산권Intellectual Property, IP은 이때 나온다. 다른 게임 개발사가 패미컴용 게임을 발매하기 위해서는 닌텐도의 심사를 거쳐야 했으며 일정한 수준을 넘지 않으면 닌텐도에서 발매하지 않았다. 닌텐도의 기준을 통과한 회사의 게임만이 카트리지의 라이센스를 획득하여 게임을 발매할 수 있었으며, 이런 게임사를 '서드 파티'라고 불렀다. 애플이 앱스토어에서 심사해서 애플리케이션의 수준을 일정하게 유지하는 것과 유사한 전략이었다. 이렇게 플랫폼을 통제하는 전략으로 아타리 쇼크에서 벗어나서 전 세계적으로 성공한다. 1980년대 중반부터 소니가 플레이스테이션을 내놓을 때까지 '닌텐도=게임기'라는 인식을 사람들의 뇌리에 새겨 놓았다. 이후 닌텐도는 슈퍼 패미콤을 통해서 이러한 공식을 공고히 한다.

1989년, 닌텐도는 슈퍼 패미콤의 다음 세대 게임기를 준비한다. 닌텐도는 게임 시장에서 CD를 게임 저장 매체로 활용하기 위해서 소니와 제휴하여 개발하고 있었다. 그 당시 닌텐도는 슈퍼 패미콤용 카트리지를 독점 생산하면서 큰 수익을 올리고 있었으며, 소니는 CD에 탑재되는 게임의 라이센스를 획득하기를 원했다(CD는 소니와 필립스가 공동으로 개발한 디지털 보조 기억 장치이다). 이에 닌텐도의 미국대표는 CD-ROM

이 내장된 멀티미디어 PC 시장이 크게 성장하는 모습을 보면서, 소니와 제휴하여 CD 라이센스를 소니에 넘기는 것은 닌텐도에 커다란 위협이 될 것으로 생각한다. 닌텐도의 미국 대표는 이러한 위험성 때문에 소니와의 제휴를 중지해야 한다고 닌텐도 본사의 경영진을 설득한다.

1991년, 닌텐도는 슈퍼 패미콤 CD-ROM 시스템을 발표한 바로 다음 날 일방적으로 소니와의 제휴를 중단하고, CD에 대한 라이센스를 요청하지 않은 필립스와 제휴를 체결하였다고 발표한다. 1992년, 소니는 닌텐도의 배신으로 게임 CD에 대한 라이센스 획득에 실패하자, 게임 시장과 게임기 사업에 대한 의사결정을 위한 경영진 회의를 개최한다. 이때 쿠타라기 켄은 '고화질의 그래픽 성능과 고성능 반도체를 이용하면 닌텐도의 슈퍼 패미콤을 물리칠 수 있다'라는 주장을 한다. 경영진 전원의 반대에도 불구하고 오가 노리오 사장은 3D 게임기, 플레이스테이션을 개발을 승인한다. 결국 소니 플레이스테이션이 공전의 히트를 기록하면서 뛰어난 의사결정으로 판명 난다.

소니 플레이스테이션의 성공에는 몇 가지 핵심적인 사항이 있다. 당시 3D라는 개념은 쉽게 접할 수 있는 것이 아니었다. 우리에게 현재까지도 가장 익숙한 시각 인터페이스는 TV나 모니터처럼 2차원으로 구성되어 있다. 실제로 우리는 3차원의 세계에 살고 있지만, PC나 다른 기기들의 시각 인터페이스는 아직 2차원에서 벗어나지 못하고 있다 (VR과 같은 새로운 가상 인터페이스는 현재 발전 중이며 주류인 시각 인터페이스는 아직 2차원에 머물고 있다).

이러한 2차원 시각 인터페이스인 화면에 뿌려주는 내용도 2D가 전

[버추얼 파이터]

부였다. 1993년에 세가에서 전자오락실용 3D 격투 게임인 버추어 파이터를 출시하여 공전의 히트를 기록한다. 지금 보면 굉장히 유치한 3D 그래픽이지만 당시에는 최신 기술로 개발된 게임이었으며, 게임 회사들은 게임의 사실적인 움직임과 입체감에 충격을 받는다. 게임 회사들은 3D 게임이라는 새로운 시장이 폭발적으로 성장할 것을 예측하고 이 시장에 적극적으로 뛰어든다. 3D 게임 열풍으로 서드 파티가 급격하게 늘었고 이는 플레이스테이션이 성공하는데 큰 역할을 한다.

소니는 게임이라는 소프트웨어와 플레이스테이션이라는 게임기 하드웨어를 연결해주는 인터페이스인 저장 매체로 CD-ROM을 채택하고 이를 장점으로 내세웠다. 이는 게이머에게 직접 영향을 끼치지는 않았지만 게임기 시장에서 중요한 콘텐츠인 게임을 만드는 개발사에는 지대한 영향을 미친다. 닌텐도의 롬 카트리지는 닌텐도에서 독점적으로 생산했으며, 생산 비용도 비쌌고 생산 시간도 오래 걸렸다. 또한 용량에 제한점도 있었다. 이에 비해 CD 는 생산비용도 덜 들고 쉽게 대량

생산이 가능했으며 용량에 대한 부분도 롬 카트리지 방식에 비해서는 우월하다는 장점이 있었다. 닌텐도의 롬 카트리지 방식은 생산비용이 비쌌기 때문에 게임 타이틀 자체도 가격이 높을 수밖에 없었다. 게이머의 입장에서는 새로운 게임을 즐기기 위해서 새로운 롬 카트리지를 구입하는 것보다는 중고 게임 매매를 통해서 싼 가격에 게임을 구입하는 것이 훨씬 유리했다.

중고 게임 타이틀 거래가 활성화됨에 따라서, 게임사들은 결국 좋은 게임을 만들어도 롬 카트리지 생산 비용닌텐도에 로열티 지급도 발생하고, 이익이 회사로 돌아오지 않아 수익성이 급격하게 하락한다. 이에 비해서 소니 플레이스테이션용 게임을 개발하게 되면, 로열티 비용이 적게 들고, 소니의 CD 유통망을 통해서 빠르게 배포가 가능하기 때문에, 상대적으로 훨씬 싼 가격에 많은 게이머들에게 판매가 가능해진다. 저렴한 가격에 대량배포할수록 중고 거래가 줄어들고 이에 따른 불이익도 감소하여 소니 플레이스테이션용 게임을 만드는 개발사가 많아진다.

닌텐도는 닌텐도 64라는 차세대 가정용 게임기를 발표하며 소니 플레

[CD를 채택한 소니 플레이스테이션]

이스테이션과의 경쟁에서 뒤처지지 않기 위해서 노력한다. 당시의 닌텐도 64용으로 발매된 게임은 300여 개 정도로, 슈퍼 패미콤 1,400여 개, 플레이스테이션이 3,000개에 비해서는 빈약한 수준이다. 하드웨어 자체는 슈퍼 패미콤 만큼이나 많이 팔렸지만, 적은 게임 타이틀로 인해서 닌텐도의 암흑기를 대표하는 기기로 불렸다.

닌텐도는 소니가 CD-ROM을 차용하면서 성공하는 모습을 지켜보면서도 롬 카트리지 방식을 고수한다. 닌텐도 64의 롬 카트리지는 용량이 64MB 정도밖에 지원하지 않았다. 이에 비해 CD는 10배 이상의 저장 용량을 지원했으며, 플레이스테이션의 게임은 CD 3~4장까지 늘어나고 고품질의 오디오와 동영상 등을 지원하는 게임들이 등장하고 있었다. 닌텐도는 슈퍼 패미콤의 성공 공식인 롬 카트리지 독점을 통한 라이센스와 닌텐도의 충성 고객층을 대상으로 한 게임으로 근근이 유지하는 상황에 처한다.

소니는 2000년, 플레이스테이션2를 발매한다. 플레이스테이션2는 2013년까지 무려 13년 동안 판매하면서 최대 판매량을 자랑하는 게임기가 된다. 플레이스테이션2는 DVD를 저장 매체로 사용했으며, 게임 이외에 영화 DVD 플레이어 기능을 지원한다. 당시 비디오테이프가 디지털 매체인 DVD로 넘어가는 과도기였으며, DVD 플레이어 가격은 아직 높은 편이었다. 초기 플레이스테이션2가 발매되었을 때, DVD 플레이어에 비해서 플레이스테이션2는 상대적으로 가격이 저렴했기 때문에 DVD 플레이어 대용으로 구매하는 사람들이 많았다. 소니 플레이스테이션2는 발매 후 1주일 동안 DVD 플레이어 누적 판매량 보다 많이 팔렸다.

지금은 가정용 게임기를 단순히 게임 카테고리로 분류하지 않고, 홈 엔터테인먼트 기기로 분류하고 있다. 현세대의 게임기들은 게임 이외에도 영화를 내려받아 보거나 TV 프로그램을 보거나 넷플릭스를 보는 것도 가능하다. 이런 측면으로 볼 때 플레이스테이션2는 홈 엔터테인먼트 인터페이스로서 처음 시도된 기기로 볼 수 있다.

비록 그 분야가 DVD 감상이라는 제한된 영역에 불과했지만 이는 향후 마이크로소프트의 엑스박스Xbox 같은 게임기에 영향을 미쳤다. 현재 플레이스테이션4프로가 출시되었으며 소니는 3시리즈부터 고용량의 저장 매체인 블루레이 디스크Blu-ray Disc, BD를 지원한다. 플레이스테이션2와 유사하게 블루레이 디스크로 발매된 고화질의 영화나 동영상을 감상할 수 있다. 현재까지 게임기 시장에서 소니, 마이크로소프트, 닌텐도는 하드웨어 성능 경쟁을 하고 있으며, 상대방의 강점을 모방하여 유사한 기능을 추가하기도 하고 경쟁사보다 뛰어난 새로운 요소를 제공하기 위해서 노력한다. 현재까지도 게임기 전쟁은 계속되고 있다.

[소니 플레이스테이션 2]

게임기 역사는 향후 다루게 될 게임기와 인터페이스의 이해를 돕기 위한 부분이다(게임기 역사 자체에 대해서는 다른 책에서 많이 다루었기 때문에 관련된 책을 참고하기 바란다). 게임기 역사에서 인터페이스의 역할을 살펴보면, 닌텐도와 같이 저장 매체소프트웨어와 하드웨어의 인터페이스로 롬 카트리지를 고집하면서 실패를 맛보기도 하고 소니 플레이스테이션처럼 CD를 전격적으로 도입하여 성공을 이루기도 한다.

게임기 성공에 있어서 인터페이스가 끼친 영향은 얼마나 될까? 게임기에 있어서 가장 중요한 요소는 게임기의 성능과 이를 지원하는 다양한 게임 타이틀이라는 점은 앞서 얘기한 것처럼 당연하다. 그러나 이러한 공식이 꼭 일치하는 것만은 아니다. 앞으로는 이러한 요소 이외에 인터페이스 혁신을 통해서 성공한 사례를 자세히 살펴볼 예정이다.

닌텐도,
닌텐도 DS로
날아오르다

가정용 게임기 시장이 크게 성장하면서 휴대용 게임기가 개발되고, 새로운 휴대용 게임기 시장이 형성되기 시작한다. 휴대용 게임기의 사용자는 가정용 게임기와는 조금 다른 양상을 보였다. 휴대용 게임기는 제한된 하드웨어로 인해서, 성능도 떨어지고 배터리 지속시간도 짧다. 이러한 제약으로 인해서 게임은 단순한 요소를 중심으로 개발되었고 짧은 플레이 타임을 가진 게임들이 주류를 이루었다. 이런 특징으로 인해서 초등학생이나 여성층 등 기존의 하드 게이머와는 조금 다른 게임층이 형성된다.

닌텐도는 1989년, 게임보이와 테트리스를 출시하면서 본격적인 휴대용 게임기 시장을 열었다. 초기에는 예상보다 뛰어난 하드웨어 성능(당시의 다른 가정용 게임기와 비교하여)으로 인해서 발매 후 매진을 기록하며, 그 후 포켓몬이라는 킬러 타이틀의 출시로 2001년까지 약 1억 2천만 대의 판매량을 기록한다. 닌텐도는 게임보이와 게임보이 어드밴스를 지속적으로 출시하며 휴대용 게임기 시장에 대한 지배력을 공고히 하고 휴대용 게임기가 가져야 할 요소와 인터페이스에 대해 정립한다.

[닌텐도 게임보이]　　　　　　　　[닌텐도 DS]

　방향키로 조정하고 게임 시작과 선택 버튼, 게임에 사용할 버튼(2개, 차후 점차로 늘어난다) 등 기본 인터페이스와 게임 타이틀을 변경할 수 있는 롬 카트리지 등은 사실상 표준이 되었다. 닌텐도 게임보이가 나오기 전의 휴대용 게임기는 게임 자체가 하드웨어에 통합되어 있어 새로운 게임을 위해서는 해당 게임이 내장된 다른 게임기를 구매해야만 했다. 게임보이 발매 이후로 가정용 게임기처럼 게임 타이틀을 구매하여 카트리지를 변경함으로써 새로운 게임을 실행할 수 있게 된 것이다.

　2014년 12월 2일, 닌텐도는 닌텐도 DS를 발표한다. 이에 대항하여 소니는 같은 해 12월 12일에 플레이스테이션 포터블PSP을 발매한다. 소니의 PSP가 UMD라는 광학저장 매체를 사용하고, 가정용 게임기인 플레이스테이션2와 성능이 유사하다. 그런데 닌텐도 DS는 이보다 떨어지는 성능에 하단에 터치가 가능한 스크린을 내장한 게임기를 발매한다(닌텐도 DS의 DS는 Dual Screen을 의미한다는 설이 가장 널리 알려져 있다).

　또한 소니는 PSP에 인터넷 접속 기능도 있고, 동영상 재생 기능과 DMB 시청 기능까지 넣으면서 본격적인 휴대용 엔터테인먼트 기기로 포지셔닝한다. PSP가 압도적인 성능과 다양한 기능을 무기로 닌텐도 DS를 쉽게 물리치고 휴대용 게임기 시장의 강자로 자리 잡을 것이라는 예측이 지배적이었다.

그러나 이런 예측과는 다르게 닌텐도 DS는 전 세계적인 성공을 거두면서 닌텐도를 다시 한 번 게임계의 대표적인 회사임을 강하게 알렸다. 약 1억5천만 대의 판매량을 달성했을 뿐만 아니라 역대 게임기 중 판매량 2위를 기록한다. 판매량 1위인 소니의 플레이스테이션2와 비교해도 약 1백만 대 정도의 차이가 있으며, 휴대용 게임기 시장으로 한정하면 압도적인 1위를 차지한다. 소니의 PSP와 비교하면 약 2배 정도의 판매량 차이를 보인다. 닌텐도 DS는 PSP 대비하여 부족한 성능과 기능에도 불구하고 PSP를 물리치고 성공을 거둘 수 있었을까? 이미 소니가 플레이스테이션을 출시하면서 게임기 시장은 소니와 닌텐도가 절대 강자로 부상한 상태였기 때문에 닌텐도 브랜드만으로 승리했다고 생각하기는 어렵다.

닌텐도 DS의 성공에는 인터페이스 혁신이 가장 큰 원동력이다. 먼저 휴대용 게임기는 기기 성격상 휴대해야 했기 때문에 디스플레이를 무한정 키울 수는 없다. 휴대성을 고려하고 게임을 실행할 때 가독성을 고려하여 최적의 크기로 제작해야 한다. 닌텐도 DS 이전의 게임기들은 이러한 요소를 고려했을 때도 화면 크기가 그리 크지 않았다.

이에 닌텐도는 일반적인 사고 자체를 완전히 바꾸어 버린다. 작은 화면을 위, 아래에 배치하고 서로 다른 내용을 실어서 넓은 화면과 새로운 경험을 제공한다. 상단이 게임에 대한 화면이라면 하단은 각종 정보와 추가 입력을 할 수 있는 장치로 고안되었다. 여기에 더 나아가서 하단에 감압식 터치 인터페이스를 추가함으로써 게임 진행 자체를 근본적으로 다시 생각하게 만들어 버린다. 또한 새로운 인터페이스에 최적화된 닌텐독스와 매일매일 두뇌 트레이닝 같은 킬러 타이틀이 결합함으로써 소니 PSP와의 경쟁에서 승리한다.

닌텐도 DS는 게임 층을 여성과 중·장년층으로 확대하면서 성공한다. 기존의 가정용 게임기가 남성과 하드 게이머를 중심으로 성장을 했다면, 닌텐도 DS는 아기자기한 게임성과 여성과 중·장년층이 선호할 만한 게임을 중심으로 발매하면서 게임이 가진 부정적인 인식을 상당히 해소하면서 가볍게 즐길만하다는 인식을 심었다. 이에 비해서 소니의 PSP는 뛰어난 성능과 최고의 화질을 자랑하는 화면을 제공하면서 게임 마니아층을 타깃으로 정한다.

또한 MP3, 동영상 재생, DMB 시청 등 다양한 기능을 부가하면서 새로운 포지셔닝을 시도한다. PSP는 기기의 판매량에 비해서 게임 타이틀 판매량이 적은 양상을 보였다. 실제로 버튼이 많아서 게임 조작 방법이 복잡했으며, PSP를 지원하는 게임 타이틀이 부족하기도 했지만, 당시에 유행하던 PMP에 대비하여 성능이 뛰어났기 때문에 PMP의 용도로 사용하는 사용자가 많았다. 국내의 경우도, PSP 전용으로 동영상을 공유하는 게시판도 많았으며, PSP를 PMP 대체 용도로 사용하는 경우도 많았다. PSP는 휴대용 전용 게임기라는 기기를 다른 용도로 사용할 수 있는 새로운 인터페이스로 시도했다는 점에서 실패로 보기는 어렵다. 판매량 자체도 닌텐도 DS에 비해서는 반 정도에 불과하지만 의미 있는 실적을 기록한 것은 분명하다.

당시에는 가정용 게임기나 휴대용 게임기가 하드웨어 성능을 기준으로 얼마나 뛰어난 기기인지가 경쟁의 주요한 요소였다. 닌텐도 DS의 성공은 게임의 본질에 쉽게 접근할 수 있는 인터페이스 혁신을 통해서 충분히 극복이 가능하다는 점을 보여준 것이다. 이러한 닌텐도의 인터페이스 혁신에 대한 학습효과는 닌텐도 위Wii라는 가정용 게임기에도 그대로 적용하면서 전 세계적인 열풍을 불러온다.

물론 단순히 인터페이스 혁신만으로 닌텐도 DS가 성공했다고 볼 수는 없다. 이런 인터페이스를 지원하는 최고의 게임 타이틀이 결합함으로써 성공을 이끌어 냈다는 점을 간과할 수는 없다. 즉, 뛰어난 인터페이스와 이를 활용한 게임으로 닌텐도 DS가 성공했다. 현재는 터치 인터페이스를 제공하는 스마트폰이 휴대용 게임기 시장을 대체하고 있다. 스마트폰 게임의 초창기에는 닌텐도 DS처럼 터치 인터페이스에 최적화된 게임과 가볍게 즐길 수 있는 게임 위주로 성장했다. 이제는 PSP처럼 뛰어난 성능을 기반으로 하드 게이머까지 아우를 수 있는 게임들이 출시되면서 휴대용 게임기 시장은 쇠퇴한다.

새로운 인터페이스로 승부를 건 닌텐도 위Wii

닌텐도는 소니 플레이스테이션이 가정용 게임기 시장을 장악한 이후로 암흑기를 겪는다. 소니의 플레이스테이션이 CD를 게임 타이틀 매체로 선택하여 서드 파티 개발사가 적극적으로 참여하는 모습을 지켜보았던 닌텐도는 그럼에도 불구하고 롬 카트리지를 고집한다. 롬 카트리지는 저장 용량도 CD에 비해서 적었을 뿐만 아니라 이에 따르는 제작 비용도 꽤 들었고 여기에 닌텐도에 지급해야 하는 라이센스 비용도 비쌌다.

이에 비해서 소니나 마이크로소프트는 개발자 등록에도 적은 비용을 책정하고, CD나 후에 DVD를 저장 매체로 사용하여 별도의 라이센스 비용이 없이 저렴하게 게임을 출시할 수 있도록 지원한다. 여기에 더 나아가서 닌텐도가 개발에 필요한 각종 자료나 정보를 공개하는데 적극적이지 않았다면, 소니와 마이크로소프트는 개발자들이 쉽게 개발 할 수 있도록 라이브러리를 공유하였다. 이러한 이유로 닌텐도의 많은 서드 파티는 플레이스테이션이나 엑스박스용 게임 개발로 이주하게 된다. 닌텐도는 개발사들이 떠나면서 점차 자사에서 개발한 게임 타이틀 위주로 게임을 개발하는 회사로 전락한다.

　마이크로소프트가 가정용 게임기 시장에 진입한 후로 가정용 게임기 시장은 뛰어난 성능과 그래픽으로 무장한 고성능 게임기의 경쟁의 장이 된다. 닌텐도는 게임큐브와 게임큐브 64로 잃어버린 가정용 게임기 시장을 되찾고자 노력하지만, 마이크로소프트의 엑스박스 360과 소니의 플레이스테이션3와 같은 고성능 게임기에 비해서 뒤떨어지는 성능과 부족한 게임 타이틀로 인해서 연이은 실패를 맛본다.

　이에 닌텐도는 완전히 새로운 접근법을 취한다. 가정용 게임기 시장은 이미 고성능 게임기 경쟁에 의해서 닌텐도가 뛰어들어서는 승산이 없다는 결론에 도달하고 고성능 게임기와 경쟁이 아닌 새로운 블루오션을 개척하기로 결정한다. 2006년 11월 10일, 닌텐도는 미국에서 닌텐도 위Wii를 발매한다. 하드웨어 성능은 다른 경쟁기기에 비해서 크게 떨어지지만 모션 센서가 적용된 체감형 컨트롤러를 중심으로 완전히 새로운 게임기 인터페이스를 제공한다. 고성능 게임기를 이용하는 게

[닌텐도 위Wii]

이머들은 고화질의 그래픽과 뛰어난 효과 등 점점 화려하고 복잡한 게임을 즐기는 하드 게이머로 볼 수 있다. 이에 비해서 닌텐도 위는 기존에 가정용 게임기를 많이 사용하지 않았던, 여성과 어린이 및 중·장년층 등 라이트 게이머를 시장에 참여시킴으로써 폭발적인 판매량을 기록하면서 시장에서 1위를 차지하게 된다.

닌텐도 위의 모션 컨트롤러는 게임기 인터페이스로서 모션 센서를 이용한다. 기존의 가정용 게임기가 게임 방식이나 조작 방식이 복잡했는데 이 컨트롤러로 쉽게 게임을 익히고 즐길 수 있게 되었다. 예를 들면 위 스포츠^{Wii Sports}의 테니스는 라켓을 휘두르는 움직임을 취하면, 모션 컨트롤러가 사용자의 움직임을 인식하여 게임상의 공을 치게 만들어 준다. 이러한 특징으로 인해서 닌텐도 위용으로 발매된 게임들은 스포츠나 가볍게 즐길 수 있는 게임들이 많았다. 닌텐도 위는 직관적인 인터페이스를 제공해 줌으로써 가족과 함께 또는 혼자서 가볍게 게

[닌텐도 위 광고]

임을 즐기려는 새로운 게이머들을 TV 앞으로 그러모았다. 닌텐도 위는 경쟁사에 비해서 하드웨어적으로 불리한 부분을 과감하게 포기하고 인터페이스 자체를 혁신함으로써 성공한다. 또한 기존의 고성능 게임기의 내용이 복잡하고 하드코어하여 게임을 부정적으로 보는 인식이 있었다. 이를 게임으로 온 가족이 모여서 건전하게 즐길 수 있다라고 바꾸어 주었다.

마이크로소프트나 소니는 닌텐도 위가 성공하는 시장을 보면서 체감형 게임 인터페이스가 중요함을 깨닫는다. 하드웨어적으로 뒤처지고 게임 자체의 그래픽 성능도 떨어지지만 모션 컨트롤러라는 인터페이스를 제공함으로써 위가 가진 단점에도 불구하고 시장에서는 엄청난 성공을 거둔 것이다. 이에 소니와 마이크로소프트는 다양한 체감형 주변 기기를 출시한다. 닌텐도 위는 게임기에 있어서 새로운 인터페이스 혁신을 통해서 시장에서 성공할 수 있다는 점을 명확하게 보여준 사례이다.

그러나 닌텐도 위가 계속 성공하지 못하고 마이크로소프트와 소니가 닌텐도 위의 시장 점유율을 추월한다. 새로운 인터페이스를 제공하여 시장에 성공적으로 안착하고 닌텐도 자체에서 개발한 다양한 게임들은 성공하지만 서드 파티 개발사를 유인하여 지속적으로 게임을 공급하는 데 실패한다. 닌텐도 위용으로 게임을 개발하기 위해서는 기존에 엑스박스나 플레이스테이션용으로 개발된 게임을 새로운 인터페이스에 맞게 개발해야 했으며, 닌텐도 위가 성능이 낮아 이마저도 쉽지 않았다. 닌텐도 위만을 위해서 게임을 개발한다면 빠르게 개발이 가능했겠지만, 이미 닌텐도 위의 등장 이전에 많은 게임사들이 엑스박스와 플레이스테이션용으로 게임을 개발하던 게임사이었기에 결국 닌텐도 위를 위해서 새롭게 게임을 만드는 것을 포기하고 만다.

닌텐도 위는 이러한 상황 속에서 점점 판매가 줄고 새로운 히트 게임이나 가정용 게임기를 출시하지 못하게 되면서 2013년에는 단종하고 주가도 약 8분이 1 수준으로 하락하면서 다시 암흑기를 겪는다.

게임기와 운동의 절묘한 조합, 그 성공 이유

2007년 12월, 닌텐도는 게임기 역사상 가장 특이한 컨트롤러를 출시한다. 닌텐도 위에서 실행할 수 있는 '위핏Wii Fit'이라는 게임 타이틀을 발매하면서 밸런스 보드라는 이색적인 콘셉트의 컨트롤러를 함께 발매했다. 게이머는 밸런스 보드를 통해서 몸의 균형, 몸무게, BMI를 동시에 측정하고 이를 기반으로 운동량을 설정하여 성과를 확인할 수 있다. 밸런스 보드를 이용하여 요가, 근력 트레이닝, 유산소 운동 및 밸런스 게임을 하면서 설정한 목표를 그래프로 보여주며 운동을 진행할 수 있게 해준다. 2012년 3월, 전 세계 판매량은 2천2백만 대를 넘어섰으며,

[닌텐도 위핏Wii Fit]

닌텐도 위 게임 중에 여섯 번째로 많이 팔린 게임으로 기록된다.

닌텐도 위핏은 건강 게임이라는 새로운 장르를 개척하면서 약 20억 달러 이상의 시장을 창출하기에 이른다. 영국의 저명한 기술전문지 T3는 위핏을 2008년에 올해의 게임기로 선정할 정도로 반응은 긍정적이었다. 닌텐도의 위와 위핏의 성공은 게임기에 새로운 인터페이스 혁신을 시도함으로써 그동안 가정용 게임기가 주는 인 좋은 인식을 한 번에 개선하면서 가족과 함께 즐길 수 있는 게임기로 포지셔닝 했기 때문이다. 실제로 위핏을 통해서 운동 효과를 체감할 수 있는지에 대해서는 논란의 여지가 많다. 닌텐도가 주장하는 것과는 다르게 큰 효과가 없다는 점은 많은 연구에서 증명되었다(이를 연구할 정도라면 위핏이 큰 영향력을 발휘했다는 점을 방증하고 있다). 그렇지만 위핏은 닌텐도에 있어서는 판매량에 따른 매출의 증대뿐만 아니라 닌텐도 브랜드를 강화하는 데 커다란 역할을 하였다는 점을 간과할 수는 없다.

닌텐도 위가, 게임기는 혼자서 어두컴컴한 방에서 게임에 중독된 사람들이 하는 것이라는 인식을, 거실에서 가족 모두가 동참하여 즐길 수

[닌텐도 위핏Wii Fit 국내 광고]

있는 것이라는 인식으로 바꾸어 놓는 데 성공했다. 여성층, 중·장년층을 닌텐도 위 앞으로 끌어들이는 데 성공했다면, 위핏은 게임기를 활용해서 실제로 운동할 수 있다는 콘셉트에서 출발하여 밸런스 보드라는 인터페이스를 제공함으로써 이를 현실화시킨 것이다. 요가나 유산소 운동 등도 있지만 가족과 즐길 수 있는 밸런스 게임도 포함되었다.

이후 위핏 플러스Wii Fit Plus를 발매하여, 다른 게임에서도 밸런스 보드를 이용하여 게임을 즐길 수 있도록 확장된다. 예를 들면, 동계 올림픽 게임에서 스키를 탄다거나 스노보드를 탈 때 밸런스 보드를 컨트롤러로 사용함으로써 더 현실감 있게 게임을 즐길 수 있도록 해준다. 사용자가 위의 모션 컨트롤러로 인터페이스를 체감했다면 위핏 플러스 밸런스 보드에서 현실에 근접한 경험을 할 수 있다.

닌텐도 위, 닌텐도 DS, 위핏에 이르기까지 닌텐도는 소니나 마이크로소프트와 직접적인 하드웨어 경쟁을 벗어나서 폭력적이지 않으면서 새로운 인터페이스를 통해서 블루오션을 지속적으로 개척해 나간다. 닌텐도는 하드웨어 경쟁에서 뒤처지고 서드 파티의 외면으로 암흑기를 겪었다. 그렇지만 항상 새로운 인터페이스를 고민하면서 시장에서 성공할 수 있다는 기업 문화가 정착하게 된다.

게임 시장의 체험 인터페이스 역사

1985년, 세가는 행온Hang-On이라는 모터사이클 경주 게임에서 모터사이클과 같은 기기를 직접 조정하는 느낌이 드는 인터페이스를 세계 최초로 출시한다. 이를 시작으로 아케이드 게임 개발사들이 체감형 게임을 진행할 수 있는 인터페이스를 적극적으로 도입한다. 레이싱 게임, 사격게임, 악기 연주 게임, 리듬 댄스 게임 등에 새로운 인터페이스가 등장하여 사용자들은 재미와 함께 현실에서 경험하기 힘든 것들을 체험할 수 있다.

DDRDance Dance Rovolution과 PIUPump It Up과 같은 댄스 게임은 1998년도부터 2000년대 초반까지 당시 유행하던 유로 댄스의 열풍에 힘입어 크게 성공했다. 화면에 맞추어서 바닥에 설치된 인터페이스의 화살표를 밟으면 되는, 쉽고 간단한 게임성과 실제로 많은 운동량이 필요한 점이 다이어트 열풍과 맞물려서 대중에게 인기를 얻는다. 국내에도 도입된 후에는 커다란 열풍이 불었으며 공중파에서 DDR 대회를 방영하는 등 큰 반향을 불러일으킨다. 또한 PC의 발전과 더불어서 전용 컨트롤러를 PC에 연결해서 게임을 플레이 하는 사람들까지 생기기도 한다.

[세가 행온게임 화면과 체험용 오토바이 컨트롤러]

전용 컨트롤러는 아케이드 게임장에서 설치된 화려한 인터페이스와는 많은 차이가 있었으며 저렴한 소재로 제작되어서 장판이라는 별칭으로 불리기도 했다.

체감형 게임은 군사나 항공 등에서 사용하던 시뮬레이션에서 그 유래를 찾을 수 있다. 군사나 항공 분야에서 직접 전투기나 항공기를 조정하기 전에 특정한 상황에 대처하기 위해서 시뮬레이션 장비로 훈련을 하도록 개발되었다. 그러나 워낙 장비가 고가이기 때문에 특정 분야에만 사용된다. 이에 비해서 체감형 게임은 비록 다른 게임 인터페이스에 비해서는 고가이기는 했지만 충분히 사용자의 관심을 끌어낼 수 있었고, 독특한 경험을 제공할 수 있었기에 지금까지 일부가 꾸준히 개발되고 그 명맥을 유지하고 있다.

닌텐도 위는 위모트라는 독특한 게임 컨트롤러에 모션 센스를 내장함으로써 체감형 게임을 가정용 게임기 시장에 본격적으로 도입하여 커다란 성공을 거두었다. 소니의 플레이스테이션이나 마이크로소프트의 엑스박스도 기본 컨트롤러 이외에 새로운 인터페이스를 통해서 게임을 재

[반다이 남코의 태고의 달인]

미있게 진행할 수 있는 다양한 컨트롤러를 제공한다. 슈팅 게임을 즐길 수 있도록 해주는 총기류 모양의 컨트롤러라든가, 자동차 게임을 위한 운전대와 유사한 컨트롤러 등 독특한 컨트롤러가 있다.

2005년, 레드옥테인사와 하모닉스사가 발매한 기타 히어로라는 게임은 기타 모양의 전용 컨트롤러를 사용해서 진행하는 게임이다. 국내에는 일부 마니아층에만 알려졌지만 기타 히어로는 전 세계적으로 성공한 리듬 액션 게임이며, 독특한 컨트롤러뿐만 아니라 독특한 게임성으로 널리 알려져 있다. 2006년, 게임 유통사인 액티비전은 레드옥테인사를 1억 달러에 인수한다. 하모닉스사는 같은 해에 엠티브이MTV에서 인수를 한다. 기타히어로 1편은 약 4천5백만 달러의 매출을, 2편은 약 2억 달러의 매출을 기록한다. 3편은 약 3백50만 카피가 팔려서 가정용 게임기 타이틀 최초로 10억 달러 이상 매출을 기록한 게임이다. 기타 히어로의 이런 성공으로 말미암아 문화적으로도 많은 영향을 미치

[기타 히어로 컨트롤러]

기도 한다. 어린이 기타 교육에 사용되기도 하고, 재활 도구로 사용되는 등 건강과 치료 영역에 이용되기도 한다. 기타 히어로는 전용 컨트롤러를 함께 구매해야 하며 비용도 다른 게임에 비해서 상당히 높다.

체감형 게임의 등장으로 게임에 있어서 인터페이스의 비중이 급격하게 커졌다. 국내의 유명한 스크린 골프 게임인 골프존은 이러한 체감형 게임을 다양한 센서 기술을 이용하여 실제와 유사한 경험을 할 수 있는 수준까지 높였다. 실제 골프 필드와 유사하게 제작된 스크린에 골프공을 클럽으로 치면, 센서가 각도, 거리 등을 계산하여 스크린에 위치를 표시한다. 실제 골프에서 공이 있는 위치까지 이동하는 것을 제외하면 실제와 유사하다. 골프존 게임은 사실적인 인터페이스, 스크린과 센서 기술의 발달로 진일보한 경험을 제공해서 성공했다.

스크린 골프나 스크린 야구와 같이 체감형 게임의 성공이 시사하는 바는 실제와 유사한 인터페이스 제공과 뛰어난 사용자 경험 결합의 중요성이 점점 높아지고 있다는 것이다. 이는 닌텐도의 라보와 같은 프

[골프존의 가상 골프 게임 모습]

로젝트에서 유사한 인터페이스와 경험을 가정용 게임기에 도입하려는 시도와 일맥상통하는 현상으로 볼 수 있다. 최근 VR^{Virtual Reality} 시장이 점점 커지고, 게임이 VR에 있어서 킬러 애플리케이션으로 부상한 것도 VR이 현실처럼 느껴지는 게임 경험을 제공해 줄 수 있는 최적의 인터페이스이기 때문이다. 게임의 재미를 극대화해 줄 수 있는 인터페이스를 제공하는 것은 점점 게임 시장의 성공에 핵심 요소로 작용할 것이다.

인터페이스 없는 자연스러운 인터페이스

닌텐도 위의 성공으로 가정용 게임기 시장의 경쟁자인 소니와 마이크로소프트는 기존의 게임 컨트롤러 이외에 새로운 인터페이스를 개발해야 하는 상황에 놓인다. 닌텐도가 모션 센서를 내장한 인터페이스를 통해서 새로운 고객층을 확보하고 성공하는 모습은 경쟁사에는 커다란 위협이었다. 소니는 무브아이 카메라로 추적하는 차세대 모션 컨트롤러무브 컨트롤러를 2009년에 E3에서 발표한다. 마이크로소프트는 같은 해 E3에서 진보된 프로젝트 나탈을 선보인다.

닌텐도 위나 소니의 무브 아이가 모션 인식을 위해서 별도의 컨트롤러 인터페이스가 있지만, 마이크로소프트의 프로젝트 나탈은 깊이를 측정하고 사용자의 움직임을 인식할 수 있는 카메라로 별도의 컨트롤러 없이 조작할 수 있다. 닌텐도와 소니가 물리적인 인터페이스를 통해서 동작을 인식한다면, 프로젝트 나탈은 동작 인식을 위해서 별도의 물리적인 인터페이스가 존재하지 않았다. 카메라에 내장된 깊이 센서에서 적외선으로 사람의 움직임을 3차원으로 인식하고 이 정보와 음성 인식 센서를 바탕으로 인터페이스할 수 있도록 설계되었다. 프로젝트

[소니 플레이스테이션용 아이 카메라와 무브 컨트롤러]

나탈은 2010년, 키넥트라는 이름으로 엑스박스 360용 인터페이스로 정식 발매가 이루어진다. 마이크로소프트는 다른 회사에서 키넥트를 인터페이스로 이용하여 게임 등을 개발하기 위한 SDK^{Software Development} Kit을 배포하는데 여기서 NUI^{Natural User Interface}라는 용어를 사용한다.

NUI는 기존의 인터페이스와는 다른 방식으로, 말 그대로 자연스럽게 사람과 오감을 통해 소통할 수 있도록 해주는 것을 의미한다. 즉, 사람의 동작, 말, 시선 등 사람과 사람 사이에 자연스럽게 소통하던 방식을 그대로 사용하는 인터페이스를 의미한다. 키넥트는 음성과 사람의 동작을 인터페이스로 사용할 수 있었기 때문에, 그런 의미에서 NUI라는 용어를 사용한 것이다. 키넥트가 NUI를 최초로 적용한 인터페이스 주변 기기는 아닐지라도 본격적으로 사용하는 데 커다란 영향을 끼친 인터페이스임은 분명하다.

그전까지 우리가 컴퓨터나 전자기기와 소통하기 위해서는 하드웨어적인 인터페이스가 필요했다. 컴퓨터 입력을 위해서 키보드나 마우스가 필요했고, MP3나 전화를 이용하기 위해서는 버튼과 같은 인터페이

[키넥트 광고 화면]

스가 필요했다. 가정용 게임기 시장에 있어서도 닌텐도 위나 소니의 무브 아이는 손에 컨트롤러를 가지고 있어야만 동작 인식을 통한 체감 게임을 진행할 수 있었다. 이에 비해서 마이크로소프트의 키넥트는 키넥트라는 장비만 설치하면, 음성과 동작을 감지하여 체감형 게임을 즐길 수 있게 된 것이다.

키넥트는 2010년에 발매할 때부터 2017년에 단종될 때까지 약 3천5백만 대가 판매되었으며, 기네스북에 가장 빠르게 많이 팔린 가전기기 1위를 차지한다. 키넥트는 엑스박스 360의 주변 인터페이스 기기로 전용 게임과 함께 출시되었으며, 게임뿐만 아니라 다양한 분야에서도 활용되었다. 5명으로 구성된 마이크로소프트 연구소 팀은 키넥트를 이용하여 사람의 모션을 캡처하여 3D데이터로 저장할 수 있는 기술로 2011 맥로버트 어워드에서 수상하였다. 많은 개발자가 키넥트를 이용하여 새로운 기술을 연구하기 시작했다. NASA에서는 2013년에 오큘러스 리프트VR 기기와 키넥트를 이용하여 로봇팔 제어를 시뮬레이션하는 데 사용하기도 했다.

키넥트가 발매된 당시의 음성 인식이나 동작 인식 기술은 현재처럼 정교하지는 않았다. 현재는 별도의 모션 인식을 위한 적외선 장비가 없이도 일반 카메라만으로도 어느 정도 구현이 가능하다. 물론 정교한 동작 인식을 위해서는 별도의 장비가 필요하기는 하지만 사람의 동작은 현재까지 개발된 하드웨어와 소프트웨어 성능으로도 감지할 수 있다.

예를 들면, CCTV는 사람들이 동작을 감지하여 특정 지역에서 동작이 일어난다면 그쪽을 자세히 녹화하는 기능 등이 있다. 또한 삼성전자의 스마트 TV에는 음성 인식과 동작을 인식할 수 있는 인터페이스가 내장되어 판매되기도 했다. 키넥트처럼 별도로 사람이 직접적으로 입력Input을 하지 않아도 기기와 인터페이스할 수 있는 기술은 점차 널리 사용되고 있으며 다양한 분야에서 활용된다. 동작을 감지하여 자동으로 전등이 켜지고 꺼지는 기능은 그 편리함과 전기료 절약과 같은 부가적인 장점으로 인해서 현재는 일반화되어 있다.

NUI의 연구와 기술은 키넥트 이전에도 활발하게 진행되고 있었지만 키넥트가 최초로 상업적으로 커다란 성공을 거둔 한 예가 될 수 있다. 나중에 다시 다루겠지만 삼성전자 스마트 TV에도 음성과 동작 인식 인터페이스가 내장되어 있지만 이런 NUI가 시장에서 환영받지는 못했다. NUI의 성공에는 기술 자체 고도화라는 장벽이 존재하지만 인간이 필요로 하는 기능을 자연스럽게 인간과 상호작용할 수 있다면 많은 장점을 제공해 줄 수 있을 것이다. 이는 앞으로도 NUI가 추구하는 방향이기도 하다.

2011년, 포드사는 디트로이트 모터쇼에서 스마트 키를 가진 채로 차

[포드사의 핸즈프리 파워 리프트게이트]

의 트렁크 밑에 발을 대면 자동으로 트렁크 문을 열어주는 기능을 소
개한다. 자동차 트렁크의 용도는 짐을 싣기 위한 것이며, 때에 따라서
는 짐이 많거나 클 수도 있다. 보통은 트렁크 앞에 짐을 내려놓고 트렁
크를 연 후에 짐을 싣는 일을 해야 했다. 포드는 이러한 불편함을 없애
기 위해서 손을 이용할 수 없을 시에 트렁크 밑에 동작 감지 센서를 내
장한것이다. 현재는 자동차 트렁크에 핸즈프리 파워 리프트게이트라는
이름으로 장착되어 출고된다. NUI가 결국 사람이 자연스럽게 소통하던
방식으로 효용성과 편리함을 제공해야 성공할 수 있다고 보여주는 좋은
예이다.

2016년 7월 6일, 닌텐도는 호주, 뉴질랜드, 미국을 시작으로 포켓몬 고라는 스마트폰용 게임을 점차 전 세계에 출시한다. 출시한 후 15일 만에 포켓몬 고의 폭발적인 다운로드로 닌텐도 주가는 120퍼센트나 폭등하며 6년 만에 최고가를 경신한다. 포켓몬 고 출시 이전까지 닌텐도는 암흑기를 겪고 있었다. 닌텐도 위의 초기 성공 이후 서드 파티가 위용 게임 개발에 적극적으로 참여하지 않으면서 회사의 매출은 급감한다. 닌텐도 자체로 개발한 막강한 지적 재산권 기반의 게임으로 회사를 유지하는 수준이었다. 닌텐도 위의 차세대 가정용 게임기로 개발된 위 유Wii U는 닌텐도 역사상 가장 저조한 판매 실적을 거두면서 어려움은 더욱 심해진다.

닌텐도의 위 유도 인터페이스 측면에서만 살펴보면 가정용 게임기로서는 새로운 시도이기는 했다. 닌텐도 DS에서 성공한 듀얼 스크린 인터페이스 전략을 차용하여, 게임 컨트롤러에 터치스크린을 내장하여 의욕적으로 발매한다. 그러나 이미 닌텐도 위부터 이탈하기 시작한 서드 파티는 닌텐도 위 유의 판매량이 적다는 이유로 플레이스테이션과 엑스박스용으로만 게임을 개발하게 된다. 캐쉬카우 역할을 하던 휴대용 게임기에도 스마트폰이 널리 보급되면서 스마트폰에 시장을 빼앗기며 고전하고 있었다. 닌텐도는 많은 전문가들이 닌텐도의 막강한 지적 재산권을 이용하여 스마트폰용 게임 시장에 진출해야 한다는 주장을 펼치지만 닌텐도는 그럴 의사가 없음을 공개적으로 밝히기도 했다.

포켓몬 고의 개발의 비하인드 스토리는 흥미진진하다. 구글의 일본 엔지니어는 매년 구글이 만우절 장난 프로젝트의 일환으로, 구글 맵에 전 세계에서 포켓몬이 출현하는 지역을 표시하고 포켓몬을 잡는 동영상을 제작하여 배포한다. 얼마 후, 전 세계적으로 1천9백만 조회 수를 기록할 만큼 선풍적인 인기를 얻는다. 2012년, 구글의 비밀 게임 개발 프로젝트 조직이었던 나이언틱 랩스는 위치기반 모바일 게임인 잉그레스를 출시하였다. 열렬한 지지층을 가진 게임이었지만 시장에서 성공적인 게임은 아니었다. 이에 나이언틱 랩스는 구글 만우절 동영상을

[나이언틱 랩스의 잉그레스 게임 화면]

본 후에 포켓몬을 잉그레스와 접목하면 어떨까 하는 아이디어를 떠올린다.

이러한 아이디어를 기반으로 포켓몬사의 CEO인 이시하라 츠네카츠와 미팅을 한다. 포케몬사의 CEO는 구글 나이언틱 랩스의 잉그레스의 지지자였으며, 성공 가능성을 예감하고 모회사인 닌텐도 CEO의 허락을 받아 낸다. 나이언틱 랩스는 닌텐도 포켓몬 지적 재산권을 기반으로 잉그레스를 결합한 게임을 개발한다. 구글의 비밀 프로젝트 조직이었던 나이언틱 랩스는 구글의 권유로 별도 독립회사로 분리되고, 구글, 닌텐도, 포켓몬컴퍼니가 투자하여 포켓몬 고를 출시한다.

스마트폰용 게임 시장에 진출하지 않겠다던 닌텐도는 새로운 인터페이스의 게임인 포켓몬 고를 통해서 스마트폰 시장에 첫 발을 내딛는다. 포켓몬 고는 발매되자마자 전 세계적인 열풍을 불러 일으켰다. 포켓몬고는 전 세계적으로 성공한 AR^{Augmented Reality-증강 현실}게임으로 많은 이슈를 불러 일으킨다. AR은 사용자가 눈으로 보는 현실 세계에 가상 물체나 정보를 겹쳐서 보여주는 기술이다. 스마트폰을 예로 들면,

[포켓몬 고 체육관 AR 화면]

[가구를 미리 배치해 볼 수 있는 이케아의 AR 애플리케이션]

스마트폰 카메라를 이용하여 각종 정보를 카메라 화면 위에 겹쳐서 보여주는 기술이다. 닌텐도의 역사를 살펴보면, 닌텐도는 새로운 가정용 게임기나 휴대용 게임기 출시 시에 새로운 인터페이스의 중요성을 인식했고 이에 대한 충분한 검토와 신기술 도입에 주저하지 않았다.

스마트폰용 게임 시장 진출에도 이와 유사한 전략을 취한다. 닌텐도가 가지고 있는 다양한 지적 재산권을 단순히 스마트폰용으로 출시하기 보다는 새로운 방식과 새로운 인터페이스를 중심으로 접근한다. 현재는 포켓몬과 마리오의 지적 재산권을 이용한 게임 2개가 출시되어 있다. 또한 자체적으로 스마트폰 게임에 대한 노하우가 부족하기 때문에 새로운 게임들은 스마트폰 경험이 있는 외부 개발사와 협력하여 개발하고 있다.

국내에서도 정식 출시되기 전부터 많은 이슈를 낳기도 했다. 포켓몬 고의 위치 정보는 구글 맵스와 연계되어 있는데, 구글 맵스의 국외 지도 반출 문제로 국내 출시가 늦어지고 있었지만, 속초에서 포켓몬 고를 실행할 수 있다는 소식에 많은 게이머가 속초로 포켓몬을 잡기 위해서 방문하는 현상이 발생했다. 속초는 포켓몬 고의 성지로 불리며, 해당 지역은 방문자가 늘어서 뜻밖에 경제적 효과를 누리기도 했다. 국내 출시 후 국내 포켓몬 고 사용자는 700만 명에 육박하는 것으로 조사되었으며, 많은 인기로 인해서 새로운 문화 현상이 발생하기도 한다.

포켓몬이 출현하는 지역스팟에는 스마트폰을 들고 있는 많은 사람들이 모여들기도 하고, 금지된 지역에 출몰하는 포켓몬 고를 잡기 위해 다른 사람들에게 피해를 주면서도 포켓몬 수집을 하기도 했다. 운전 중 게임을 하는 게이머가 사고를 내는 빈도가 잦아지면서 이런 게이머가 처벌되기도 했다. 포켓몬은 AR이라는 새로운 인터페이스 기술과 닌텐도의 포켓몬이라는 강력한 지적 재산권의 결합이 성공의 원동력이다.

AR 자체는 오래전부터 개발이 진행된 기술이며, 아이폰이 발표되고 스마트폰이 보급되면서 초기에는 신기하고 유용한 인터페이스로 인정 받았다. 그러나 신기하기는 하지만 실제로 실생활까지 커다란 영향을 미치지는 못하고 사람들이 관심에서 조금씩 멀어지고 있는 상태였다. 포켓몬 고가 AR 기술과 게임을 접목하여 커다란 성공을 거두자, AR은 다시 주목받기 시작한다. 이에 애플에서는 iOS에 에이알키트ARKit를 제 공하여 쉽고 빠르게 개발할 수 있도록 돕는 기술을 포함시키기도 한다.

대표적인 AR 애플리케이션으로는 이케아의 3D 가구 애플리케이션 을 들 수 있다. AR을 이용하여 직접 자신의 공간을 카메라로 비추면서 이케아의 가구를 배치해볼 수 있도록 구성되어 있어서 이케아 소비자 로부터 호응을 받는다.

포켓몬 고를 분석해보면, 기술적으로는 개발 난이도가 높은 게임으 로 보기 어렵다. 구글 지도와 GPS를 이용하며, 여기에 스마트폰 카메 라를 통해 AR 인터페이스를 통합하여 개발되었다. 포켓몬 고의 성공 은 기술적인 부분보다는 AR이라는 인터페이스와 게임이 추구하는 방

[포켓몬 고 플레이 화면]

향이 일치했기 때문이다.

포켓몬 고의 게임성은 수집과 성장, 팀을 통한 대결을 추구하는 데 있다. 포켓몬을 수집하기 위해서 특정 위치에서 AR 인터페이스로 포획하고 이를 통해서 캐릭터를 성장시킬 수 있도록 했다. 포켓몬 고 유행 당시에는 포켓몬이 많이 출현하는 지역에는 포켓몬을 하는 사람들이 모여 있었으며, 포켓몬을 잡기 위해서는 해당 위치까지 걷거나 뛰어서 직접 게이머를 움직였다. 닌텐도 위핏보다 포켓몬 고의 운동 효과가 더 좋았을 수도 있다. 여기에 다른 사람과 경쟁할 수 있는 요소와 SNS처럼 팀을 이루어서 소통하고 함께 게임을 즐길 수 있는 요소도 포함되어 있다. 즉, 포켓몬 고는 AR이라는 새로운 인터페이스 위에 게임과 닌텐도의 포켓몬이라는 지적 재산권이 결합하여 성공하게 된 것이다.

스위치,
게임기에 대한
고정관념을 깨다

저명한 시사 주간지 〈타임〉지는 매년 말 '부문별 10대 화제작'을 발표한
다. 2017년에 〈타임〉지는 소형기기 부분에서 '닌텐도 스위치'를 1위로
선정했다. 애플의 아이폰 X도 경쟁작이었지만, '언제나 어디서나'라는
접근법이 이 기계를 대박A True Knockout으로 만들었다고 묘사했다. 닌텐
도 스위치는 2017년 3월에 출시된 하이브리드 게임기로, 거치형 가정
용 게임기로 사용할 수 있으며 동시에 휴대용 게임기로도 사용할 수 있
다. 스위치 독은 고해상으로 TV나 대형 화면에 출력이 가능한 거치형
게임기로 사용 가능하고 스위치 콘솔은 이동 중에도 조이콘이라는 컨

[닌텐도 스위치]

트롤러를 이용하여 게임을 즐길 수 있는 휴대용 게임기가 된다. 기존의 게임기 시장은 가정용 게임기와 휴대용 게임기를 명확히 구분하고 서로 완전히 별개의 시장으로 고객층과 콘텐츠 등이 분리되어 있었다. 일부 TV 출력을 지원하는 휴대용 게임기가 존재하지만 가정용 게임기로 보기는 힘들고, 단순히 화면을 미러링해서 TV에 출력하는 부가 기능 정도라고 이해하면 된다. 닌텐도 스위치는 이런 개념이 아닌 휴대용 게임기와 가정용 게임기 두 영역을 모두 지원하는 본격적인 하이브리드 게임기이다.

닌텐도는 2017년 말에 스위치를 1,486만 대 판매하며, 1개월 만에 이전 가정용 게임기인 닌텐도 위 유$^{Wii\ U}$의 4년간 판매량 1,356만 대를 가뿐히 넘어선다. 한 분기 매출이 6조 2천억 원가량 발생하면서 지난해 같은 기간보다 175.5퍼센트나 상승한다. 닌텐도 스위치는 닌텐도 위의 장점을 계승하면서 닌텐도 위 유의 실패를 거울삼아 정교하고 뛰어난 인터페이스 혁신을 이루었기에 가능했다.

스위치 개발의 초점은 가정용 고성능 게임기를 휴대하면서 즐길 수 있도록 하는데 맞추었다. 위의 성공 요소인 모션 인식을 통한 체감형 게임기 요소와 위 유의 가정용 게임기와 모바일 게임기로의 융합 아이디어를 창의적으로 접목하는 데 성공했다. 처음 닌텐도 스위치에 대해서 발표했을 때는 많은 사람들이 실패를 점치기도 했다. 가정용 게임기인 소니의 플레이스테이션4나 마이크로소프트의 엑스박스 원$^{Xbox\ One}$에 비해서 상대적으로 성능이 떨어져서 게이머가 외면할 것이라고 했다.

또한 스마트폰의 성능이 좋아지고 스마트폰 게임이 주류로 떠오르

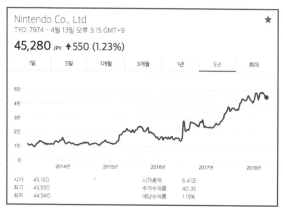

[닌텐도사의 주가 추이]

는 시점에서 휴대용 게임기의 미래는 암울할 것이라고 전망했다. 파격적인 분리형 컨트롤러와 다소 생소한 본체 결합형 시스템이 게임기 구입에 장애 요인으로 작용할 것이라는 점을 들었다. 즉, 개념이 생소하고 인터페이스가 복잡하여 실패할 것이라고 예측했다.

그러나 닌텐도 스위치는 다소 파격적이기는 하지만 사용자가 다양하게 선택할 수 있는 인터페이스를 제공함으로써 엄청난 성공을 거둔다. 모바일 CPU를 도입했기 때문에 다른 가정용 게임기에 비해서 성능이 뒤처질 것이라는 인식을 휴대용 게임기로서 가정용 게임기 수준에 근접하는 성능을 제공하는 게임기라고 바꾸었다. 당시까지 일반적인 소비자가 휴대용 게임기는 발매 후 4~5년 주기로 새로운 기기가 개발된다고 보았다. 이에 비해 휴대폰은 6개월에서 1년 주기로 비약적으로 성능이 향상되기 때문에 스마트폰이 게임기로서 성능이 훨씬 뛰어나리라 기대했다.

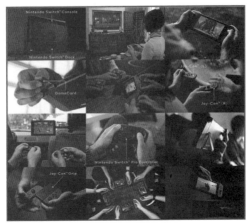

[닌텐도 스위치 다양한 방식의 게임 사용 예]

닌텐도 스위치는 이러한 인식을 가정용 게임기의 성능과 대비되는 휴대용 게임기로 포지셔닝하며 변화시키고, 스위치의 휴대용 게임기로서의 구매력을 높여준다. 또한 조이콘이라는 독특한 게임 컨트롤러 인터페이스를 통해서, 양손에 들고 동작 인식 기반의 게임을 할 수 있게 했고, 기존의 익숙한 가정용 게임기 컨트롤러처럼 결합해서 사용할 수 있도록 만들었다. 또한 스위치 콘솔과 결합하여 휴대용 게임기의 전용 인터페이스처럼 사용할 수도 있었다(스마트폰은 터치 중심의 게임 인터페이스를 가지고 있었으며 별도의 게임 전용 컨트롤러를 구매해야만 했다).

닌텐도 스위치는 앉아서도 서서도 사용할 수 있고, 눕거나 지하철에서도 사용할 수도 있었으며, 언제 어디서나 게임을 즐길 수 있도록 만들어 주었다. 스마트폰 게임이 터치 인터페이스 기반으로 터치에 특화된 게임을 즐길 수는 있지만, 버튼 등이 화면 내에 위치해야 하므로 게임 자체에 방해가 되기도 한다.

이에 비해서 닌텐도 스위치는 넓은 화면과 조이콘 결합으로 방향키와 다양한 버튼을 쉽게 조작할 수 있는 인터페이스를 통해 스마트폰 게임보다 뛰어난 게임 경험을 제공해 준다. 기존의 휴대용 게임기가 스마트폰 게임의 등장으로 시장이 축소되고 있었다면, 닌텐도 스위치는 오히려 뛰어난 성능과 게임기 자체의 인터페이스를 통한 재미와 사용자 경험을 제공하면서 휴대용 게임기 시장과 가정용 게임기 시장에서 성공할 수 있었다. 닌텐도 스위치의 성공에는 게임기 개념에 대한 재정립과 인터페이스 혁신 이외에도 닌텐도가 지닌 IP의 힘도 무시할 수 없다. 닌텐도가 보유하고 있는 슈퍼 마리오나 젤다의 전설 같은 게임이 스위치와 결합하여 커다란 시너지 효과가 발생했다.

2018년 1월 18일, 닌텐도는 유튜브를 통해 닌텐도 스위치 확장 프로젝트인 닌텐도 라보를 공개한다. 전 세계 닌텐도 팬, 가정용 게임기 마니아, 학부모가 닌텐도 라보를 공개 영상에서 보고 손꼽아 기다린다. 닌텐도 스위치는 게임 진행이 되는 스크린TV 출력용 독 또는 스위치 콘솔과 조이콘을 통해 컨트롤러 인터페이스를 분리하여 사용이 가능하다. 라보는 이를 더욱 확장한 개념으로, 도면이 그려져 있는 골판지를 조립하여 피아노·낚싯대·오토바이 핸들 등을 닌텐도 스위치에 연결한다.

건반을 치면 소리가 나고, 낚싯대를 던지면 화면에 물고기를 낚을 수 있다. 이 컨트롤러는 닌텐도 라보용 게임, 소프트웨어와 연동되어 사용자의 실제 동작을 게임상의 동작과 일치시킴으로써 실제와 가상을 유기적으로 연결하여 실제와 유사한 경험을 제공해 주는 인터페이스이다. 낚시 게임을 예로 들면, 화면에 잡힌 물고기의 움직임이 낚싯대에 내장된 조이콘의 진동을 통해서 낚싯줄에 실제 전달되면서 가상의 게임과 실제 골판지 라보를 현실감 있게 인터페이스해 준다. 이는 이제까지 없었던 새로운 방식으로 게임과 인터페이스할 수 있는 방식을 시도하는 것이다(특정 게임을 위한 전용 인터페이스는 존재한다. 레이싱 게임용 휠이라는가 슈팅용 게임용 건 컨트롤러 등).

소니나 마이크로소프트의 가정용 게임기에서 슈팅 게임을 하기 위해서 별도의 컨트롤러를 구매하면, 본체 비용의 20~30퍼센트에 이르는 추가 비용이 필요했다. 또한 현실감 있는 자동차 레이싱을 위해서도 별도로 전용 컨트롤러를 구매해야 한다. 이렇게 구매한 컨트롤러도 하나의 장르에만 사용이 가능했다. 이에 비해서 닌텐도 라보는 골판지를 재료로 상상력과 적합한 구성, 이를 뒷받침할 수 있는 게임성만 있으면 가성비 높은 컨트롤러를 만들 수 있다. 심지어는 라보 전용 소프트웨어를 이용해서, 사용자들이 직접 주변의 골판지를 가지고 조이콘과 연결하여 새로운 방식의 컨트롤러를 만들 수도 있다. 닌텐도는 항상 서드파티가 부족하여 초기 성공을 이어가지 못하는 악순환을 반복하는 경향이 있다. 닌텐도 라보는 혁신적인 아이디어로 전 세계의 이목을 집중시켰으며, 여전히 다양한 분야의 개발사가 관심있게 지켜본다.

닌텐도 라보는 게임뿐만 아니라 교육, 의료 등의 분야에서 활용이 가능할 것이다. 반복되는 운동 치료를 지루해하는 사람이나 재활 치료 등에 게임성을 부여해서 재미라는 경험을 동시에 제공해 줄 수도 있고, 어린이용 스포츠나 음악 교육 등에도 활용이 가능하다. 골판지라는 재료가 생각보다 약한 재료라고 인식할 수도 있다. 실제로는 물에 약하기

[닌텐도 라보 소개 화면]

도 해서 내구성이 뛰어나다고 할 수는 없다. 그러나 닌텐도 라보가 꼭 골판지만 사용해야 한다는 제약은 없다. 3D 프린터의 등장으로 이를 대체할 기술은 얼마든지 가능하다.

닌텐도 라보가 성공할지 실패할지 현재 예측하기는 쉽지 않다. 닌텐도뿐만 아니라 서드 파티나 게임 이외에 참여자도 있어야 지속적인 성공이 가능하다. 닌텐도의 새로운 도전인 라보가 주장하는 모토인 '만들자! 즐기자! 발견하자!'를 넘어서 완전히 새로운 개념의 게임과 새로운 세상을 만들 수 있을지 지켜보는 것도 재미있을 것이다.

INTERFACE STRATEGY

구글, 검색 박스로 인터넷을 지배하다

구글은 뛰어난 검색엔진을 통해서 웹 시대를 지배하고 있다. 구글이 웹 인터페이스에 많은 영향을 끼쳤지만 이는 많이 알려지지 않았다. 웹 2.0 시대의 핵심 기술로 받아들여지는 AJAX도 구글 지메일(Gmail)과 구글 지도에 도입되어 사용자에 뛰어난 사용성과 효용성을 제공해 줄 수 있다는 사실이 알려지며 많은 서비스에 적용되었다. 이러한 구글의 인터페이스 기술은 웹을 단순히 정보 전달의 세계에서 웹을 통해 애플리케이션 수준의 서비스를 제공할 수 있도록 웹 인터페이스의 혁신을 이루어 내는 계기가 되었다. 구글은 웹 인터페이스 기술을 개발하는 회사이다.

최초 인터넷 포털, 야후(Yahoo)의 등장

스탠퍼드 대학교 대학원생이던 제리 양Jerry Yang과 데이빗 파일로David Filo는 대학에서 할당해준 자신들의 조그만 서버 공간에 웹 사이트를 개설하고 웹에 방문할만한 사이트들의 링크를 모아서 보여주는 일종의 즐겨찾기와 같은 서비스를 시작한다. 사이트를 일정한 카테고리로 분류하고 사람들이 방문할 만한 사이트를 모아서 보여주던 페이지가 야후의 시초라고 볼 수 있다. 제리 양과 데이빗 파일로는 사이트를 세분화하고 이를 분류하여 디렉터리 서비스를 구축한다. 사이트에 구축된 디렉터리 내에 정보를 검색할 수 있는 서비스를 추가하면서 1994년에 최초의 인터넷 포털인 야후Yahoo!가 세상에 출현한다.

인터넷이 발명되고 넷스케이프 네비게이터가 인터넷을 항해할 수 있는 웹 브라우저 인터페이스를 제공하면서 웹은 폭발적으로 성장한다. 본격적인 검색 엔진이 개발되기 전까지, 원하는 웹 사이트를 찾기 위해서는 야후와 같은 서비스는 등장할 수밖에 없었다. 인터넷 포털이라는 개념이 등장하게 된 계기는, 웹 사이트가 폭발적으로 증가하면서, 이러한 사이트를 쉽게 찾아갈 수 있게 해주는 일종의 인터페이스가 필요했

기 때문이다. 이러한 포털은 웹 사용자들의 인터페이스로서, 사용자들
은 인터넷 공간에서 정보를 찾기 위해서 헤맬 필요가 없으며 야후와 같
은 인터넷 포털에 방문하면 잘 정리된 사이트와 뉴스 등의 정보가 있는
곳으로 쉽게 이동할 수 있다.

　인터넷 포털이라는 개념 자체가 정보의 바다인 인터넷에서 자신이 원
하는 사이트로 이동하기 위한 관문, 즉 이동하고자 하는 사이트와 연결
을 해주는 인터페이스라는 의미를 내포하고 있다. 1996년에 야후는 주
식 공개를 단행한다. 높은 성장성과 경쟁력을 인정받은 야후는 다양한
분야로 사업 다각화를 진행한다. 1997년에 로켓메일을 인수하면서 야
후메일 서비스를 시작하고, 1999년에 지오시티를 인수하여 커뮤니티 서
비스로 확장한다. 야후는 초창기 웹 1.0 시대에 인터페이스로서의 의미
를 정확히 이해하고 있었다. 야후의 포털 전략은 디렉터리 서비스를 통
해서 다른 사이트로 이동하여 떠나는 사람을 야후 포털 내에 잡아두고,
다양한 인터넷 서비스를 제공하여 '인터넷 생활'의 중심이 되고자 한 것
이다.

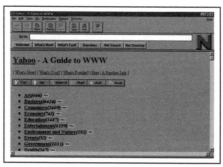

[초기 야후Yahoo! 모습]

인터넷의 성장과 함께 무료 웹 메일은 많은 사람들이 폭발적으로 가입하는 서비스였다. 무료로 웹 메일을 사용하려고 다른 사이트로 이동하던 사용자를 야후 내에 머물게 하기 위해서 야후메일 서비스를 제공한다. 또한 사용자가 외부에서 웹 사이트를 만들고 정보를 올리는 행동을 야후 내에서 사이트를 개설할 수 있도록 지오시티를 인수한 것이다. 야후 포토 서비스를 개발하여 커뮤니티 회원끼리 사진을 올리고 공유할 수 있도록 만들고, 메신저 서비스를 시작하여 이메일과 함께 커뮤니케이션의 인터페이스를 제공한다.

야후는 1999년, 브로드캐스트닷컴을 비롯한 콘텐츠 사이트들을 인수하면서 본격적인 콘텐츠 사업에도 뛰어든다. 야후는 전문 금융 사이트로부터 금융 주식 정보를, ESPN과 스포팅 뉴스로부터 스포츠 소식을, e온라인E!Online으로부터 연예 오락 정보를 가져오는 등 수많은 온라인 콘텐츠 업체들과 계약을 맺고 방대한 콘텐츠를 제공하는 종합 콘텐츠 포털로 변신한다. 이 시기에 많은 기업들은 인터넷 포털의 중요성을 인식하고 서비스를 시작 또는 개편하여 제공하기 시작한다.

마이크로소프트는 윈도 95에서만 실행이 가능하던 엠에스엔MSN을 인터넷 포털로 개편했고, 라이코스나 알타비스타 같은 기업도 나왔다. 그러나 대부분의 인터넷 포털은 역사 속으로 사라진다. 국내의 네이버가 취하는 전략도 유사하지만, 네이버는 현재까지 국내에서 높은 시장 점유율을 유지하고 있다. 반면에 야후는 이제 존재 자체가 미미한 포털로 몰락한다. 나중에 살펴보겠지만 이러한 현상은 다분히 언어 문화적인 영향이 크다.

[윈도 95 전용 엠에스엔 서비스 접속 화면]

야후의 몰락은 웹 2.0 시대에 들어오면서 인터넷 사용자들의 성향이 변화된 점을 명확히 인식하지 못했기 때문이다. 이제 인터넷 사용자들은 야후의 사이트 안에서 활동하고 정보를 찾기에는 제한적이라는 점을 알게 되었다. 인터넷 자체가 더욱 팽창하고, 웹 2.0 시대가 도래하면서, 야후 사이트 안에서보다 밖에 양질의 정보와 콘텐츠, 서비스가 많아졌기 때문이다.

정보를 찾기 위해서 뛰어난 정확성을 가진 검색 엔진인 구글을 방문하고, 지인과 소통을 위해서 페이스북 같은 SNS를 이용하게 되었다. 스마트폰이 등장하면서 모바일이 인터넷 이용의 중심이 변화하고 있는데, 야후는 이러한 시대의 변화를 인식하지 못하고 대응이 늦어지면서 몰락한다. 모바일 웹과 애플리케이션을 통해서 메일, 검색, 사진 공유, SNS, 메신저를 이용하는 시대가 도래하고 있었지만 야후는 이러한 변화에 빠르게 대처하지 못했다.

물론 야후도 노력을 하긴 했다. 2005년에 사진 공유 서비스인 플리커를 인수하여 SNS 서비스를 제공하기도 한다. 그러나 인터넷 서비스는 점점 더 스마트폰을 중심으로 '모바일 퍼스트'를 외치고 있는데 야후는 PC 서비스를 강화하는 시도를 지속한다. 야후는 2010년대 이후 경영난이 심각해지자, 구글 부사장 출신인 마리사 메이어를 CEO로 데려왔고 모바일 서비스와 동영상, 쇼핑사업 등에 집중적인 투자를 감행했다. 야후는 동영상 서비스에 회사의 운명을 걸고 약 2억 달러 이상을 투자했는데 성과는 그리 좋지 않았다. 이미 유튜브와 넷플릭스 등이 동영상 시장을 장악하고 있었기 때문이다. 직접적인 원인은, 야후가 새로운 서비스를 개발하기 위해서 노력하기보다는 구글, 페이스북 등 성공한 기업의 서비스를 그대로 답습하는 수준이었기 때문이다.

2016년, 버라이즌은 야후를 48억 달러에 인수한다. 이는 2000년, 야후 전성기 주가 총액의 4퍼센트 수준에 불과하다. 버라이즌은 전 해에 인수한 AOL과 야후를 미디어 콘텐츠 유통 플랫폼으로 키워 버라이즌의 스마트폰 사용자에게 온라인 콘텐츠를 제공하고 타깃 광고로 수익을 낼 계획이라고 발표한다. 그러나 광고 시장마저도 이미 구글과 페이

[사진 공유 서비스 플릭커]

스북이 점령하고 있는 상태에서 2퍼센트 내외의 미미한 점유율을 차지하고 있을 뿐이다. 야후의 실패는 웹 2.0 시대가 생각보다 빠르게 팽창했고 이러한 팽창에 대응할 만한 인터페이스를 제공하지 못했기 때문이다. 웹 1.0 적인 사고에서는 야후 사이트 내에 체류하며 외부로 나가는 것을 막는 것이 가장 좋은 전략이었을 것이다.

그러나 야후가 제공하는 콘텐츠들은 야후의 일방적인 콘텐츠일 뿐이었으며, 야후 사이트 외에 인터넷 어디에선가는 인터넷 사용자가 생산한 뛰어난 콘텐츠가 넘쳐났다. 구글은 야후와 정반대로 양질의 콘텐츠를 찾아서 구글에서 빨리 떠나도록 하는 전략을 취한다. 이러한 구글의 등장이 야후를 몰락의 길로 몰고 간 전략적 변곡점이 되었다.

또한 야후는 인터넷을 사용하는 인터페이스 자체가 PC에서 스마트폰 브라우저로 근본적으로 변화하고 있었는데 이런 변화에 빠르게 대처하지 못했다. 최초로 인터넷 포털이라는 인터페이스를 제공했던 야후는 웹과 웹 서비스 사용자의 성향과 인터페이스의 근본적인 변화에 대응하지 못했기 때문에 실패했다. 야후의 실패는 인터넷 기업이 혁신에 실패하면 얼마나 빠르게 몰락할 수 있는지를 보여주는 좋은 사례이다.

인터넷의
폭발적인 성장과
인터페이스

1990년대 중반에 들어서면서 인터넷은 폭발적으로 성장한다. 정보의 바다라는 웹은 이 시기에 다양한 정보 제공을 넘어서는 새로운 가능성을 시험하는 시기이기도 하다. 클라이언트/서버에서 처리하던 일을 웹에서 진행하기도 하고, 오프라인에서만 가능하던 일을 웹으로 편리하게 이용할 수 있게 된 것이다. 웹 자체가 오프라인에서만 가능하던 서비스를 온라인으로 바꾸어주는 새로운 인터페이스로써 동작하기 시작한 것이다.

1994년, 처음으로 문을 연 야후를 포함하여, 사이트 대부분이 정보를 제공해 주는 웹 페이지 중심이었다. 이때 피자헛은 최초로 페퍼로니 피자를 인터넷을 통해서 주문할 수 있는 페이지를 개설한다. 또한 같은 해 최초로 AT&T는 배너 광고를 웹 사이트에 게시한다(배너 광고라는 것을 알려주기 위해서 배너 자체에 설명해주는 형식이었다). 제프 베조스는 1995년, 온라인으로 책을 파는 아마존 사이트를 개설한다. 오프라인 서점에서 판매하던 도서를 웹이라는 인터페이스를 통해 온라인에서 판매하기 시작한 것이다. 옥션 사이트인 이베이도 아마존과 같은 시기에 서비스를 시작하였다. 최초로

[AT&T에서 웹에 게재한 최초의 배너 광고]

[아마존의 초기 사이트 모습]

팔린 아이템은 고장 난 레이저 포인트로 가격이 14.83달러이었다. 주로 벼룩시장 등에서 거래가 이루어지던 중고품이나 구하기 힘든 부품을 웹에서 거래할 수 있는 서비스가 등장한 것이다. 전자 상거래의 역사가 시작된다.

인터넷이 발달하고 웹을 새로운 인터페이스로 하는 수많은 서비스가 등장하면서, 이러한 서비스를 이용하는 사람들은 새로운 커뮤니케이션 수단이 필요하게 된다. 당시에는 전화나 우편물 등을 주로 사용했고 이메일도 일부 사용이 가능했다. 이메일은 일부 회사나 학교, 연구기관 등 자체 이메일 서버를 가지고 있는 사람들의 전유물이었다. 자체적인 도메인을 가지고 있어야 했으며, 노벨의 그룹 와이즈나 로터스 노츠, 마이크로소프트 익스체인지 서버 같은 이메일 서버와 이메일을 볼 수 있는 클라이언트 프로그램이 있어야만 사용이 가능했다.

1996년, 잭 스미스Jack Smith와 사비어 바티아Sabeer Batia는 최초의 온라인 무료 이메일 서비스인 핫메일 사이트를 오픈한다. 1997년이 되자 핫메일 이용자 수는 급격하게 증가하여 9백만 명에 도달한다. 마이크로소프트 빌 게이츠는 엠에스엔 관리자인 마르코 드멜로Marco DeMello를 호출하여, 전 세계의 사용자에게 무료 웹 메일을 제공할 수 있는 시스템을 만들거나 찾으라는 미션을 부여한다. 이에 드멜로는 자체적으로 빠른 시간 안에 무료 이메일 서비스를 개발하는 것은 불가능하며 기존에 존재하는 무료 이메일 서비스를 인수하는 것만이 실제적인 선택이 될 것이라고 보고한다.

1997년 12월, 빌 게이츠는 핫메일을 인수하기 위해서 4억 달러 계약에 사인한다. 핫메일은 인수 후에 엠에스엔 서비스의 하나로 통합이 된다. 당시 야후도 광고 기반의 무료 웹 메일 사용자가 증가하는 것을 인식하고, 야후 포털 서비스의 핵심이 될 것이라는 점을 깨닫는다. 이에

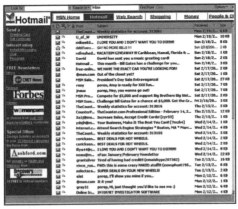

[핫메일 초기 모습]

야후는 핫메일의 경쟁 서비스였던 로켓메일을 인수하여 야후메일 서비스를 시작한다.

비슷한 시기에 국내에서도 메일은 중요한 커뮤니케이션 수단이었으며, 후에 인터넷 포털의 핵심 서비스 중 하나로 자리매김한다. 1997년에 일부 사람들은 핫메일과 로켓메일에 가입하여 웹 메일 서비스를 이용하고 있었다. 이때 등장한 것이 한메일hanmail.net 서비스가 등장했다. 2000년대 초반에는 점유율 70퍼센트에 육박할 정도로 대표적인 국내 웹 메일 서비스로 자리 잡는다. 이는 인터넷 포털 '다음'으로 성장하는 가장 중요한 동력이 된다. 당시 해외에서 개발된 메일 시스템은 기본적으로 영문을 중심으로 메뉴 뿐만아니라 UI가 구성되어 있었기에 사용하는 데 불편함이 많았다.

기본 기능은 해외 웹 메일 서비스와 유사했지만 순수하게 한글로 메뉴와 설명이 구성되어 있고 한국적인 UI를 제공해 주면서 대다수의 인터넷 사용자들은 한메일 계정을 1개 이상씩 생성하게 된다. 1999년, 다음 카페 서비스가 시작하면서 이제 웹을 매개로 하는 커뮤니티가 폭발적으로 성장한다(기존에 PC 통신을 통해 커뮤니티 서비스가 있었지만 모뎀과 텍스트라는 커다란 제약이 있었다). 웹이라는 인터페이스가 인터넷이라는 공간을 통해서 우리의 생활을 어떻게 바꾸었는지 생각해 볼 필요가 있다. 지금은 당연하게 생각하는 것들은 오래전에는 혁신적인 서비스였을 수도 있다.

인터넷 뱅킹도 웹 인터페이스를 통해서 우리의 생활을 편하게 바꾼 사례 중의 하나이다. 초기 은행은 통장을 가지고 지점을 방문해야만 은

[한메일 초기 모습]

행 업무를 볼 수 있었다. 이것이 유일한 방법이었다. 여기에 새로운 인터페이스들이 하나씩 추가된다. ATM 기기가 등장하면서 이제 돈을 인출하기가 예전보다 쉬워졌다. 또한 폰뱅킹이 추가되면서 전화로 이체하거나 조회하는 것도 가능해졌다. 1996년에 코먼웰스뱅크는 최초로 인터넷 뱅킹 서비스를 한다. 웹을 통해 자신의 계좌를 조회하고 이체를 할 수 있는 서비스가 등장한 것이다. 인터넷 뱅킹은 직접 은행을 찾아가서 직원을 대면하고 처리하던 일의 많은 부분을 대체한 획기적인 서비스이다. 이제 인터넷 뱅킹은 모바일 뱅킹으로 발전하여, 스마트폰만 있으면 언제 어디서나 은행 업무를 처리할 수 있는 시대가 되었다.

인터넷이 폭발적으로 성장하던 시기에 웹이라는 인터페이스를 통해서 생각보다 많은 서비스가 시도되었다. 메일 뿐만 아니라 후에는 인터넷 메신저가 등장하여 웹 메일과는 다른 실시간 커뮤니케이션 인터페이스로 자리매김하게 된다. 페이팔Paypal과 같이 웹에서 결제를 쉽게 할 수 있도록 도와주는 서비스도 등장한다. 뉴스는 종이신문이 주요

[세계 최초의 인터넷 뱅킹- 코먼웰스뱅크]

매개체로 오프라인 기반이었으나 1990년대 말이 되자 온라인으로 제
공하기 시작한다. 웹이야말로 우리 생활 전반의 많은 서비스를 온라인
으로 변화시킨 20세기의 가장 중요한 인터페이스이다.

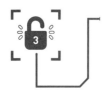

검색 박스로 세상을 지배하는 기업

구글의 검색 사이트는 출시부터 지금까지 검색 인터페이스를 중심으로 간결하게 유지하고 있다. 야후나 국내의 네이버와 같은 포털이 다양한 콘텐츠 노출과 배너 광고를 보여주는 사이트 인터페이스와 비교해 보면 구글의 검색 박스의 단순함은 별도로 언급할 필요조차 없을 정도이다. 구글의 시작과 성장은 널리 알려져 있다. 1996년, 스탠퍼드 대학교 대학원생인 래리 페이지는 웹 사이트를 서버에 모으는 프로젝트를 시작하였다.

그러나 래리 페이지의 프로젝트는 웹 페이지가 급격하게 증가하면서 어려움을 겪고 있었다. 곧, 같은 대학원에서 영화를 중심으로 평가 알고리즘 개발 프로젝트를 진행하는 세르게이 브린이 합류한다. 두 사람은 웹 페이지가 그 페이지로 연결된 백링크를 중심으로 웹 사이트의 중요도를 평가하는 백럽BackRub 프로젝트를 시작한다. 이렇게 진행된 프로젝트는 스탠퍼드 대학교 사이트에 공개가 되었는데, 검색 결과의 품질이 높다고 유명해지면서 대학 내에서 사용자가 많이 몰린다. 백럽이라는 이름이 다소 구시대적이고 받아들이기 쉽지 않다는 생각에 구

[초기 구글 검색 인터페이스 화면]

글은 서비스 명칭을 변경한다. 당시 동료 중 한 명이 10의 100제곱을 뜻하는 구골GooGol이라는 이름을 제안하지만, 철자를 잘못 쓰는 바람에 구글Google로 등록하게 된다.

하루 접속 건수가 1만 건이 넘어서면서 검색 트래픽 사용량 증가로 학교 네트워크에 문제가 생긴다. 래리 페이지와 세르게이 브린은 문제점을 인식하고 외부 회사에 서비스를 팔아넘기기로 합의한다. 그러나 야후나 알타비스타를 접촉했지만 거절당하고, 다른 회사에도 제안하지만 거절당한다. 이에 두 사람은 지도교수인 데이비드 체리턴을 찾아가 도움을 청하고 지도교수는 모든 인맥을 동원하여 창업을 도와준다.

구글은 최고 투자사 중 하나인 세쿼이아 캐피털과 클라이너 퍼킨스 카우필드 & 바이어즈로부터 2,500만 달러의 투자를 유치하면서 세상의 주목을 받는다. 사업이 점차 확장되면서 구글은 선마이크로시스템즈와 노벨 CEO를 역임한 에릭 슈미트를 구글의 CEO로 영입하여 함께 하기로 한다. 에릭 슈미트가 합류한 이후, 구글은 직원들과 함께 구글의 문화와 핵심 가치관에 대해서 토론할 수 있는 자리를 마련한다. 이때 구글 엔지니어 폴 부크하이머가 '악해지지 말자Don't Be Evil'라는 모토를 제안한다. 이는 구글이 직원 간에 서로를 대할 때 어떻게 해야 하는지에 대한 문화 슬로건에 불과했지만, 곧 구글이 모토처럼 여긴다.

야후와 같은 포털들이 다양한 서비스와 콘텐츠를 중심으로 자사의 서비스에 머물도록 유도하는 전략을 취한다. 배너 광고나 검색 광고를 노출하여 더욱 수익을 극대화하는 전략이었다. 구글은 최대한 단순한 인터페이스를 유지하고, 사용자가 빠르게 구글 사이트에서 벗어나 원하는 정보가 있는 사이트로 이동하는 것을 목표로 세운다. 사용자가 그만큼 구글에서 빨리 벗어날수록 검색 엔진의 품질이 뛰어나다는 것을 방증한다는 믿음에 기반을 둔 전략이다.

이를 위해서 최고의 알고리즘을 개발하고 이는 사용자의 만족도를 높여줄 것이라는 생각이 기저에 깔려있다고 볼 수 있다. 또한 야후와 같은 포털들이 이미지 배너 광고 등을 제공하면서 시선을 분산하는 것을 보면서, 주요 수익원인 검색 광고를 텍스트 방식만 고집한다. 배너 광고를 로딩하기 위해서 사용자는 검색 결과 로딩 속도가 떨어질 것이며 이는 구글의 전략과도 맞지 않고 사용자 경험을 해친다고 생각한 것이다. 이러한 구글의 정책은 현재까지도 유지된다.

웹 기술이 발전하고 세계 최고의 웹 인터페이스 기술을 가지고 있는 구글도 검색 박스와 검색 결과는 조금의 변화는 있지만 아직도 초창기와 크게 다르지 않다(유일하게 자주 바꾼 것은 구글 검색 박스 위의 구글 로고이다. 특정한 날을 기념하기 위한 디자인을 적용하여 사람들의 흥미를 유발하고 자그마한 재미를 준다).

물론 구글도 수익을 내야 하는 기업이다. 배너 광고와 같이 사람들의

[기념일에 변경되는 구글 로고]

시선을 분산하고 사용자 경험을 해치는 요소를 구글 서비스 내에는 거의 사용하지 않는다. 구글은 별도의 광고 플랫폼애드센스 같은을 통해서, 외부의 사이트나 개인의 블로그 등에 다양한 배너 광고를 게재할 수 있도록 해줌으로써, 구글과 외부 광고 게시자와 수익을 분배하고 있다.

국내에서 구글은 네이버의 자체 콘텐츠 확보 및 DB 전략에 밀려서 고전한다. 그러나 영어로 된 자료를 찾기 위해서는 대부분 구글로 검색한다. 네이버와 완전히 다른 인터페이스를 제공하는 구글의 검색 박스가 국내 사용자에게는 조금 허전해 보일 수 있겠지만, 이는 구글이 검색에서 추구하는 전략과 맞닿아 있다고 생각하면 될 것이다.

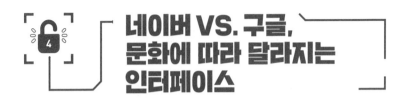

네이버 VS. 구글, 문화에 따라 달라지는 인터페이스

검색 엔진으로 인터넷을 지배하고 있는 구글이 고전하는 나라가 몇 군데 있다. 한국과 일본, 중국, 러시아 등이 대표적인 나라이다. 러시아를 빼면, 우연히도 한/중/일 아시아 3개 주요 국가에서 유독 고전한다. 중국은 인터넷 검열이라는 중국 정부의 정치적인 영향이 크게 미쳤으며, 중국 정부가 바이두를 밀어주어서 검색 시장에서 2위를 차지한다. 일본은 야후 재팬이 미국과는 다르게 포털로서 영향력을 행사한다. 야후 재팬은 검색 및 포털 시장에서 1위를 차지하고 있지만, 검색 엔진 자체는 구글을 사용한다. 검색 엔진 자체로만 놓고 보면 구글의 점유율은 98퍼센트이다. 일본 사용자들은 검색하려고 구글 페이지를 열기보다는 검색과 포털 서비스를 함께 제공하는 야후 재팬을 방문하는 비율이 높다.

국내의 경우는 네이버가 구글을 제치고 80퍼센트 전후의 점유율을 차지하고 있다. 일본의 야후 재팬과 한국의 네이버는 유사한 첫 화면을 제공한다. 이에 비하면 구글은 검색 박스만 중앙에 놓여있는 아주 심플한 인터페이스를 유지한다. 서양에서는 야후와 같은 포털형식의 인터

[야후 재팬 사이트]

페이스를 제공하는 사이트는 성공하지 못하는 데 반해서 동양권에는 네이버나 야후 재팬과 같은 포털 형식을 제공하는 회사가 점유율이 높다. 물론 언어적인 특성에서 오는 이유도 분명 존재할 것이다. 2015년, 조사에 따르면 전 세계 영어를 사용하는 인구는 약 25퍼센트를 차지하는 반면에 영어로 작성된 웹 페이지 및 웹 콘텐츠는 55퍼센트에 이른다. 이런 방대한 콘텐츠를 정확하게 검색할 수 있는 뛰어난 검색 엔진이 시장을 지배하게 된 것은 당연하다.

그렇다면 한국과 같은 국가에서는 왜 네이버의 검색 점유율을 넘지 못하는 것일까? 구글의 검색 기술과 구글이 보유한 뛰어난 개발자와 경험으로도 넘을 수 없는 특징이 있지는 않을까? 물론 구글이 가진 기술만으로 상대적으로 적은 양이 존재하는 한국어 웹 검색의 정확도를 일정 수준 이상 높일 수 없을 것이다. 콘텐츠가 포털 내에 축적되는 네이버의 지식 검색과 경쟁하기에는 구글도 양질의 검색 결과를 보여주지 못할 것이다. 그러면 왜 한국과 일본에서는 유독 네이버나 야후 재팬과 같은 포털을 선호하고 지식이나 정보를 포털 내에서 생성하고 소

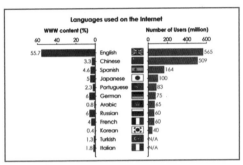

[웹 콘텐츠의 언어별 사용률 및 언어별 사용자 수]

비하는 것일까?

네이버와 구글이 제공하는 인터페이스는 양사가 추구하는 전략을 극단적으로 보여주고 있다. 네이버는 더 많은 사람이 네이버에 머물면서 검색과 커뮤니티, 커뮤니케이션, 소셜 네트워크 등 모든 서비스를 네이버 내에서 소비하기를 원한다. 이와는 반대로 구글은 이용자가 최대한 빨리 구글에서 떠나는 것이 목표이다. 이러한 인터페이스뿐만 아니라 블로그나 카페 등 커뮤니티 서비스에서도 상당히 다른 양상을 보여준다. 동서양의 문화가 달라서 선호하는 사용자 인터페이스 요소가 다르다.

2003년에 출간된 리처드 니스벳의 저서 《생각의 지도 Geography of Thought》에서는 동서양의 문화적 차이에 대해서 여러 가지 관점에서 분석하고 있다. 동양은 더불어 사는 삶을 중시하는 반면에 서양은 홀로 사는 삶을 중시하는 경향이 있다고 한다. 즉, 동양은 관계를 중시하고 사회를 중시하는 반면에, 서양은 개인 자체를 중시하며 능동적이고 이성적인 것에 초점을 맞춘다는 점이다. 그리고 동양은 전체를 보는 시각을 가지는 반면에 서양은 부분에 집중한다고 한다. 자연과 인간의 관계를 살펴보면, 동양은 인간도 자연의 일부라고 인식을 하지만 서양은 인간과 자연은 별개의 존재라고 생각한다고 한다. 동양에서는 하나의 대상을 전체에서 보고 타인과 더불어 사는 사회와 관계를 중시하므로 인터페이스에서도 서양과 다른 요소를 중요시 한다.

앞서 예를 든 네이버나 야후 재팬과 같은 경우는, 포털 서비스로서 모든 요소가 하나의 사이트 내에 존재하며 특정 사이트로 이동하기보다는 포털 내에서 전체적으로 여러 서비스를 제공한다. 이용자는 이를 편하게 느낀다. 이에 비해서, 서양은 자신이 원하는 정보와 서비스를 이용하기 위해서는 자신에게 최고의 품질과 경험을 제공하는 개별 사이트로 이동하는 것이 논리적이라고 생각한다. 야후와 같은 포털에서 조금은 부족하지만 쓸 만한 서비스를 이용하기보다는 최고의 결과를 찾아 줄 수 있는 구글과 같은 검색 엔진을 써서 자신에게 적합한 해당 사이트로 이동하는 것을 당연하게 여긴다. 이런 이유로 구글은 서양인의 문화에 적합하도록, 최고의 검색 결과를 보여주기 위한 기술에만 초점을 맞추고도 미국 야후를 물리치고 최고의 회사가 될 수 있었다.

동양에서 선호하는 포털처럼 다양한 서비스를 제공하는 인터페이스 이외에서 개별 서비스의 사용자 인터페이스에도 동서양의 차이는 극명하게 드러난다. 블로그를 예로 들어보자. 해외에서 먼저 생긴 블로그라는 서비스는 국내에 들어오면서 새로운 요소가 추가된다. 네이버 블로그처럼 우리나라의 블로그는 글에 대한 카테고리를 가지고 있다 (물론 국내에도 일부 블로그 서비스는 카테고리 기능이 없는 것도 존재한다). 이에

[태그와 검색 기반의 구글 블로거 서비스]

[카테고리 중심의 네이버 블로그 서비스]

반해서 서양의 블로그는 태그와 검색 박스 또는 일자 정도만 제공한다. 서양의 블로그는 필요한 정보가 있으면 태그를 통하거나 검색을 통해서 스스로 알아서 찾아가는 것을 전제로 했기 때문이다. 이에 비해 국내의 블로그는 카테고리 기능을 제공함으로써, 카테고리만 살펴봐도 이 블로그 전체가 어떠한 글들이 올라온 블로그인지 알 수 있게 해준다. 국내에 포털 블로그는 또한 어느 방문자가 다녀갔는지를 노출할 수도 있다. 해외 블로그와 많은 차이가 있는 요소라고 볼 수 있다.

네이버나 다음의 카페와 같은 커뮤니티 서비스는 동서양의 차이를 극적으로 보여준다. 다음은 카페 서비스를 시작하면서 많은 사용자를 그러 모을 수 있었으며, 이를 벤치마킹한 네이버 카페도 커다란 성공을 거둔다. 국내의 카페나 해외의 BBS 사용자 인터페이스를 보아도 다른 점이 많다. 국내의 경우는 블로그와 마찬가지로 카테고리는 당연히 있어야 하는 요소이며, 이외에도 이미지 게시판 등 게시판을 구분할 수 있도록 아이콘 등으로 표시한다.

흔히 해외나 특히 미국에도 유사한 서비스가 존재하고 활성화되어 있을지도 모르겠다고 생각하지만 실제로는 이러한 서비스가 해외에서는 활성화되어 있지 않다. 네이버나 다음의 카페처럼 모든 분야의 커뮤니티가 모여 있고 활발하게 유지되는 서비스는 거의 없다(페이스북이 그룹이라는 포털과 유사한 커뮤니티 서비스를 제공하고 있지만, 국내에 비해서 활성화되어 있지 않다). 해외에서는 특정 주제에 대한 사이트를 위주로 여기에 댓글이나 트랙백과 같은 형식이 주를 이루고 필요한 경우에는 BBS와 같은 포럼 형식을 부가적으로 제공한다.

또한 첫 페이지도 다양하게 구성할 수 있어서 새로 올라온 글이나 이미지, 방문한 회원 등을 표시한다. 이에 비해서 카페와 유사한 기능을 제공하는 해외의 BBS는 최소한의 분류만 제공하고 나머지는 방문하는 사용자가 검색 등을 통해서 찾아가야 한다. 이처럼 사용자 인터페이스는 문화에 따라서 다르게 구성하고 이를 이용하는 사람의 경험도 문화마다 다르게 인식할 것이다. 외국인이 네이버 카페를 본다면 어떤 생각이 들 것으로 예상하는가? 아마 지나치게 복잡하고 지저분하게 느낄지도 모르겠다. 분명히 자주 사용하지 않을 것이다.

동양 문화권에서 관계를 중시하는 점이 인터페이스로 나타나는 부

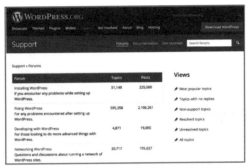

[대분류만 존재하는 서양의 포럼 예-워드프레스 사이트]

분들은 이외에도 발견된다. 네이버나 다음과 같은 포털에는 실시간^{이슈} 검색어를 메인 페이지에 표시하고 있다(국내의 경우, 사회정치적인 영향도 를 고려하여 메인에서 사라지고 있다). 현재 어떠한 이슈가 있는지, 이에 따라서 사용자들이 많이 하는 검색은 어떤 것이 있는지를 알고리즘에 의해서 보여준다. 이는 주변 사람들이 현재 어떠한 것에 관심이 있는지를 빠르게 파악할 수 있기 때문에 가끔 사회적으로 정치적으로 논란이 되기도 한다. 야후 재팬의 경우도 실시간 검색어 순위 기능이 있어서 한국과 유사하게 20위까지 보여준다. 이러한 실시간 검색어가 동양권 문화에서는 사람 간의 관계와 전체적인 사회적인 이슈 파악을 중시하는 문화적인 특성을 반영한 서비스로 볼 수 있다.

이에 비해서 미국 야후나 구글은 유사한 기능을 제공하고 있기는 하지만 국내나 일본처럼 실시간 순위를 보여주지는 않는다. 미국의 구글과 야후는 트렌드^{Trend}라는 항목으로 검색량이 많은 검색어를 분야별로 보여주고 있지만, 사용률이 높다고 보기는 어렵다. 국내의 실시간 검색어 기능을 벤치마킹하여 기능을 추가한 것이지만 국내에서처럼

[야후 재팬의 실시간 검색어 순위 화면]

커다란 영향력을 보여주지는 않는다.

동양에서 관계를 중시하는 문화를 보여주는 인터페이스는 다른 부분에서도 나타난다. 국내의 포털이나 일본의 야후 재팬의 경우에 댓글이 많은 뉴스 순위를 보여주는 기능이 존재한다. 미국 야후의 경우, 유명한 뉴스 5개를 보여주기는 하지만 국내나 일본처럼 분야별로 세분되어 있지 않으며 전체적으로 가장 많이 본 기사 5개만을 보여주는 수준이다. 이렇게 랭킹 뉴스 또는 댓글 많은 뉴스를 보여주는 기능은 동양 문화에서 다른 사람들이 보고 있는 뉴스는 본인도 알고 있어야 한다고 느끼기 때문이다. 즉, 동양권에서는 서로 유사한 이슈를 인지하고 있어야 대화도 되고 상호 간에 관계를 유지할 수 있다고 생각한다. 아주 유명한 드라마를 보지 않은 사람이 가십거리를 얘기할 때 소외되는 것과 유사하다고 생각하면 이해가 빠를 것이다.

이에 비해서 개별 뉴스 기사의 댓글 자체는 동/서양이 크게 다르지 않다. 서양의 경우는 개별 기사 자체에 대해서는 자신이 보고자 해서 열어본 것이기 때문에 개별 기사 자체에 의견을 달거나 토론을 하는 것은 당연하게 생각한다. 동양에서도 개별 기사를 접하기까지는 실시간 검색

[네이버의 카테고리별 가장 많이 본 뉴스]

어나 아니면 랭킹 뉴스에서 왔건 또는 기사 리스트에서 왔건 기사 자체를 읽은 후에는 서양과 동일한 사용자 인터페이스를 이용한다. 댓글은 공감 많은 순^{추천 많은 순}, 최신 순, 오래된 순 등으로 정렬할 수 있다.

인터넷 서비스의 사용자 인터페이스는 문화에 따라서 매우 다른 방식으로 접근해야 한다. 서양의 단순하면서도 감각적인 인터페이스가 동양에도 통하리라는 보장은 없다. 각 지역에 따라서는 선호하는 인터페이스가 다르게 나타날 수 있다는 점을 고려 요소에 넣어야 한다. 물론 서비스의 통일성을 위해서 지역별로 서로 다르게 인터페이스를 설계하는 것이 힘들 수도 있다. 그렇다고 문화에 따라서 중요하게 여기는 인터페이스 요소가 다를 수 있음을 간과해서는 안 된다.

웹 인터페이스 회사 구글

구글은 웹 인터페이스 기술에 대해서 관심이 많은 기업이다. 구글은 검색 박스를 이용하여 검색 시장을 장악하지만, 다양한 서비스 개발도 결코 소홀히 하지 않았다. 자체적으로 기술과 서비스를 개발하기도 하고, 직접 개발하는 것보다 인수를 통해서 빠르게 서비스를 내놓는 전략을 취하고 있다. 구글이 세계적으로 수많은 스타트업을 인수하거나 투자하는 회사 중 하나라는 점은 놀라운 사실이 아니다.

구글은 2004년, 메일 서비스인 지메일Gmail을 출시한다. 당시에는 마이크로소프트가 인수한 핫메일이 전 세계적으로 인기가 있었고, 국내에서는 한메일이 700만 명 이상의 사용자를 확보하고 있었다. 구글은 지메일 서비스를 출시하면서 당시에는 파격적인 1G의 메일 용량을 제공한다고 선전했다. 다른 웹 메일이 수십 메가 정도의 용량을 제공하던 시기였기에 메일 용량 자체에서도 다른 메일 서비스와 비교가 되지 않을 정도로 대용량을 제공했다. 구글이 지메일을 출시하고 핫메일 등 당시에 유행하던 웹 메일 서비스를 물리치고 웹 메일 서비스 1위를 차지한 요인으로 다른 경쟁사에 비해서 대용량을 제공했기 때문만이 아

[지메일Gmail]

니다. 그것보다는 기존에 웹 메일이 가지고 있었던 불편한 인터페이스를 AJAX^{Asynchronous JavaScript And XML} 기술을 이용하여 획기적으로 개선했기 때문이다. 당시의 웹 메일 서비스는 느리고 불편한 요소가 많았다. 기업에 근무하는 사람은 아웃룩과 같은 클라이언트 프로그램을 사용하여 워드를 사용하듯이 편하게 사용할 수 있었으며, 개인 메일 같은 경우에는 웹 메일을 사용하는 경향이 있었다.

핫메일과 같은 웹 메일 서비스는 새로운 메일이 오거나 메일을 발송한 후에는 화면이 다시 로딩이 되어야 했다. 당시에 구현된 웹 기술은 페이지 단위로 구성이 되어 있었으며, 특정한 행동을 한 후에는 무조건 페이지가 리로딩 되어 결과를 보여주는 형식이었다. 그래서 '웹 서비스는 전용 클라이언트 환경보다 떨어지는 사용자 경험을 제공할 수밖에 없다'라고 일반적으로 받아들였다.

구글이 지메일에 도입한 AJAX 방식은 페이지 전체를 리로딩하는 방식이 아니라 페이지의 특정 부분에 필요한 정보만을 리프레쉬하는 방식으로 전용 클라이언트에 비해서도 크게 떨어지지 않는 사용자 경험을 제공해 준다.

예를 들면, 메일 발송 버튼을 누르면 별도의 결과 페이지가 로딩되는 것이 아니라 지메일 내에서 메일 발송에 대해서 바로 안내를 해주는 방식이었다. 또한 새로운 메일이 오면, 별도로 페이지를 새로 고침해서 확인할 필요 없이, 왼쪽 인박스Inbox 옆에 숫자로 표시가 되고 메일 리스트에 굵은 글씨로 새로 온 메일을 최상단에 자동으로 표시해 주었다.

구글이 AJAX를 이용해서 웹 인터페이스를 획기적으로 바꾼 서비스로 구글 맵스를 들 수 있다. 야후나 구글이 지도 서비스를 시작하기 이전에도 지도 서비스를 제공하는 업체는 존재했다. 전문적인 지리 정보 서비스 업체는 전용 프로그램을 사용해야 했으며 주로 지리 분야의 전문가들이 사용하는 프로그램이었다. 이러한 지리 정보시스템은 자동차 네비게이션에도 사용되었지만 굉장히 고가로 당시에 많은 사람이 이용하지는 않았다.

2000년대 초 인터넷이 급속하게 성장하고 ISDN 등 전송 속도가 대폭 향상된 인터넷 회선 서비스가 등장하자 지리정보시스템이 웹으로 이동한다. 구글은 지도 데이터와 관련 정보가 검색 대상이 될 수 있는 거대한 데이터베이스임을 인식하고 구글 맵스를 개발한다. 초기에는 미

[초기 구글 맵스Google Maps]

국 위주로 서비스가 되었으며, 각국의 지도 데이터를 구입하고 여기에 보유하고 있던 정보를 매핑시키고, 부족한 정보는 '로컬 비즈니스 센터' 서비스를 통해서 사용자가 직접 입력하도록 만들면서 데이터베이스를 강화한다.

구글 맵스는 기존 구글 검색과 동일하게 원하는 지역이나 장소를 검색하면 해당 지역의 지도 위에 관련된 정보를 표시할 수 있는 기능이 있다. 또한 AJAX 기술을 이용하여, 필요한 부분의 지도 데이터를 로딩하고 이 지도 위에 검색 결과를 표시할 수 있도록 개발한다. AJAX를 이용함으로써 한 화면 내에서 확대/축소/이동 등 다양한 동작을 즉시 확인할 수 있으며, 경로를 검색하면 지도상에 경로를 표시해 주었다. AJAX 기술이 적용된 구글 맵스는 인터페이스가 편리하여 사용자가 폭발적으로 늘었다. 구글 맵스에 적용된 AJAX 기술의 편리성을 인식한 기업들이 AJAX기술을 자사의 웹 서비스에 적극적으로 도입한다.

구글 맵스는 2005년, 구글 맵스 스트리트 뷰라는 기능을 미국에서부터 시작한다. 자동차에 360도 촬영이 가능한 카메라를 장착하고 이를 데이터베이스화해서 마치 직접 거리를 이동하면서 보는 것과 같은 인터페이스를 제공했다. 구글 맵스가 단순히 지도라는 가공된 이미지 정보를 보여 주었다면, 스트리트 뷰는 실제 거리의 모습을 사진을 보듯이 웹상에서 이동하면서 보여 준다. 여기서도 AJAX 기술을 사용하여 필요한 데이터를 로딩하고 구글 맵스와 연동되어 사진으로 구성된 거리를 직접 살펴볼 수 있도록 한 것이다.

구글 지메일과 맵스에 사용된 AJAX 기술은 웹의 인터페이스를 페이지 전체 로딩 방식에서 필요한 정보를 부분 로딩하는 방식으로 근본적으로 바꾸며, 많은 기업이 웹 서비스에 도입하여 적용한다. 이때부터 웹에서도 PC와 같은 인터페이스와 기능을 제공할 수 있다는 의미로 웹 애플리케이션이라는 용어를 본격적으로 사용한다.

구글이 AJAX를 사용하면서 급속하게 사용되기 시작한 AJAX는

[구글 맵스 스트리트 뷰 촬영을 위해 개조한 자동차]

HTML 중심의 단순한 웹을 다양한 UI와 인터렉션을 가능하도록 해줌으로써 웹에서도 PC의 애플리케이션과 유사한 기능을 수행할 수 있도록 진화시킨다. 일부의 사람들은 구글의 지메일과 맵스에서 사용한 AJAX를 기술이 웹 2.0 시대를 여는 시발점이었다고 주장하기도 한다.

구글은 검색 대상을 확보하고 데이터베이스를 확보하는 것을 결코 멈추지 않는다. 2004년에 구글은 구글 프린트^{Print}라는 도서관 프로젝트를 발표한다. 도서관이 소장한 책을 광학 문자 인식이 가능한 기기로 스캔하여 디지털화하는 프로젝트이다. 도서나 잡지의 특정 내용을 찾기 위해서는 직접 해당 책을 구입하거나 도서관에서 찾아서 원하는 부분을 직접 찾는 방법밖에 없었다. 이를 구글은 구글의 검색 박스에서 웹으로 찾을 수 있도록 하기 위해 진행한 프로젝트였다. 사람이 손으로 할 수밖에 없던 것을 웹 인터페이스로 하는 서비스 개발이 목표이다. 구글의 도서관 프로젝트는 저작권자의 고소로 인해서 어려움을 겪기도 했지만 최근 구글의 프로젝트는 공정 이용에 해당하므로 저작권 침해가 아니라는 판결을 받아낸다. 현재는 구글 북스^{Books}라는 이름으로 전자책을 판매하는 서비스로 확장되었다.

2006년, 구글은 온라인 공동 문서 편집 서비스인 라이틀리^{Writely}를 인수하여, 자체적으로 개발 중이던 스프레드시트 서비스와 통합하여 구글 독스앤스프레드시트^{Docs & Spreadsheets}라는 서비스를 시작한다. 2007년에는 토닉 시스템즈가 개발한 온라인 프리젠테이션 서비스를 인수하여, 구글 독스라는 이름으로 문서, 스프레스시트, 프리젠테이션 서비스를 시작한다. 마이크로소프트 오피스가 PC 기반 소프트웨어로 전 세계 시장을 독점하고 있던 생산성 소프트웨어를 웹 인터페이스를 통해서 제공하기 시작한 것이다.

마이크로소프트의 오피스는 많은 기능이 내장되고 사용법도 복잡해지고 있었다. 구글의 독스는 복잡한 기능보다는 많이 사용하는 핵심기능을 웹을 통해서 구현하고, 웹에서 공동작업 및 공유 기능을 제공하는 데 초점을 맞춘다. 현재는 마이크로소프트 오피스의 가격이 높고 기능이 복잡하여 많은 개인 및 기업이 웹 인터페이스 기반의 서비스를 사용 중이다. 마이크로소프트는 구글 독스와의 경쟁에서 밀려나지 않기 위해서 오피스 온라인을 웹 기반에서 무료로 제공한다.

구글은 웹 인터페이스를 장악하기 위해서 새로운 시도를 한다. 마이크로소프트의 익스플로러가 장악한 웹 브라우저 개발에 뛰어든 것이다. 2008년 9월, 크롬 첫 버전을 출시하지만, 일부 기술에 관심 있는 사람들만 사용하는 브라우저로 많은 전문가들이 실패를 예상했다. 이후 구글은 브라우저 업데이트를 위해서 별도로 프로그램을 설치하지 않고 쉽고 빠르게 업데이트할 수 있고 업데이트 주기가 빨라서 주목받는다. 웹 서비스들이 복잡해지고 표시해야할 콘텐츠가 많아지면서 사용자들은 속도가 빠르고 안정적인 구글 크롬을 사용한다. 마이크로소프트는 인터넷 익스플로러가 이미 시장을 장악하고 있었기 때문에 브라우저를 개선하려는 노력을 기울이지 않았다. 구글은 빠른 주기로 기능과 속도를 개선하여 인터넷 익스플로러가 장악한 시장을 점령하기 시작한다. 2018년에 크롬은 브라우저 시장에 59퍼센트를 차지하며 인터넷 익스플로러보다 약 3배 이상의 점유율을 기록한다.

앞서 살펴본 넷스케이프처럼, 인터넷 시대에 가장 중요한 인터페이스는 브라우저로 볼 수 있다. 브라우저 자체는 무료로 배포하지만 이를 통해서 얻는 효용이 크기 때문에 구글로서도 크롬 개발이 커다란 전환점이 될 수 있었다. 예를 들면, 구글의 주요 수익원인 검색 광고를 활성화하기 위해서 브라우저 자체에 직접 검색 인터페이스를 제공할 수 있는 기회가 생기는 것이다. 또한 구글이 제공하는 수많은 웹 시비스는 크롬에서 원활하게 돌아갈 수 있기 때문에 웹 인터페이스로 가치는 측정할 수 없을 정도로 크다. 이는 나중에 크롬 OS를 개발하는 원동력이 되기도 한다.

새롬기술에서 넷플릭스까지, 웹 인터페이스 회사들의 변천사

1999년 8월, 새롬기술은 코스닥에 상장한다. 등록 첫날 2,575원이었던 주식액면가 500원은 이후 4,000~5,000원 사이에서 등락하고 있었다. 새롬기술이 다이얼패드라는 서비스를 시작한다는 소식이 전해진 후에 주식가격은 급등하기 시작해서, 12월 14일경에는 20만 원이 넘어서며 코스닥 황제주 자리에 오른다. 그러나 무료 인터넷 전화 서비스인 다이얼패드는 뚜렷한 사업 모델이 없이, 2년간 890억이나 되는 자본금을 소진한 채 결국에는 야후에 인수된다.

다이얼패드는 인터넷을 통해서 음성 데이터를 전송할 수 있는 기술의 진보도 이루었지만, 통화를 하는 데 꼭 전화기나 휴대폰이 인터페이스일 필요가 없다는 점을 보여주었다. 컴퓨터와 마이크, 스피커만 있으면, 웹을 통해서 누구와도 통화할 수 있는 새로운 인터페이스로서 가능성을 보여준 것이다. 다이얼패드는 전화기의 역사를 바꿀 만큼 혁신적인 서비스로 각광을 받았지만, 웹투폰Web-to-Phone 기능 이용 시 발생하는 요금이 회사의 비용으로 적자의 원인이 되고, 통화 품질이 일정치 않으면서 점점 사용자가 줄었다. 그러나 웹 인터페이스로 전화기 시장

[초기 다이얼패드 웹 사이트]

[웹하드 서비스 화면]

을 바꾸려고 했던 노력은 지금의 인터넷 전화기의 시초로서 중요한 역할을 했다.

데이콤현 LG U+은 2000년, 웹하드라는 이름으로 웹상에 데이터를 저장하고 이를 공유할 수 있는 서비스를 출시한다. 웹하드라는 이름 자체는 웹에서 이용하는 하드디스크라는 의미로, 대용량 데이터를 웹에 저장하고 다른 사람에게 전달할 수도 있다. 그래픽 파일이나 대용량 문서 등을 회사 외부에 전달하려는 사람들은 CD나 DVD, USB 등 별도의 저장 매체를 쓰지 않고 웹하드에 파일을 올리기만 하면 상대편에서 쉽게 파일을 내려받아서 쓸 수 있도록 만들어 주었다. 기존에 쓰던 하드웨어 기반의 저장 매체는 저장 및 전달에 상당한 시간과 비용이 소비되었지만 웹하드는 웹을 인터페이스로 사용하여 쉽고 빠르게 전달이 가능했다. 국내 인터넷 속도가 세계 최고 수준이었기에 빠르게 활성화되었다.

최근에 IPO에 성공한 드랍박스의 개념도 이와 유사한 부분이 있다. 드랍박스는 클라우드 스토리지 서비스로 주로 개인용으로 사용되었으며, 싱크Sync라는 개념을 적용하여 실제 사용자의 PC나 노트북 파일과 웹에 있는 파일을 일치시키는 서비스이다. 현재는 애플, 마이크로소프트, 구글, 네이버 등 주요 기업들은 무료 또는 유료로 유사한 기능을 제공한다. 국내에서 제일 활발하게 사용한 웹 인터페이스가 세계적으로 성공하지 못하고 다른 해외기업이 유사한 개념으로 성공한 안타까운 예이다.

오라클의 임원이었던 마크 베니오프Marc Benioff는 1999년에 세일즈포스닷컴을 창업한다. 이전까지 CRM과 같은 업무 애플리케이션은 오라클, SAP과 같은 대기업의 제품을 사용했으며, 별도의 대용량 서버와 전용 클라이언트 소프트웨어가 있어야만 사용이 가능했다. 세일즈포스닷컴은 이러한 업무용 애플리케이션을 웹을 이용하여, 누구나 쉽게 이용할 수 있도록 하는 인터페이스 혁신을 이룬다. SaaSSoftware As A Service 방식의 클라우드 컴퓨팅을 최초로 제공한 기업으로 명성을 떨친다. 세일즈포스닷컴은 전 세계적으로 커다란 성공을 거두면서, 웹을 인터페이스로 이용하는 다양한 업무용 애플리케이션 서비스 개발붐을 만들어 낸다.

현재 대부분의 업무용 애플리케이션은 설치형이든지 클라우드 방식이든지 웹에서 사용가능한 인터페이스를 기본으로 제공하고 있다. 세

[세일즈포스의 대시보드 화면]

일즈포스는 도입 비용을 받지 않는 대신에 사용료 기반으로 서비스함으로써 초기에 중소규모의 기업을 대상으로 사업을 확장한다. 중소기업은 값비싼 업무 애플리케이션을 도입할 필요도 없으며, 웹을 통해서 쉽게 접근할 수 있었다. 세일즈포스의 성공에 웹이라는 인터페이스가 핵심 요인으로 동작한 것이다.

1999년, 엘론 머스크가 설립한 엑스닷컴^{X.com}은 맥스 레프친, 피터 틸, 루쿠 노셀, 켄 하우리가 세운 콘피니티라는 회사를 인수하면서 페이팔 서비스를 출시한다. 페이팔 서비스는 카카오페이, 네이버페이와 같은 간편 결제 서비스로 보면 된다. 페이팔 서비스가 출시되었을 때, 전자상거래가 활성화되는 시기였다. 결제를 위해서 신용카드의 번호를 입력해야 했으며, 안정성이 보장되지 않았다. 사기를 목적으로 사이트를 개설하여 신용카드 정보를 빼돌리기도 하고 해킹 등의 피해를 입

CHAPTER 5

[페이팔의 거래 명세 화면]

기도 했다.

페이팔은 이러한 온라인 거래에 있어서 사용자들과 거래 사이트를 연결해주는 편리하고 안전한 인터페이스를 제공함으로써 2018년에 약 3억 명 이상이 사용하는 대표적인 결제 수단으로 자리 잡는다. 페이팔은 간편 결제라는 개념을 서비스 초기부터 제공했다. 고객은 신용카드를 한 번만 페이팔에 등록하면, 페이팔 결제를 지원하는 많은 사이트에 정보를 제공할 필요없이 안전한 거래가 가능했다. 페이팔은 웹에서 일어나는 거래의 인터페이스로써, 뛰어난 사용자 경험을 제공했기에 성공할 수 있었다.

넷플릭스는 1997년, 리드 해스팅스와 마크 랜돌프가 설립한 기업으로 1998년, 세계 최초의 온라인 DVD 렌털 서비스를 시작한 기업이다. 넷플릭스Netflix 기업명 자체도 인터넷Net과 영화Flicks를 합성한 이름이다. 창업 동기도 재미있다. 당시 미국에서 인기 있던 비디오대여 체인점인 블록버스터에서 영화를 대여했다가 늦게 반납하는 바람에 상당

[넷플릭스]

한 연체료를 내야 했던 점에 화가 나서 넷플릭스를 창업하게 되었다고
한다. 당시에 비디오나 DVD를 대여하기 위해서는 대여점을 방문해서
원하는 영화를 고른 후에 비용을 지불하고 시청 후에 다시 해당 대여점
을 방문해서 반납하는 절차를 거쳐야 했다. 넷플릭스는 이러한 절차를
모두 웹을 통해서 이용할 수 있도록 했으며 연체료를 요구하지 않았다.
이전에 오프라인에서 이루어지던 일들을 웹이라는 인터페이를 통해서
이루어지도록 만든 것이다.

넷플릭스는 여기서 멈추지 않았다. 웹 인터페이스를 이용함으로써,
사용자가 대여한 영화에 대한 데이터를 쌓을 수 있었다. 1999년에 넷
플릭스는 이러한 사용자의 데이터를 이용해서 비슷한 취향의 영화를
추천해주는 서비스를 시작한 것이다.

넷플릭스의 추천 서비스는 아마존의 추천 서비스와 더불어 사용자
의 취향을 정확히 파악하는 것으로 유명하다. 인터넷 속도가 점점 빨라
지자 넷플릭스는 DVD나 블루레이라는 매체를 아예 없애고 온라인 스

트리밍 서비스를 한다. 넷플릭스는 미국의 프라임 시간대에 전체 인터넷 트래픽의 3분의 1을 차지하고 있다고 2017년에 CNN이 보도하기도 했다. 스트리밍 서비스를 하면서 완전히 인터넷을 영화나 드라마 콘텐츠 시청을 위한 인터페이스로 이용한 것이다.

웹툰은 한국에서 시작해서 현재 전 세계적으로 크게 성장하는 산업으로 인정받는다. 전자책이 그랬던 것처럼 만화책도 디지털화를 통해서 웹에서 볼 수 있는 시스템은 1990년대부터 2000년대 초까지 크게 붐을 이루었다. 이때는 웹툰이라기보다는 웹코믹스라고 불리며 만화책의 전자 버전 정도라고 보면 된다. 웹툰은 이런 전자 만화와는 다르게 짧은 컷으로 구성되어 있으며, 무료 또는 유료로 유통된다. 국내의 레진코믹스나 네이버 웹툰 같은 서비스는 스낵 컬처의 한 단면으로 사람들이 만화를 소비하는 방식 자체에 변화를 가져왔다. 웹 자체가 이제 만화를 소비하는 주요한 역할을 수행하게 된 것이다. 앱스토어나 플레이 스토어가 등장한 이후로, 카카오페이지와 같은 서비스가 생겨서 이

[네이버 웹툰의 해외 사이트]

제 웹과 더불어 애플리케이션이 만화를 소비하는 주요한 인터페이스가 된 것이다.

　앞서 살펴본 사례들을 통해서 알 수 있는 점은 명확하다. 기존에 오프라인 또는 PC 기반에서 이용하던 서비스를 인터넷에서 웹을 인터페이스로 사용하게 되었다. 스마트폰이 등장하고 애플리케이션 생태계가 급속하게 구축된 다음에는 애플리케이션 사체도 이런 역할을 하는 중요한 인터페이스로 자리 잡았다. 웹과 애플리케이션 덕분에 사용자는 인터넷만 연결되면 언제 어디서나 원하는 서비스를 편하게 사용할 수 있다. 또한 웹과 애플리케이션이 상호 배타적인 인터페이스로 동작하는 것이 아니라 웹이 가진 편리함과 애플리케이션이 가진 뛰어난 사용자 경험이 서로 보완적인 역할을 한다.

구글 매출의 약 88퍼센트 정도는 인터넷 광고가 차지한다. 모바일 광고와 유튜브 광고는 매출 기여도에서 1, 2위를 기록하고 있다. 이전까지 광고가 차지하는 비율은 90퍼센트 이상이었으며 광고 이외에서 수익이 조금씩 증가했다. 구글이 검색 엔진과 광고 플랫폼, 유튜브와 같이 전통적인 웹 관련 사업에서 대다수의 매출이 나오고는 있지만 이보다는 광범위하게 사업을 진행한다. 구글보다 많은 경쟁사업 영역을 가지고 있는 회사는 별로 없다. 예를 들면 구글 피버를 통해 초고속 인터넷 사업도 진행하고, 프로젝트 파이를 통해 이동통신 사업도 한다. 또한 직접 안드로이드폰을 만들기도 하며, 구글 글라스와 같이 AR 산업도 한다. 구글 애플리케이션스나 구글 어낼립틱스와 같이 기업용 시장에도 진출해 있다.

PC 기반의 OS와 오피스를 개발한 마이크로소프트와는 오래된 경쟁 관계에 있다. 구글이 검색 엔진 시장을 장악하자 마이크로소프트는 빙이라는 검색 서비스를 출시한다. 또한 안드로이드에 대항하기 위해서 윈도 모바일 개발에 집중한다. 구글 독스에 대항하기 위해서 온라인용 오피스를 개발하기도 한다. 구글은 크롬 OS를 개발하여 인터넷 시대에 적합한 운영체제를 출시하여 교육용 시장에서 일정한 성공을 거두고 있다. PC 시대에서 웹 시대로 트렌드가 이동하면서 마이크로소프트와는 필연적으로 경쟁할 수밖에 없는 상황을 맞이한 것이다. 아직까지는 마이크로소프트가 구글을 이겼다고 보기는 어렵지만 오피스 365와 같이 새로운 콘셉트의 소프트웨어를 제공하면서 다시 기사회생 중이다.

애플과는 협력도 많이 하지만 경쟁도 많이 하는 관계이다. 터치 인터페이스로 무장한 아이폰이 출시될 때에 구글 검색 엔진을 사파리 브라우저의 기본 검색 엔진으로 설정하는 계약을 체결한다. 또한 구글 지도를 아이폰에 내장함으로써 구글은 스마트폰 시대에 강력한 힘을 가질 수 있게 된다. 구글이 개발한 안드로이드에 의해서 아이폰의 위치를 위협받게 되면서 구글과의 밀월 관계도 깨지게 된다. 검색 엔진도 다른 회사를 선택할 수 있도록 변경이 되고, 지도도 애플에서 개발한 지도로 대체가 된다. 또한 자동차용 OS 분야에서도 양사는 경쟁 관계에 놓이게 되며, 자율 주행 자동차 분야에서도 서로 경쟁하고 있다.

애플 시리와 같은 AI 비서도 경쟁을 치열하게 하고 있으며, 스마트폰과 관련된 전 분야에서는 엄청나게 경쟁하고 있다. 이러한 분야는 앞으로도 지속적으로 늘어날 것으로 예상된다. 구글이 애플과의 경쟁에서 약점을 가진 분야는 사용자 인터페이스 측면이다. 구글 자체적으로도 수많은 UI/UX 전문가를 보유하고 있으며 지속적으로 개선하는 노력을 기울이고 있다. 그러나 애플은 스티브 잡스의 복귀 이후부터 집요하게 인터페이스에 대해서 연구하고 그 노력을 제품화하는데 최선을 다했다. 이에 비해서 구글은 기술 중심의 회사로 인터페이스는 애플에 비해서 상대적으로 덜 세련되고 기술의 편의성을 중시하는 회사라고 인식되고 있다.

심플한 인터페이스를 통해서 마이스페이스를 물리친 페이스북은 광고 시장에 있어서 구글의 가장 큰 경쟁 상대로 부상했다. 페이스북은 로그인 기반 SNS이기 때문에 사용자 프로필과 취향 기반으로 정교한 광고를 진행하는 것이 가능하다. 이에 비해서 구글의 웹 검색은 이러한 정보를 수집하고 정교하게 타기팅하여 광고를 하는 것은 어렵다(애플리케이션을 통한 모바일 광고는 일정 수준 이상의 정교한 타기팅이 가능하다). 사용자의 웹 사이트 이용 정보를 추적하여 이러한 웹 이용 패턴을 중심으로 광고하는 기술을 주로 사용하고 있다. 페이스북이 전 세계적으로 성공하고 SNS가 전 세계적인 열풍에 휩싸이자 구글도 다양한 SNS 서비스를 출시한다.

2004년, 어커트Orkut라는 SNS를 출시했지만 브라질을 제외한 대부분의 국가에서 처참한 실패를 한다. 이듬해에는 닷지볼이라는 소셜 네트워킹, 모바일, 로컬 SNS 서비스를 인수하지만 당시에는 생소한 개념으로 역시 실패했다. 2007년에는 오픈 소셜이라는 API 제공 플랫폼을 통해 페이스북과 경쟁하려고 하지만 페이스북이 F8이라는 개발 플랫폼 출시로 역시 실패한다. 이후 자이쿠와 웨이브, 버즈와 같은 SNS 서비스를 출시하지만 모두 실패로 끝났다. 유일하게 어느 정도 성과가 있는 구글의 SNS 서비스로는 구글 플러스가 있다. 사실 사용자 수는 많지만, 구글의 여러 프로파일 설정용으로 사용되고 있을 뿐 SNS로써 제 역할을 수행하고 있다고 보기에는 어려운 점이 있다.

2014년, 구글 CEO 에릭 슈미츠는 BBC와 인터뷰에서 구글의 경쟁자는 야후나 빙과 같은 검색 엔진이 아니라 아마존이 가장 큰 경쟁자라고 말했다. 블룸리치의 발표에 의하면 쇼핑과 관련된 검색에서 아마존이 44퍼센트를 차지한다는 결과가 나온다. 이러한 결과가 나온 이유는 아마존은 상품 검색, 주문, 배송까지 한 번에 진행할 수 있는 인터페이스를 제공하는 반편에 구글은 상품 자체에 대한 검색만 가능하기 때문이다. 또한 구글 검색의 사업 모델 자체가 광고이기 때문에 검색어와 연관된 광고가 표시된다. 사용자 입장에서는 이러한 광고를 불필요한 정보를 보여주는 UI로 인식하고 사용자 경험을 해치는 요인으로 작용한다. 아마존 사용자의 50퍼센트는 아마존 앱을 사용하여 접속하므로 구글과 같은 검색 엔진을 사용하지 않고 바로 애플리케이션을 통해 검색하는 패턴을 보였다. 구글은 이를 극복하기 위해 배송 서비스와 안드로이드 기기를 통한 검색 등을 강화하고 있다.

아마존이 구글과 경쟁에서 우위를 점하고 있는 분야는 쇼핑 이외에도 클라우드 서비스가 있다. 아마존 웹 서비스Amazon Web Service, AWS는 2006년에 출시한 후로 전 세계적으로 가장 많이 사용하는 클라우드 플랫폼으로 아마존 순이익의 73퍼센트를 차지할 정도로 성장했다. 아마존 웹 서비스는 구글의 클라우드 플랫폼과 마이크로소프트의 애저 플랫폼과 경쟁을 하고 있지만 아직까지는 아마존 웹 서비스가 압도적인 1위이다. 구글과는 AI 분야에 있어서도 치열하게 경쟁 중이다.

아마존은 알렉사를 출시하면서 AI 스피커 시장에 제일 먼저 진출했다. 구글도 구글 홈 스피커를 통해서 시장에 진출했으며, 음성 명령을 통한 상품 판매 등 다방면에서 치열하게 경쟁하고 있다.

아마존은 다양한 상품 판매뿐만 아니라 전자책, 영화와 같은 온라인 콘텐츠 판매도 구글과 치열하게 경쟁한다. 유튜브라는 동영상 플랫폼을 보유하고 있는 구글이 유리할 것으로 생각되지만, 콘텐츠 유료 판매에 있어서는 아마존 프라임과 결합된 아마존이 뛰어난 성과를 보여준다. 아마존은 2014년에 실시간 게임 중계 서비스인 트위치를 9억 7천만 달러에 인수했다. 트위치를 통해서 게임 중계라는 특정 분야의 동영상 서비스에서 유튜브를 넘어서려는 전략이며, 이는 실시간 게임 중계에서는 유튜브를 넘어서 가장 많이 사용하는 플랫폼으로 자리 잡았다.

2017년 말, 아마존은 오픈 튜브와 아마존 튜브라는 상품권을 등록한다. 일부 예상으로는 유튜브의 경쟁 서비스를 출시할 것이라는 예측이 있다. 아마존과 구글의 경쟁은 다른 어떤 회사들보다도 많은 분야에서 진행 중이며 격화되는 양상이다.

아마존은 2017년 9월, 에코 쇼라는 터치스크린이 있는 인공지능 스피커를 출시하면서 새로운 인터페이스를 시도하고 있다. 기존의 인공지능 스피커가 음성 인터페이스에만 의존하던 것에서 벗어나 시각 인터페이스를 추가한 것이다. 커다란 시도로 보이지는 않지만 인터페이스 측면에서는 충분히 고려해 볼 만하다. 예를 들면, 날씨와 온도를 인공지능 스피커를 통해 확인해 본다고 가정해 보자. 실제 알고 싶은 사항은 비가 오는지, 맑은지, 더운지 정도이다. 그러나 인공지능 스피커는 이를 말로 설명하기 때문에 한참을 들어야만 원하는 정보에 접근이 가능할 것이다. 아마존 에코 쇼와 같이 시각과 음성 인터페이스를 동시에 지원하는 인공지능 스피커는 화면에 직관적인 날씨와 온도를 표시할 수 있다. 질문은 음성으로 하고, 답변은 스크린과 음성으로 보고 듣게 된다면 사용자 경험도 다를 것이다. 이는 쇼핑에 있어서도 제품을 시각 인터페이스를 통해서 확인해볼 수 있는 장점이 있다. 이외에도 아마존은 아마존 대시를 발표하면서 쇼핑에 새로운 인터페이스를 제공한다. 이처럼 아마존은 구글과 경쟁 이외에도 인터페이스 측면에서도 시도하고 있으며 향후 어떠한 결과를 가져올지 지켜보는 것도 흥미로울 것이다.

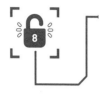

전 세계 동영상 플랫폼의 최강자 유튜브의 다양한 요소와 인터페이스

유튜브의 창업자 스티브 첸은 초기 페이팔에서 근무했다. 직장 동료들과 조촐한 파티를 한 후에 유튜브에 대한 아이디어를 얻는다. 디지털카메라로 촬영한 사진과 동영상을 동료에게 공유하고자 했지만, 사진은 이메일로 쉽게 공유할 수 있었던 반면에 용량이 큰 동영상을 공유할 마땅한 방법이 없었다. 이러한 불편함을 해소하려고 2005년 2월 14일에 유튜브 도메인을 구입하고 같은 해 4월 15일에 최초로 동영상을 업로드하여 공유한다. 유튜브는 동영상을 공유하기 위해서 어도비의 플래시 기술을 사용한다. 당시에는 웹에서 동영상을 사용하기가 쉽지 않았

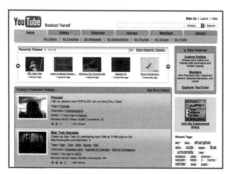

[2006년 유튜브 초기화면]

다. 마이크로소프트는 웹상에서 동영상 재생을 위해서 다양한 포맷과 기술을 개발했지만, 윈도와 인터넷 익스플로러가 있어야 했으며 느린 로딩 속도와 긴 버퍼링으로 인해서 이용하는 사용자들이 많지 않았다. 유튜브는 초기 플래시를 동영상 재생 포맷으로 선택함으로써, 브라우저나 OS에 상관없이 재생이 가능했다. 지금은 HTML5를 쓰고 플래시는 퇴출되는 기술이지만 당시에는 동영상 재생까지 가능한 뛰어난 기술이었다.

유튜브 서비스에 앞서, 국내에서는 2004년 10월에 판도라 TV라는 세계 최초의 UCC^{User Created Content} 동영상 포털 서비스를 시작한다. 국내의 빠른 인터넷 속도와 디지털카메라의 급속한 보급으로 많은 사용자를 그러모으는데 성공한다. 그러나 유튜브는 현재까지 전 세계에서 가장 많이 시청하는 동영상 사이트로 남아 있는 반면, 판도라 TV와 이와 유사한 서비스를 제공했던 국내 사이트들은 사용률이 극히 저조하다. 국내에서 세계 최초로 서비스가 시작되었지만 크게 성공하지 못한 이유는

[초기 판도라 TV 사이트]

무엇일까?

물론 언어적인 장벽을 빼놓을 수는 없다. 한국어로 된 동영상 콘텐츠가 해외에서 크게 호응을 얻기는 힘들었을 것이다. 그러나 한국 시장만 놓고 보더라도 작은 시장이라고 볼 수는 없다. SNS 인터페이스를 제공했는지 여부가 현재 상황을 설명하는데 적합할 것이다. 유튜브는 초기 서비스를 설계할 때부터 외부에 쉽게 공유할 수 있는 인터페이스를 제공했다. 외부 블로그나 사이트 등 웹 페이지에 코드를 복사해서 넣으면 해당 사이트에 쉽게 동영상을 재생할 수 있는 인터페이스를 제공했다. 유튜브 동영상을 삽입한 페이지에서는 유튜브의 썸네일 로고와 로고 타이틀 등으로 유튜브에 업로드된 동영상임을 쉽게 알 수 있다. 인텔 인사이드 마케팅처럼, 유튜브의 동영상임을 표시해주면서 유튜브의 브랜드를 널리 알릴 수 있는 인터페이스를 사용한 것이다. 그에 비해서 판도라 TV는 2006년 11월에 이르러서야 외부 사이트에 공유할 수 있는 기능을 추가했다. 이미 국내의 시장은 다른 경쟁자들과 유튜브에 의해서 경쟁이 심해지고 있었기 때문에 판도라 TV는 어려움을 겪을 수밖에 없었다.

유튜브 이러한 공유 인터페이스는 페이스북과 마이스페이스의 SNS 경쟁에도 영향을 미쳤다. 페이스북은 유튜브 동영상 공유를 쉽게 할 수 있도록 오픈 정책을 취했다면, 마이스페이스는 초기에 유튜브 동영상 공유를 금지하고 자사의 플랫폼을 사용하는 정책을 취한다. 이에 반발하여 마이스페이스 사용자가 자유롭고 편리한 인터페이스를 제공하던 페이스북으로 이탈한다. 유튜브는 개인의 참여를 쉽게 만들고 공유할 수 있도록 해줌으로써 웹 2.0을 대표하는 서비스로 발돋움한다. 유튜브는 초기부터 전 세계를 대상으로 동영상 서비스를 진행했으며, 접속하는 국가에 따라서 해당 국가의 동영상을 보여주는 인터페이스를 제공했다. 만일 전 세계 사용자에게 동일한 동영상만 제공했다면 영어 이외의 언어권 사용자들은 해당 국가의 동영상 플랫폼을 그대로 사용했을 것이다.

유튜브는 2006년, 알렉사Alexa 집계로 세계 5위를 차지했으며, 1일 1억 개의 동영상이 재생되었다. 이런 유튜브도 당시에는 뚜렷한 사업 모델이 없었고 서버와 트래픽에 드는 비용도 상당했다. 유튜브는 마이스페이스와 야후 등과 매각 협상을 진행하지만, 최종적으로는 구글이 16억 5천만 달러에 인수한다. 그 후 5년간 구글 유튜브 사업부는 천문학적인 적자를 기록하면서도 구글은 동영상 데이터 수집과 HTML5의 고해상도 지원, 저작권 보호, 동영상 편집, 자동 번역 등에 지속해서 투자한다. 유튜브에 텍스트와 동영상 광고를 삽입하기 시작하면서 유튜브는 전체 동영상 광고 시장을 장악할 정도로 성장하고 구글 광고 매출에서 많은 부분을 차지한다.

국내 가수 싸이의 '강남 스타일' 유튜브가 폭발적인 조회 수로 기사화되면서 더욱더 많이 알려졌다. 유튜브는 엔터테인먼트의 가장 효과적인 마케팅 수단으로 자리매김했으며 나아가서 기업의 핵심적인 마케팅 수단이다. 광고에서 수익이 발생하고 이런 수익을 동영상을 업로드하는 유튜버에게 배분해주므로, 유튜버라는 새로운 직업이 생겨나기도 한다.

유튜버가 양질의 콘텐츠를 생산하고 광고에서 발생하는 수익을 일

[싸이 강남스타일 뮤직비디오]

부 받는 선순환 구조가 정착되자, 동영상과 실시간 방송, 유튜브를 보는 시청자까지 빠르게 증가한다. 10대 20대의 젊은 세대는 TV나 케이블보다 유튜브를 시청하는 시간이 많다는 통계가 이를 증명한다. 국내에서도 가장 많이 사용하는 애플리케이션으로 유튜브가 1위이다. 초기부터 유튜브는 아마존, 넷플릭스처럼 사용자의 취향을 분석하여 유사한 동영상을 추천하며 많은 동영상을 소비하도록 유도한다.

　유튜브의 다양한 요소와 인터페이스가 현재 전 세계 동영상 플랫폼을 지배하는 원동력이다. 유튜브는 웹에서 다른 획기적인 서비스가 등장하지 않는 한 오랜 시간 1위 자리를 차지할 것이다. 넷플릭스와 같이 영화, 드라마, 예능 등 기업 중심의 동영상 플랫폼이 부상하고 있지만, 소비자가 직접 제작하고 올리는 플랫폼은 아니다. 일반 사용자들이 생산한 동영상을 공유하는 플랫폼으로는 그 지위를 오랜 시간 유지할 수 있을 것이다.

INTERFACE STRATEGY

손가락이 지배하는 터치 인터페이스 전성시대

버튼을 누르거나 키보드를 입력하기 위해서 우리는 손가락을 사용해왔다. 아이폰이 세상에 출현한 이후로 이제는 손가락을 이용한 터치 인터페이스는 전성기를 맞이하고 있다. 스마트폰과 컴퓨터 분야뿐만 아니라 다양한 전자기기도 버튼에서 벗어나서 터치 인터페이스를 적용하고 있다. 정교함이 필요 없는 전자기기에도 낮은 비용을 들여서 뛰어난 디자인을 적용할 수 있기 때문에 그 쓰임새는 점차로 확대될 것이다. 스티브 잡스의 말처럼, 손가락이 최고의 도구로 자리매김하고 있다.

PDA의 몰락과 아이폰의 혜성 같은 등장

세계 최초의 PDA^{Personal Digital Assistant}는 1993년, 애플의 뉴튼 메시지 패드로 볼 수 있다. 애플의 뉴튼은 비싼 가격에 비해서 활용도가 넓지 못했기에 시장에서 실패한다. 애플의 뉴튼은 터치스크린과 필기 인식과 같은 새로운 인터페이스를 시도한다. 뉴튼의 새로운 시도와 기술은 많은 회사에 영감을 주기는 했지만, 무겁고 크기가 휴대하기 애매했으며 필기 인식이 정교하지 못해서 시장에서 자취를 감춘다. 샤프나 카시오, AT&T 등 유사한 기능의 PDA를 발표하지만 성능과 가격 모두 소비자를 만족시키지 못하면서 시장에서 실패한다.

[애플의 뉴튼 메시지 패드]

2세대 PDA는 가볍고 작은 크기로 제작되어 휴대성을 높였으며, 사용자 인터페이스, PC와 자료 공유 기능을 강화했다. HP의 옴니고 OmniGo, 소니의 매직링크MagicLink, IBM의 시몬Simon, 샤프의 자우루스 Zaurus 등이 나왔다. 1996년에 팜 컴퓨팅에서 출시한 팜Palm 시리즈가 작은 크기와 저렴한 가격으로 크게 인기를 얻으면서 본격적인 PDA 대중화의 시발점이 된다. 팜은 출시 후 시장의 40퍼센트 이상을 점유하면서 PDA 시장에서 선두였다. 운영 체제가 가볍고 개인 정보 관리Personal Information Management System, PIMS에 초점을 맞추었다. 그리고 기존 1세대 기기가 필기 인식이 잘 안되었던 점을 극복하려고 그라피티라는 입력 인터페이스를 사용하여서 팜의 성공에 크게 기여하였다.

팜의 성공 이후 마이크로소프트는 윈도 CEWindows CE를 통해서 PDA OS 시장에 진입한다. 마이크로소프트의 오피스 프로그램을 윈도 CE 플랫폼으로 포팅하여 포켓 파워포인트Pocket Powerpoint, 포켓 아웃룩 Pocket Outlook 등을 제공하며 포켓 PCPocket PC로 포지셔닝한다. 윈도CE

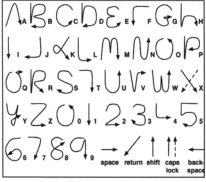

[팜의 그라피티 입력 인터페이스 조작법]

는 PDA뿐만 아니라 다양한 기기에서 사용이 되었으며 나중에 모바일 장치 전용으로 윈도 모바일을 개발하기도 한다. HP, 컴팩, 후지쓰, 삼성 전자 등 마이크로소프트의 윈도 CE를 채용한 PDA들이 나오면서 팜과 경쟁한다.

팜이나 윈도 CE 등 PDA OS를 이용하는 제품들은 크래들이라는 전용 동기화싱크 인터페이스를 제공했다. PDA를 크래들에 올려놓고 버튼을 누르거나 아니면 자동으로 설정하여, PDA와 PC에 있는 데이터를 서로 동기화할 수 있는 기능을 제공한다. 이러한 인터페이스는 PC를 가지고 있지 않다면 최신 데이터를 가져올 수 없다는 단점이 존재했다. 연락처나 일정 정보는 PDA에서 입력하고 나중에 동기화를 해도 문제가 없지만 메일과 같이 실시간으로 확인을 해야 하는 업무에는 활용도가 떨어질 수밖에 없었다. 이동 통신 기술이 발달하면서 PDA에 통신 모듈을 장착할 수 있게 되었다. 초기에는 확장팩 형식으로 추가 장착하는 형태에서 PDA 자체에 통신 모듈과 일체화된 형태로 발전하면서 전화기의 기능까지 지원한다.

[팜의 싱크 크래들]

전화기 기능과 PDA가 결합함으로써 현재의 스마트폰과 유사한 형태를 갖춘다. 그러나 PDA는 결국 시장에서 퇴출되는 운명을 맞이하게 되는데, 여기에는 다양한 요인이 복합적으로 작용한다. PDA가 비록 휴대성에 초점을 맞추기는 했지만 지금 스마트폰처럼 쉽게 휴대하기에는 불가능했다. 또한 당시 피처폰 기술이 발전하면서 일반폰에서 PIMS의 기능을 활용하는 데 큰 불편이 없었기 때문에, 일반인들이 PDA 폰을 구입하기에는 장벽이 존재하고 있었다. PDA 폰에 인터넷 브라우저가 내장되고 실시간 통신이 가능해지면서 기업의 일부 직군에 주로 활용되었다.

영업 직원이 영업 관리 프로그램을 이용하여 즉시 업무를 처리한다든가, 물류와 같은 분야에서 즉시 데이터를 입력하고 업데이트하는 업무에서 주로 활용되었다. 인터페이스 측면에서 살펴보면, PDA 이름에서 알 수 있듯이 포켓용 PC의 개념이 아닌 디지털 보조 기기였기 때문

[전화 기능이 내장된 아이팩**iPAQ** 포켓 PC]

에 인터페이스에 대한 고려 없이 PC 기반의 인터페이스를 간소화하는 수준에 머물고 만다. 스타일러스 펜을 이용한 입력도 불편하였으며, 마우스를 대체하는 수준 정도의 인터페이스에 불과했다. PDA가 최신 기기이기는 했지만 일반인들에게는 불편한 인터페이스를 감내하고 사용할 정도의 메리트를 제공해 주진 않았다.

블랙베리 같은 1세대 스마트폰이 등장하면서, PDA는 몰락하기 시작한다. 블랙베리는 PDA 기능을 대체할 수 있으면서 하드웨어 키보드 인터페이스를 제공하여 정확하게 입력이 가능했다. 또한 실시간 메시징 기능이 추가되어 메일과 메신저를 사용할 수 있게 되면서 빠르게 PDA 시장을 잠식한다.

2007년 6월 29일, 스티브 잡스는 아이폰 2G를 세상에 공개한다. 노키아나 블랙베리 등 주요 제조사들은 아이폰의 잠재력을 미처 인식하지 못하고 그냥 디자인이 뛰어난 스마트폰 정도로 무시한다. 그러나 아이폰 공개 이후 폭발적인 수요로 인해서 공급량이 부족할 정도로 공전의 히트를 친다. PDA와 1세대 스마트폰 제조사들은 아이폰의 영향으로 몰락의 길로 접어든다. 아이폰 2G는 발매 후 2007년에만 전 세계적으로 약 1백4십만 대 판매한다. 이듬해인 2008년에 발표된 아이폰 3G은 3세대 이동통신 기술을 지원하여 이전보다 빠른 인터넷 통신이 가능하게 되면서 2008년에만 약 1천백만 대 이상 판매되었다.

이후 아이폰은 매년 두 배 이상씩 성장하면서 스마트폰 시장 성장을 견인한다. 이후 안드로이드 스마트폰이 팔리면서 PDA와 1세대 스마트폰은 시장에서 존재가 희미해진다. 아이폰이 PDA와 1세대 스마트폰을 물리칠 수 있었던 배경에는 많은 요인이 있다. 애플 특유의 심플하면서도 아름다운 디자인도 성공에 일정 부분 기여한다.

그러나 이보다는 근본적으로 스마트폰에 적합한 인터페이스와 사용자 경험을 제공한 점이 가장 큰 요인으로 볼 수 있다. iOS(초기에는 아이폰iPhone OS로 불림)는 설계부터 휴대용 컴퓨터의 성능을 추구했으며, 애플의 PC용 운영체제인 OSX를 기초로 설계가 되었다. 즉, OS 자체부터 초소형 PC에 준하는 기능을 담당할 수 있는 개념을 적용한 것이다.

여기에 스티브 잡스가 사용자 인터페이스를 강조하면서 기존 PC와 다른 인터페이스를 스마트폰에 심었다. '멀티 터치'라는 기술로 터치와 여러개의 터치를 조합하여 PC를 사용할 수 없던 연령층도 직관적으로 사용할 수 있게 된다. 이러한 터치 인터페이스와 사용성은 애플의 뛰어난 디자인과 결합하여 아이폰을 최고의 히트 상품으로 만들어 주었다. 아이폰에 적용된 터치 기술이 완전히 새로운 기술은 아니었지만 최적의 인터페이스와 결합함으로서 뛰어난 사용자 인터렉션과 사용자 경험을 제공해 줄 수 있었다. 여기에 아이튠즈와 후에 발표가 되는 앱스토어가 추가됨으로써 전혀 새로운 세상을 창조한다.

손가락이
가져다준 혁신

2007년, LG전자는 명품 브랜드 프라다와 함께 세계 최초의 풀 터치 컬러 스크린을 지원하는 '프라다폰'을 출시한다. 아이폰 디자인에 영향을 미쳤다는 루머가 돌았을 정도로 디자인적인 완성도는 뛰어났다. 1세대의 운영체제가 피처폰에서 사용하던 것을 그대로 사용해서 스마트폰으로 분류하기는 어렵지만, 뛰어난 디자인으로 어느 정도 명성을 떨쳤다. 그러나 감압식 터치스크린을 지원하면서 PDA에 있던 단점이 그대로 있었으며, 이러한 불편한 인터페이스로 인한 야기된 안 좋은 사용자 경험은 시장에서 성공하는데 장애물이 된다.

경쟁사 삼성전자에서는 2008년, 애니콜 햅틱이라는 브랜드로 프라

[LG전자의 프라다폰]

[삼성전자 애니콜 햅틱폰]

다폰과 동일한 감압식 터치스크린을 내장하고, 정교한 진동을 지원하는 햅틱 인터페이스를 추가로 지원하는 폰을 시장에 출시한다. 프라다 폰과 햅틱폰은 국내에서 어느 정도 인기를 끌지만, 2008년 후반 아이폰 3GS가 국내에 출시되면서 점차로 시장에서 외면받는다. 전 세계적으로 애플의 아이폰 출시 후, 정전식 터치스크린의 뛰어난 반응성과 편리함으로 인해서, 감압식 터치스크린을 도입한 휴대용 기기들은 시장에서 사라진다.

2005년, 애플은 비밀리에 핑거웍스라는 회사와 그들이 가진 특허를 인수한다. 핑거웍스는 제스처 기반의 멀티 터치 전문 기업으로 멀티 터치를 지원하는 입력기기를 개발하여 판매 중이었다. 애플은 핑거웍스의 제품을 모두 회수하고, 애플의 이름으로 멀티 터치와 관련된 특허를 등록하기 시작한다. 애플이 성공한 인수 중에서도 손꼽을 만한 인수이다. 이 기술을 기반으로 애플은 정전식 멀티 터치를 지원하는 아이폰을 개발하여 출시한다.

아이폰의 성공은 디자인 이외에도 정전식 멀티 터치를 포함한 인터

[핑거웍스의 멀티 터치 입력 기기]

페이스 혁신이 가장 중요한 요인이었다. 앞서 기술한 바와 같이, 아이
폰이 설계 철학은 휴대용 컴퓨터에 준하는 성능과 새롭고 직관적인 인
터페이스를 적용하는 것이었다. OSX를 기반으로 iOS를 설계했고 여기
에 터치에 최적화된 인터페이스를 추가한 것이다. 애플은 멀티 터치 인
터페이스 구현을 통해서 제스처 인식 기능을 아이폰에 구현한다. 손가
락을 옆으로 쓸면 방향에 따라서 이전 또는 다음 사진이 나타난다든가,
화면을 터치하여 밑으로 내리면 스크롤이 되고, 화면에 손가락 두 개를
벌리거나 오므리면 확대/축소가 되는 기능이다. 이러한 기능은 기존의
감압식 터치스크린이나 나아가서는 마우스의 포인터 입력 방식으로는
불가능한 기능으로 전혀 새로운 방식의 인터페이스 혁신이다.

[멀티 터치 제스처 인터페이스 조작화면]

CHAPTER 6

또한 애플이 아이폰 출시 시에 중요하게 생각했던 인터페이스는 감압식 터치에서 불편했던 쿼티QWERTY 키보드 입력방식을 개선하는 것이었다. 애플은 이를 위해서 다양한 요소를 고려하여 소프트 키보드 입력 인터페이스를 고안한다. 키 터치 시에 큰 팝업으로 해당 글자를 보여줌으로써 입력 즉시 확인할 수 있는 인터렉션을 추가하여 사용자 경험을 개선한다. 또한 상황에 따라서 다른 종류의 키보드를 표시해 줌으로써 제한된 화면에서 최대한 편하게 사용할 수 있도록 여러 타입의 키보드 레이아웃을 제공하도록 인터페이스를 설계했다. 즉, 숫자만 필요한 경우에는 숫자만 크게 표시해주고, 메일을 사용할 때는 많이 쓰는 @이 표시된 키보드 레이아웃, 브라우저 주소를 입력할 때는 필요한 키

[키보드 입력 시 인터렉션 효과]

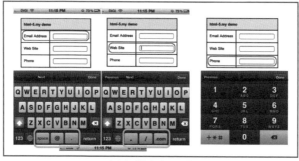

[입력 상황별 키보드 UI]

가 표시된 레이아웃을 표시해주는 것이다. 이러한 인터페이스는 오랜 시간 노력과 섬세한 기획에서 나온 결과로 아이폰의 등장 이전에는 특별히 반영되지 않은 요소였다.

아이폰이 등장 이후로 정전식 방식의 터치 인터페이스가 사용되기 시작하면서 손가락은 자주 사용하는 입력 도구가 된다. 일부 마니아층에서는 추운 겨울에 아이폰을 사용하기 위해서 전용 장갑을 구입하거나 정전식 입력이 가능한 소시지 소식이 전해지면서 화제가 되기도 했다. 정전식 방식의 단점인 전기 신호의 변화를 감지하지 못할 경우에 터치 인식이 안 되는 점을 극복하기 위한 재미있는 시도가 뉴스거리가 된 것이다.

정전식 터치 방식은 이후 다양한 기기로 확대된다. 버튼을 누르는 대신 손가락으로 가볍게 터치를 하면 간편하게 기기를 컨트롤할 수 있게 되면서 손가락은 가장 각광받는 입력도구가 되었다. 이후 정교한 입력을 위해서 정전식 방식으로 압력筆狎을 동시에 감지할 수 있는 전용 펜이 등장하기도 한다. 터치 인터페이스는 우리가 상상하는 것 이상으로 입력 인터페이스에 있어서 영향을 주었으며, 버튼 중심의 인터페이스에서 벗어나게 해주었다. 애플의 멀티 터치 인터페이스 기술은 사람의 제스처가 직관적이고 현실적인 경험을 반영할 수 있음을 보여주며 터치 기술의 핵심으로 자리 잡게 되었다.

아이패드,
터치 인터페이스에
시각 인터페이스로 강화하다

스티브 잡스는 2010년 2월, 샌프란시스코에서 개최된 애플 스페셜 이벤트에서 아이패드iPad를 발표한다. 스마트폰과 노트북 사이에 새로운 카테고리의 제품이 필요하다는 것을 역설하면서 아이패드는 웹 브라우징, 이메일 송수신, 사진·비디오·음악 재생, 게임·전자책 구동에 최적의 태블릿이라고 얘기한다. 당시 유행하던 저렴한 넷북은 가격을 빼고는 장점이 없다고 지적한다. 아이패드는 9.7인치의 스크린과 대용량의 배터리, 멀티 터치 인터페이스를 지원하는 얇고 가벼운 스마트 기기이다.

　아이패드가 나왔을 때, 휴대용 게임기 시장에 있어서 강력한 경쟁 상대로 부상한 닌텐도는 아이패드를 '좀 더 커진 아이팟에 불과하다'는 반

[스티브 잡스의 아이패드 발표]

응을 보였으며, 마이크로소프트의 빌 게이츠는 "내가 아이폰을 봤을 때 '마이크로소프트가 더 높은 목표를 잡았어야 했구나'라는 느낌을 받았다면 아이패드는 그렇지 않았다"라는 말로 기술적인 혁신이 결여된 제품이라는 회의적인 평가를 하기도 했다. 키보드와 같은 하드웨어 인터페이스가 결여되어 있고, iOS를 사용해서 데스크톱 소프트웨어를 설치할 수 없다는 단점이 존재하기 때문에 윈도를 지원하는 태블릿 PC가 출시되면 경쟁에서 뒤처질 것이라는 비판도 있었다.

이에 비해서, 블로거나 언론 매체들은 아이패드에 대한 분석 기사를 실으면서 성공 가능성에 대한 찬반의 의견을 쏟아낸다. 성공에 대한 예측은 엇갈리기는 했지만 대체로 IT 시장에 새로운 변화를 가져올 것이라는 데 공감하는 분위기였다. 휴대성과 편리한 사용자 인터페이스에 성공 가능성이 많다는 의견과 키보드의 부재, 멀티 태스킹 불가능, USB 미지원 등의 이유로 성공이 어렵다는 의견이 있었다. 아이패드는 출시 첫날 30만 대가 판매되어, 아이폰이 백만 대 판매되기까지 걸린 시간의 반 정도에 백만 대가 팔린다. 또한 아이패드2가 발매되기 전까지 약 천 5백만 대가 판매되며, 2010년 말 모든 태블릿 PC 시장에서 75퍼센트의 점유율을 기록할 정도로 커다란 성공을 이루어 낸다.

아이패드가 아이폰에 이어서 성공하게 된 요인은 복합적이다. 애플 특유의 심플하면서도 세련된 디자인이 소비자에게 크게 어필했다는 점을 제외하고, 시각 인터페이스 장치로써 새로운 역할을 보여주었다. 시각 인터페이스 장치는 TV의 화면, 모니터, 스크린 등 우리 시각이 인식할 수 있도록 각종 정보나 콘텐츠를 보여주는 장치로 가장 오래되고 많이 사용되는 인터페이스이다.

오래전에 비디오테이프가 발명되었을 때, 영화 관계자들은 영화를 보기 위해서 극장을 찾는 사람들이 사라질 것이라는 걱정을 했다고 한다. 비싼 돈을 주고 극장에서 영화를 보는 대신에 비디오 대여점에 싼 가격에 대여해서 TV와 연결된 비디오 플레이어로 감상하는 것이 합리적이라고 생각했기 때문이다. 그러나 극장을 방문하는 사람은 줄어들지 않았다. TV의 수십 배가 넘는 스크린에서 감상하는 영화와 TV의 작은 화면이 주는 사용자 경험은 완전히 다르기 때문이다. 비디오라는 것이 영화의 대체재가 아닌 보완재로 여겨진 것이다.

아이패드의 스크린은 PC 모니터, TV 화면, 스마트폰의 터치스크린에 이어서 제4의 스크린의 역할을 수행한다고 보는 견해가 많다. PC와 TV의 전통적인 역할을 일부 대체하면서도 휴대성에 최적화된 스마트폰의 작은 화면에서 경험할 수 없는 넓은 화면을 제공한다(앞서 영화관과 TV에서 보는 사용자 경험이 다른 것과 어느 정도 일맥상통하는 면이 있다).

가정에서 인터넷 브라우징을 위해서, PC나 노트북을 켜는 대신에 아이패드를 이용해서 넓은 화면에서 편하게 인터넷과 메일을 사용할 수 있게 되었다. 스마트폰으로도 물론 가능하지만, 아이패드에 비해서 화면의 크기가 작아서 사용자 경험의 차이는 클 수밖에 없다. 아이패드의 크기에 강력한 CPU를 내장하고, 넓은 공간에 배터리를 배치할 수 있기에 10시간 정도의 플레이 타임을 지원했다. 이러한 장점이 있어 사용자는 게임이나 동영상과 같은 콘텐츠 소비에 있어서 새로운 경험을 했다. 아이패드가 시각 인터페이스 장치로서 새로운 카테고리의 제품을 창조하였기 때문에 성공에 이룰 수 있었다는 점은 현재 태블릿 시장을 봐도 명확하다. 아이패드 이외에도 안드로이드를 지원하는 다양한 태블릿이 출시되어 가격/품질 면에서 경쟁이 심화한 것을 보면 새로운 카테고리가 생겨나서 시장에 안착했다는 것을 의미한다.

아이패드 성공에 빼놓을 수 없는 것은, 애플이 아이폰에서 구축해 놓은 강력한 애플리케이션 생태계와 아이튠즈의 콘텐츠 플랫폼이다. 앱스토어와 아이튠즈는 아이패드를 활용하는 데 있어서 강력한 성공 요인이다. 초기 아이패드의 애플리케이션은 지원하는 애플리케이션이 적은 단점을 극복하기 위해서 아이폰의 애플리케이션을 그대로 사용할 수 있는 기능을 지원하기도 했다(이는 2X 모드로 불렸으며, 아이폰의 화면을 2배 확대해서 보여주었다). 개발자 입장에서도 아이패드용 애플리케이션을 만드는 것이 부담이 되는 작업은 아니었다. 이전보다 큰 아이패드 화면에 최적화된 UI를 만드는 것이 작업 대부분이었으며, 코드 자체에 수정이 많이 필요하지는 않았다. 또한 애플은 엑스코드Xcode에서 다양한 크기의 iOS 화면을 대상으로 편하게 작업할 수 있는 환경을 지속적으로 업데이트해 주었다.

아이패드의 실패를 예상한 전문가들이 가장 크게 지적한 부분은 스마트폰의 OS를 사용하기 때문에 노트북 대용으로 사용하기에는 애매한 기기라는 점이었다. 결국에는 아이패드의 비싼 가격과 제한된 활용성으로 인해서 저가의 넷북 같은 기기와의 경쟁에서 실패할 것이라는 예상이다. 애플은 이러한 점을 충분히 인식하고 있었던 것으로 보인다. 아이패드를 출시하면서 데스크톱 용으로 개발된 애플 생산성 소프트웨어인 아이웍스의 페이지, 넘버스, 키노트를 포팅하여 앱스토어에서 판매한다(나중에 무료로 전환된다). 터치 기반의 생산성 애플리케이션을 제공함으로써 기업 사용자가 느낄 수 있는 불편함을 제거한 것이다.

　이러한 애플의 노력으로 다양한 기업에서 아이패드를 활용한다. 특히나 의료, 교육 쪽에서 활용이 되었으며 일반 기업에서도 도입하여 사용하게 된다. 스마트폰 OS인 iOS가 단점이라고 생각했던 부분은 오히려 앱스토어의 통제된 환경과 iOS의 뛰어난 보안성이 장점으로 작용한다. 교육 쪽에서 아이패드가 학교에서 수업용 보조재로 사용되면서 관련 애플리케이션과 함께 도입하여 수업을 진행하는 학교가 많아졌다. 일부 대학에서는 입학 시에 아이패드를 지급하기도 했다(현재는 가격 경쟁력이 뛰어난 크롬 노트북을 도입하는 추세이다).

　아이패드에 최적화된 전용 애플리케이션들이 추가되면서 회사, 학교, 가정에서 활용도가 높다. 앞서 얘기한 대로 큰 화면으로는 가정에서 편하게 브라우징을 하거나, 유튜브를 시청할 수 있다. 무거운 교과서 대신에 아이패드를 학교에 가져가면 수업 내용을 확인하고 필기할 수 있는 애플리케이션을 사용할 수도 있다. 기업에서는 크고 무거운 노

[애플 아이웍스iWorks의 아이패드 버전]

트북을 가져가는 대신에 아이패드만으로 프레젠테이션을 하고 업무를 진행할 수 있다. 블루투스를 이용한 키보드를 구입하여 터치 기반의 소프트 키보드를 대체할 수도 있었으며 다양한 액세서리를 통해서 활용도를 넓혀갔다.

아이패드가 새로운 카테고리의 기기로써 확고하게 자리를 잡은 것은 분명하다. 비록 그 쓰임새가 모든 사람에게 필요한 것은 아닐지라도 태블릿이라는 포지셔닝은 사용자에게 스마트폰이 줄 수 없는 새로운 경험을 제공하는 데 있다.

현재는 삼성전자의 갤럭시 노트가 출현한 이후로 스마트폰의 스크린이 커지면서 패블릿Phablet. 폰과 태블릿의 합성어 이라는 용어로 태블릿의 시장을 잠식하기도 한다. 그러나 아이패드와 같은 태블릿은 독특한 카테고리로, 애플이 아직까지도 스마트폰과 노트북 사이에 아이패드를 위치시키고 있으며 태블릿 PC(데스크톱 OS를 그대로 사용하는 기기로, PC의 소프트웨어를 그대로 사용가능하다)와 같은 제품을 제조하지 않고 있는 점을 보면 시장이 충분하다고 여기는 것 같다. 태블릿 PC와 같이 맥OS를 내장한 아이패드를 만들기보다는, 앞으로는 맥OS와 iOS 모두에서 실행 가능한 애플리케이션을 개발할 수 있도록 개발 생태계를 통합하는 전략을 구사하는 중이다.

마이크로소프트는 윈도 XP 기반의 태블릿 PC가 실패한 이후로, 태블릿 PC에 대해서 새로운 접근법을 시도한다. 기존의 태블릿 PC가 노트북 형식을 취하면서 동시에 터치스크린을 이용한 태블릿 기능을 수행할 수 있게 설계됐지만, 새로운 태블릿 PC는 2in1 형식으로 터치스크린과 키보드를 분리할 수 있도록 설계가 되었다. 마이크로소프트는 서피스 브랜드로 서피스 RT라는 실험적인 제품과 데스크톱용 윈도를 사용하는 서피스 프로를 발표한다. 서피스 RT는 태블릿 전용 OS를 내장하고 있어 별도의 전용 애플리케이션이 필요했지만, RT를 구입하는 사람도 적었고 이런 이유로 전용 애플리케이션을 개발하는 개발사도 거의 없었다. 이에 비해 서피스 프로는 윈도용 프로그램을 그대로 사용할 수 있었기 때문에 노트북 대용으로 구입하는 사람들이 생겨났다.

마이크로소프트는 세계 최고의 소프트웨어 회사로 그 명성을 떨치고 있었지만 의외로 뛰어난 하드웨어 설계 및 개발회사로도 알려져 있다. 마이크로소프트의 마우스와 키보드는 인체공학적인 디자인과 하드웨어의 높은 품질로 이름을 떨쳤으며, 서피스도 뛰어난 디자인과 양질의 부품과 소재, 마감까지 완벽하여 높은 가격에 비례하여 품질이 뛰어나다는 인식을 심어주었다. 마이크로소프트는 지속적으로 서피스시리즈를 출시하면서 CPU와 부품을 업그레이드한다.

윈도 10이 출시된 후 서피스의 판매량도 서서히 늘어난다. 윈도 8에서 무리하게 도입된 불편한 UI가 익숙한 UI로 변경되고 터치 인식률을 높이고 쉽게 사용할 수 있는 잉크 기능 등이 추가되면서 많은 사용자의 사랑을 받는다. 또한 오피스 제품군에 포함되어 있는 원노트를 무료로 보급하면서 서피스 사용자들의 환영을 받는다.

마이크로소프트 서피스는 여러 가지 인터페이스 조합을 시도한 제품 중 하나이다. 소프트웨어적인 인터페이스는 윈도 10을 통해서 서피스에 최적화하였으며 다양한 입력을 지원할 수 있도록 고려했다. 아이패드가 손으로 들고 터치스크린을 활용하여 필요한 작업을 할 수 있도록 설계되었지만, 서피스는 킥 스탠드로 각도를 조정하여 스크린을 책상 등에 거치하여 볼 수 있도록 디자인되어 있다.

이는 애플과 마이크로소프트가 바라보는 태블릿, 태블릿 PC, 노트북에 대해서 서로 다른 시각을 가지고 있기 때문이다. 애플이 아이패드에 대한 개념은 이전에 설명한 것처럼 노트북과 스마트폰 사이의 새로운 기기로, 라이프 스타일에 필요한 기기로 정의 내리고 있는 반면에, 스마트폰 시장에서 실패한 마이크로소프트는 PC와 노트북을 대체하거나 보조할 수 있는 기기로 태블릿 PC라는 카테고리를 만들어내고자 했기 때문이다.

이미 애플의 아이패드와 안드로이드 기반의 저가 태블릿이 점령한 태블릿 시장에서 마이크로소프트가 성공하기는 쉽지가 않았다는 점도 작용하여 태블릿 PC 시장을 본격적으로 공략하는 전략을 취했을 것이다. 마이크로소프트는 스마트폰 OS에서 미미한 점유율로 철수를 선언하고 서피스 RT로 태블릿 시장을 기웃거려 보았지만 실패하면서, 태블릿 PC라는 2in1 PC 시장에 초점을 맞추게 된 것이다.

2in1 PC는 탈착식 키보드를 통해서 터치 중심의 태블릿처럼 사용할 수도 있고, 노트북처럼 사용할 수 있도록 지원한다. PC 운영체제 기반의 2in1 태블릿 PC는 마이크로소프트의 서피스 발표 이후에 다양한 제조사들이 출시하면서 새로운 시장이 된다. 2017년에 마이크로소프트 서피스의 판매량은 약 300만 대이고 아이패드의 판매량은 1,320만 대이다. 삼성전자와 레노버 같은 제조사도 이에 동참하고, 중국 제조사들의 참여로 저가의 기기가 다양하게 출시되면서, 노트북 대용으로 또는 보조용으로 판매가 증가한다. IDC의 예측에 따르면 태블릿 PC 시장은 지속적으로 성장할 것이라고 한다.

서피스는 스타일러스를 제공하여 필압 감지를 통해 손가락 터치보

[마이크로소프트 서피스 태블릿 PC]

다는 정교한 입력이 가능하다. 뛰어난 스타일러스 성능으로 인해서 그래픽 디자인 등에 사용하는 전용 입력 도구와 경쟁이 가능할 정도라는 찬사를 듣기도 했다. 마이크로소프트는 2016년 10월, 일체형 PC와 그래픽 태블릿의 개념을 결합한 서피스 스튜디오라는 그래픽 전문가용 제품을 출시하기도 한다. 기존에 그래픽 작업을 위해 별도의 전용 입력장치가 필요했다면, 서피스 스튜디오는 터치스크린과 스타일러스를 통합하여 새로운 그래픽 전문가 작업용 올인원 PC로 출시한 것이다. 또한 서피스 다이얼이라는 독특한 인터페이스 제품을 함께 출시했다. 다이얼 제품을 통해서 확대/축소/스크롤/색상관련 조정 등 다양한 작업을 할 수 있으며, 그래픽 작업 시에 양손으로 작업을 하면서 능률을 높여주는 제품으로 호평받는다.

이외에도 서피스는 다양한 제품군으로 확장하고 있다. 서피스 랩톱이라는 브랜드로 마이크로소프트 최초로 노트북을 발매한다. 서피스 랩톱의 발매와 함께 윈도 10S라는 교육용 무료 윈도를 발표한다. 윈도 랩톱은 윈도 10S라는 무료 OS가 내장되어 있기는 하지만 가격이 999달

[서피스 스튜디오와 다이얼]

러부터 시작한다. 애플의 아이패드와 구글의 크롬북과 비교하면 지나치게 높은 가격으로, 마이크로소프트가 교육용 시장을 타깃으로 한 것인지는 의문이다.

또한 마이크로소프트는 서피스 북을 통해서 고급 태블릿 PC 브랜드를 출시하기도 한다. 이보다 흥미를 끄는 것은 중소 제조사에 의해서 출시되고 있는 윈도 10 실행이 가능하면서도 안드로이드를 동시에 지원하는 태블릿+태블릿PC 제품들이다.

이 제품은 듀얼 OS 기능을 통해서 안드로이드로 게임과 브라우징, 동영상을 감상하고, 윈도로 부팅하여 오피스 등을 사용하여 작업할 수 있는 저가용 제품이다. 태블릿과 태블릿PC가 서로 다른 카테고리라는 증거이기도 하지만 하이브리드 제품을 통해서 동시에 지원하려는 새로운 시도를 지켜볼 필요가 있다. 아이패드의 iOS와 맥OS를 동시에 지원하는 애플리케이션 개발을 지원하는 전략으로 태블릿PC에 대응하려는 전략을 추진 중인 것과 비교해보면 흥미로울 것이다.

[안드로이드와 윈도 듀얼 부팅이 가능한 태블릿 PC]

멀티 터치 기술을 이용한 새로운 인터페이스에 대한 시도

노트북에서 사용되는 포인팅 입력 인터페이스는 트랙 볼이나 트랙 포인트를 거쳐서 트랙패드또는 터치 패드가 일반적으로 사용된다. 손가락 이동을 감지하여 마우스 포인터를 이동할 수 있고 터치를 감지하여 마우스 클릭과 같은 기능을 수행할 수 있다. 이에 비해서 마우스는 좌우 버튼을 클릭하여 입력하거나 휠 버튼으로 상하로 이동하는 기능이 주를 이룬다.

2005년, 애플은 마이티 마우스를 출시하면서 22년 만에 애플 최초로 2버튼 마우스를 맥에 도입한다(이전까지 애플 마우스는 하나의 버튼만을 사용했다.). 마이티 마우스는 터치 센서를 내장하여 좌우 터치를 감지할 수 있으며, 윈도용 마우스와 동일하게 좌우 클릭의 기능이 있다. 또한 트

[애플 마이티 마우스]

랙 볼을 추가하여 상하좌우 자유롭게 스크롤할 수 있는 기능을 추가한다. 지금은 당연하게 생각되는 마우스의 기능을 위한 인터페이스가 애플 기기에서는 조금 늦게 도입이 된 셈이다.

애플은 2008년, 판매되는 맥북 에어부터 멀티 터치를 지원하는 트랙패드를 노트북 제품군에 제공한다. 핑거웍스 인수로부터 확보한 기술을 아이폰의 터치스크린에 먼저 적용했으며, 점차로 노트북 제품군에 적용한 것이다. 멀티 터치를 지원하는 맥북 제품들은 아이폰에 비해서 많은 제스처를 지원하며, 아이폰에서 지원하는 기본적인 제스처 이외에도 손가락의 개수와 움직임과 같은 제스처에 따라서 다양한 기능을 수행할 수 있도록 설정할 수 있다. 단, 맥OS만을 지원하며 관련 제스처를 사용하기 위해서는 약간의 학습 시간이 필요하다.

멀티 터치와 제스처를 지원하는 트랙패드는 사용자에게 전혀 새로운 경험을 제공해 준다. 기존에 동일한 기능을 수행하기 위해서는 별도의 추가적인 작업이 필요했지만, 일단 제스처에 익숙해지면 빠르게 원하는 작업 수행이 가능해진다. 맥OS와 멀티 터치에 익숙해진 사용자는

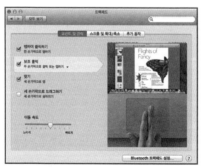

[트랙패드 멀티 터치 제스처 설정 기능]

쉽게 윈도로 이동하지 않는 경향을 보여준다. 애플 데스크톱과 노트북 가격이 다른 회사의 제품과 비교하여 높은 편임에도 불구하고 시장에서 상위권을 유지하는 배경에는 뛰어난 디자인과 함께 이러한 인터페이스적인 편리함에서 오는 자물쇠 효과Lock-In도 무시할 수 없다.

애플의 멀티 터치 기술을 이용한 새로운 인터페이스에 대한 시도는 여기서 멈추지 않는다. 2009년 10월, 애플은 마이티 마우스를 대체하는 매직 마우스를 발표한다. 상단에는 어떠한 버튼도 없이 매끈하게 디자인되어 있으며, 멀티 터치 센서가 내장되어 애플 노트북의 멀티 터치 패드에서 지원하던 일부 기능을 마우스에도 사용할 수 있도록 지원한다. 아이맥iMac과 같은 애플 데스크톱 제품에서는 브라우징 시 뒤로 가기나 앞으로 가기 위해서는 화면의 버튼을 마우스로 클릭하는 방법 외에는 없었다. 매직 마우스를 이용하여 두 손가락으로 스와이프를 하면 방향에 따라서 뒤로 가기나 앞으로 가기를 할 수 있다. 또한 매직 마우스에서 터치하고 위아래로 움직이면 스크롤 기능이 동작한다. 별도의

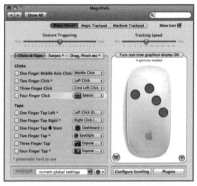

[매직 마우스와 멀티 터치 설정 애플리케이션]

서드 파티 애플리케이션Magicprefs 등을 설치하면 다양한 터치와 제스처를 커스터마이징 하여 사용할 수 있다.

그 뒤 1년 뒤인 2010년 7월, 애플은 독특한 멀티 터치 인터페이스 기기를 출시한다. 매직 트랙패드라는 이름의 제품으로 맥북 제품군에 사용하던 노트북용 멀티 터치 트랙패드를 별도의 포인팅 인터페이스 기기로 출시한 것이다. 마우스의 기능을 대체하면서 데스크톱 PC에서 멀티 터치와 제스처 기능을 제공한다. 애플은 데스크톱 제품군인 아이맥 iMac 구매 시에 매직 마우스 또는 매직 트랙패드를 선택할 수 있다. 물론 개별 제품으로 구매도 가능하다.

맥OS에 터치 패드, 매직 마우스, 매직 트랙패드를 설정할 수 있는 옵션을 OS 차원에서 제공하면서 애플 사용자들에게 환영을 받는다. 그동안 윈도용 마우스에 비해서 애플 마우스로 할 수 있는 일은 단순한 포인팅이 주였지만, 멀티 터치와 제스처를 지원하는 제품들이 출시되면서 다양한 기능을 수행할 수 있도록 발전했다.

애플은 2015년경 멀티 터치를 지원하는 입력 인터페이스에 포스 터치3D 터치 기능을 제공하면서, 압력 센서와 탭틱 엔진을 추가한다. 포스

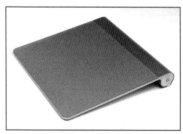

[매직 트랙패드]

[아이폰에서 3D 터치 시 나타나는 콘텍스트 메뉴]

터치 기능은 맥북 제품군과 아이폰, 애플워치, 매직 트랙패드2 등에 적용이 되었으며, 이를 통해서 완전히 새로운 UI가 출현한다. 압력을 가중시켜 터치하면 새로운 메뉴가 나타나거나 미리 보기 등이 표시되면서 직접 화면을 이동하여 확인해야 했던 단계를 줄여주었다.

특히나 애플 워치처럼 작은 화면에서 다양한 UI를 구성하는데 기여한다. 포스 터치는 사용자 인터페이스에 있어서 새로운 길을 제시했다는 평가를 받고 있다. 또한 탭틱 엔진을 통해서 정교하게 설계된 진동을 피드백함으로써 포스 터치가 동작했음을 사용자에게 전달한다. 이처럼 멀티 터치와 제스처 나아가서 포스 터치는 촉각 인터페이스로서 애플이 얼마나 인터페이스 측면에서 고민과 연구를 하고 있는지 보여주는 대목이다.

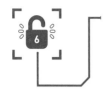

다시 연필로 돌아가다 : 스타일러스 펜이 입력 인터페이스로서 가지는 의미

삼성전자는 아이폰의 출시 이전에 옴니아라는 브랜드로 스마트폰 시장에 진출했다. 아이폰이 국내에 출시하고 성공하는 모습을 지켜 본 삼성전자는 뛰어난 하드웨어를 무기로 한 옴니아2를 출시하면서 대응하고자 한다. 성능이 뛰어나지만 그 성능을 충분하게 테스트하지 못하고 급하게 출시하였다. 소프트웨어적인 문제가 발생하면서 삼성전자 옴니아2는 최악의 스마트폰이라는 불명예를 안았다. 이후 출시된 갤럭시S와 대비되면서 옴니아2 사용자들이 집단 소송까지 제기했다. 이후 삼성전자는 안드로이드를 기반으로 한 갤럭시S 시리즈를 통해서 글로벌한 스마트폰 제조사로 성장한다. 삼성전자는 자체적으로 터치위즈라는 전용 UI를 개발하면서 UI 쪽에서 노력을 기울인다. 2011년 9월, IFA에서 삼성전자는 대화면의 갤럭시 노트를 출시하면서 스마트폰의 새로운 카테고리인 패블릿 시장을 창출하는 데 성공한다.

스티브 잡스는 스마트폰을 한 손에 쥐고 사용할 수 있어야 한다는 신념하에, 스크린 크기가 3.5인치를 유지하고 있는 반면에 갤럭시 노트는 5.29인치에서 5.55인치 정도의 큰 화면을 제공한다. 이는 기존에 스마트폰에 대해서 가지고 있던 일반인들의 인식을 바꾸는 계기가 된다. 스마트폰 휴대성 측면에서는 아이폰에 비해서 불편하기는 하지만 태블릿보다는 뛰어났다. 그리고 큰 화면을 제공하게 되면서 브라우징, 동영상 감상 등 스마트폰에 비해서는 뛰어난 사용성을 보여준다.

또한 스티브 잡스가 비하했던 스타일러스 펜을 전격적으로 도입하여 넓은 화면에서 정교한 작업을 할 수 있도록 해주면서 사용사들의 사랑을 받는다. 갤럭시 노트의 성공 이후에 패블릿Phablet, Phone + Tablet의 신조어이라는 용어가 탄생하며 제조사들이 대화면의 스마트폰을 제작한다. 애플은 스티브 잡스 사후에 대화면 아이폰을 개발하여 패블릿 시장에 대응한다.

삼성전자는 갤럭시 노트부터 S 펜이라는 이름으로 스타일러스 펜을 제공하기 시작했다. 필압 감지 기능을 통해서 정교한 작업이 가능하도록 지원했으며, 에어 커맨드라는 전용 UI를 통해서 쉽고 빠르게 S 펜을 활용할 수 있는 인터페이스를 제공했다. 갤럭시 노트를 통해서 삼성전자는 스마트폰 시장에 늦게 진출한 약점을 극복하고 하드웨어적으로 혁신을 이루어낸 스마트폰 제조사라는 인식을 심어준다. 또한 터치위즈

[갤럭시의 펜 기반 에어 커맨드 메뉴]

라는 전용 UI를 통해 사용자 인터페이스에 대한 개선도 이루어 내면서 단순히 안드로이드를 채용한 다른 제조사와 차별화에 성공한다.

2015년 9월 9일, 애플은 아이패드 프로 발표와 함께 디지털 스타일러스 펜인 애플 펜슬을 발표한다. 아이패드는 멀티 터치 인터페이스가 주로 사용되고 있지만 디지털 그래픽 분야나 노트 필기, 메모 등에 활용할 수 있는 보조 입력 인터페이스로 애플 펜슬을 발표한 것이다. 갤럭시 노트나 마이크로소프트의 서피스에서 이미 사용하고 있던 기술이기는 하지만 아이패드에서 정교한 작업과 빠른 입력을 위해서 도입하였다. 아이패드 프로 화면에 직접 확인하면서 입력이 가능하므로 편리함 때문에 그래픽 분야에서 호응이 컸다. 또한 전용 애플리케이션이 개발되고, 메모나 노트 필기, 문서작성 등 다양한 애플리케이션에서 활용성이 높아지면서 구매를 고려할 만한 액세서리라는 평가를 받았다.

초기 애플 펜슬은 아이패드 프로에서만 사용이 가능했었다. 2018년 3월, 애플은 아이패드 6세대를 발표하면서 프로가 아닌 일반 아이패드에서도 애플 펜슬을 지원하기 시작한다. 아이패드는 패블릿 시장이 성장하면서 판매 대수가 하락하고 있었다. 이에 애플은 가격을 대폭 낮추

[애플 펜슬을 이용하여 그림을 그리는 모습]

고 일부 사양을 변경하여 시장에 출시한 바 있다.

아이패드 6세대는 크롬북 등이 위협하는 교육 시장에 대응하기 위해서 교육용 애플리케이션과 활용성을 강조하면서 애플 펜슬도 입력 인터페이스로 지원하게 된 것이다. 교육 시장에 있어서 애플 펜슬과 같은 인터페이스는 중요한 역할을 수행할 수 있다. 칠판을 대체하기 위해서 전자 칠판과 같은 기술이 개발되기는 하지만 가격 측면에서 아직 전통적인 칠판을 대체하지 못한다. 이에 비해서 애플 펜슬을 사용하면, 선생님이 입력한 내용을 학생들의 아이패드에 직접 보내 줄 수 있으며 원활한 교육이 가능해 질 것이다. 아이패드의 가격이 낮아지기는 했지만 아직 국내에서 아이패드를 활용한 교육 환경을 보기는 쉽지 않을 것이다.

스타일러스 펜이 입력 인터페이스로서 가지는 의미는 분명하다. PDA에는 유일한 입력 인터페이스로 제공되었지만 이는 PC의 마우스를 대체하는 용도 정도의 의미였다. 이에 비해서 갤럭시 노트에서 도입된 S펜은 멀티 터치 인터페이스와 함께 정교한 작업에 사용할 수 있는 보조 인터페이스로서 새로운 경험을 제공해 주는 도구이다. 비록 모든 사람에게 필요한 인터페이스라고 할 수는 없지만 편리함과 새로운 경험을 제공해 줄 수 있는 입력 인터페이스의 역할을 충분히 수행하고 있다. 앞으로 기술이 발전하고 터치 인터페이스를 내장한 기기들이 일반화된다면, OS나 제조사와 상관없이 범용적으로 사용할 수 있는 정교한 스타일러스 펜이 빠르게 보급될 것이다.

터치 인터페이스와 UI/UX의 시대

애플이 아이폰을 개발하면서 하드웨어적으로는 휴대용 PC로 콘셉트를 잡고 PC의 운영체제에 준하는 스마트폰 OS를 개발하기로 결정한다. 이를 위해서 OSX의 개발팀을 대거 iOS 팀으로 옮겨 OSX를 바탕으로 개발을 진행한다. 애플은 자체적으로 개발한 OS를 가지고 있었기에 이 작업 자체가 아이폰 개발에 걸림돌이 되지는 않았다. 애플은 아이폰이라는 멀티 터치가 적용된 인터페이스를 최대한 쉽고 직관적으로 사용할 수 있도록 구현하는 것을 성공에 중요한 요소로 여기고 있었다. 스티브 잡스의 인터페이스에 대한 편집광적인 집착도 한몫했을 것이다.

아이폰 이전에 스마트폰으로 분류되는 기기도 있었고, PDA도 존재했지만 모두 인터페이스 측면에서는 부족한 면이 많았다. 당시의 스마트폰 OS는 피처폰휴대폰에서 발전된 형태이거나 PC의 마우스 인터페이스를 그대로 구현한 수준에 불과했다. 지금은 스마트폰 인터페이스에 익숙해졌지만, 아이폰이 최초로 발표되었을 당시에는 사용자가 최대한 쉽게 적응할 수 있도록 사용자 인터페이스를 구현하는 것은 큰 과제였다.

아이폰의 인터페이스는 스마트폰 사용 시작부터 고민과 노력의 흔적이 남아 있다. 스마트폰은 터치 화면을 기본으로 하고, 다양한 인터렉션이 일어나는 기기라서 기존의 PDA나 초기 스마트폰과 출발점이 다르다. 물리적인 버튼으로 기능을 실행하는 대신에, 터치 인터페이스를 고려하여 기능을 수행하도록 구성해야 했다. 아이폰에서 애플리케이션을 실행할 수 있는 화면으로 진입하기 위한 '밀어서 잠금 해제' 기능을 시작 화면에 삽입한다. 아이폰이 가진 물리적 버튼은 전원, 볼륨, 홈 키가 전부였기에 확실한 잠금 기능과 편리한 해제 기능은 필수였다.

'밀어서 잠금 해제'는 실제로 일어나는 행동에 메시지를 추가하여 직관적으로 사용할 수 있는 UI로 구현이 되었다. 굉장히 단순해 보이는 인터페이스이지만, 기술적으로는 많은 고려사항이 가미되어 있다. 폴더폰의 경우, 폴더를 펼칠 경우 자동으로 켜지도록 설계하면 되지만, 스마트폰은 화면 전체가 스크린으로 구성되어 있어 실제 실행화면까지 도달하는 새로운 방식이 필요했다.

또한 아이폰의 넓은 화면은 배터리를 가장 많이 소비하는 부품 중 하나로, 배터리의 사용 시간 등도 고려해야 했으며, 화면이 켜져 있어서 의도하지 않은 터치 입력 등에 대해서도 고려해야 했다. 애플은 센서

[아이폰의 밀어서 잠금 해제하는 기능]

기술과 간단하지만 직관적인 인터페이스를 고안함으로써 이러한 문제를 해결한 것이다.

2013년, 애플은 아이폰 5S를 출시하면서 터치 ID라는 지문인식 기능을 추가하여 보안을 강화한다. 기존에는 비밀번호를 입력하는 보안 기능을 사용했다. 이후에는 iOS가 업데이트되면서 편하게 잠금 해제하기 위해서 홈 버튼 클릭으로 간소화한다. 홈 버튼에 내장된 터치 ID 기능을 활용하는 경우에는 홈 버튼에 지문을 올려놓기만 하면 바로 사용할 수 있도록 편의성을 증대시킨 것이다. 안드로이드의 경우에는 비밀번호 외에 패턴을 통한 보안 기능을 가지고 있었으며, 아이폰과 동일한 지문 인식 기능을 도입하여 제공한다.

애플이 아이폰을 개발하며 GUI 디자인에 스큐어모피즘Skeuomorphism을 적용한다. 스큐어모피즘은 그리스어로 Skeuos는 Vessel용기 또는 Tool도구, Morphe는 Shape형태를 의미한다. 즉, 원래 도구나 용기의 형태를 그대로 따라가는 디자인을 아이콘과 GUI에 적용한다. 예를 들면, 시계 애플리케이션의 아이콘은 진짜 시계를 모방한 것 같은 디자인이라든가, 메모의 아이콘은 메모 용지의 모양을 따르고, 실제 애플리케이션의 GUI도 메모 용지와 유사한 배경을 사용한다.

이러한 스큐어모피즘 디자인은 사용자에게 실제 내가 사용하고자 하는 애플리케이션의 아이콘을 직관적으로 어떠한 용도의 애플리케이션인지 알아차릴 수 있었으며 애플리케이션의 이름을 모르더라도 그 쓰임새를 짐작할 수 있도록 디자인되었다. 애플리케이션의 아이콘으로 해당하는 애플리케이션의 기능과 서비스를 직관적으로 알아차릴

[아이폰 미니멀리즘 vs 스큐어모피즘 디자인]

수 있도록 디자인해야 사용자들이 다운로드할 가능성이 커졌기에, 애플리케이션 개발사들은 아이콘 디자인에 노력을 기울였다.

안드로이드는 아이폰보다 자유롭게 아이콘을 디자인 할 수 있었지만, 아이폰의 애플리케이션 아이콘은 정해진 규격을 지켜야 했으며 이러한 디자인 가이드를 지키지 않으면 앱스토어에 등록할 수가 없었다. iOS의 애플리케이션은 터치 인터페이스를 고려하여 버튼 모양으로 기획이 되었으며, 사용자가 버튼을 터치한다는 경험을 그대로 적용을 했으며 현재까지도 이러한 디자인 가이드를 고수하고 있다.

애플은 iOS7부터 스큐어모피즘이 아닌 미니멀리즘을 적용한 디자인으로 변경을 한다. 변경 이유는 여러 가지가 있지만 스큐어모피즘에 입각한 아이콘과 애플리케이션 GUI 디자인 자체에 노력이 지나치게 들어갔기 때문이다. 애플리케이션 개발자들 사이에서도 애플리케이션 아이콘 디자인이 사용자의 시선을 끌지 못하면 프로그램 설치로 이어지기 어렵다는 인식이 널리 퍼져서 디자인에 많은 시간과 비용을 들였

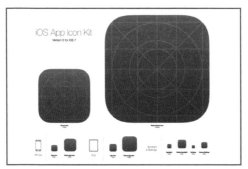

[iOS의 다양한 아이콘 형식을 쉽게 제작할 수 있도록 도와주는 아이콘 킷 화면]

다. 이러한 불필요한 노력을 줄이기 위한 면도 있고, 이제 스마트폰에 여러 세대가 익숙해졌기에 스큐어모피즘을 통해 사용자를 학습시킬 필요성이 사라졌기 때문이다. 사용자들도 지나치게 화려하고 복잡한 아이콘과 GUI로 인해서 콘텐츠 자체에 대한 집중도가 떨어지는 것에 불편함을 느끼고 있었다. 이러한 요인들로 인해서 iOS7의 디자인을 총괄한 조너선 아이브는 미니멀리즘으로 변경한 것이다.

멀티 터치 인터페이스를 내장한 스마트폰이나 태블릿에서 제스처를 이용한 인터페이스는 일반화되어 있다. 확대/축소, 스와이프, 더블 탭 등 한 번이라도 터치 인터페이스를 경험한 사람은 쉽게 적응할 수 있다. 애플은 아이폰X를 출시하면서 터치 인터페이스 자체를 다시 한번 개선한다. 스마트폰 하드웨어 경쟁이 평준화되면서 홈 버튼을 삭제하고 전면 스크린을 채용했기에 여기에 적합한 인터페이스 개발이 필요했다. 이미 여러 테스트를 거쳐 최적화한 제스처 인터페이스로 이를 극복했으며 안드로이드도 유사한 제스처 기능을 추가한다. iOS와 안드로이드는 유사한 기능을 상호 도입하면서 비슷한 터치 인터페이스를 제공하고 있다.

그러나 애플은 자사가 터치 인터페이스 특허 중에서 안드로이드가 유사한 기능을 구현한 것에 민감하게 반응하여 소송을 통해 사용 중지 시킨 기능이 있다. 바로 관성 스크롤에 대한 특허이며, 이중 바운스백 Bounce-Back이라는 용어가 주요 이슈로 등장한다.

아이폰을 개발하면서 애플은 작은 화면에서 긴 문서를 읽을 때 스크롤바를 사용하는 것은 PC를 그대로 따라한 것이며 터치와 적합하지 않은 아주 불편한 인터페이스이므로 혁신을 해야 한다고 생각한다. 스크롤 바를 없애면 문서나 웹 페이지에서 현재의 위치를 알 수 없다는 불편함이 생기지만 이를 터치 시에 우측에 표시하면서 불편함을 없앤다. 그리고 아래나 위로 스크롤을 빠르게 한 후에 손을 떼면 관성에 의해서 스크롤이 지속되고 여러 차례 동일 동작을 반복하면 가속도가 붙어서 빠르게 이동할 수 있도록 UI를 구현했다.

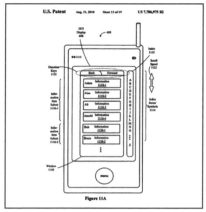

[애플의 관성 스크롤 관련 특허 문서 도면]

이러한 생각은 지금은 일반화되어 있었지만 당시에는 아무도 생각하지 못한 혁신적인 인터페이스였다. PC의 인터페이스에 익숙해져 있기 때문에 더더욱 쉽게 생각할 수 없었다. 이러한 관성 스크롤은 실제와 유사한 방식으로 동작했으며 문서의 끝으로 가면 살짝 튕겨서 올라가는 효과가 발생하는 데 이를 바운스백이라 불렀다. 바운스백은 관성에 의해서 움직이는 물체가 벽과 충돌했을 때 발생하는 반동과 같은 느낌의 인터렉션으로 터치 인터페이스에 직관성을 부여하고 사용자 경험을 풍부하게 해주는 요소이다.

　관성 스크롤은 iOS의 사용자 경험에 있어서 중요한 요소로 특허로 등록되어 있다. 안드로이드는 특허 침해 소송 결과에 따라서 해당 기능을 삭제해야 했다. 일부 아이폰에서 안드로이드로 이동한 사용자가 불편하다고 느끼는 대표적인 인터페이스 요소이다. 바운스백은 있으나 없으나 기능상 사용하는데 아무런 문제가 없지만, 이를 경험한 사용자들은 바운스백이 주는 자연스러움에 익숙해져서 안드로이드의 UX가 딱딱하다고 느낀다.

　터치 인터페이스는 다양한 기기에서 사용된다. 터치는 이제 버튼과 같이 돌출된 인터페이스의 자리를 차지하고 있을 정도로 널리 퍼진 상태이다. 애플은 상위 노트북 제품군인 맥북 프로에 터치 바라는 인터페이스를 내장하여 출시한다. 멀티 터치가 가능한 스크린을 키보드의 평션키 위치에 장착한 것이다. 또한 터치 ID 지문인식 기능을 내장하여 노트북 잠금을 해제할 수도 있다. 터치 바는 사용하는 프로그램에 따라서 변경되는 아이콘과 스와이프로 조작할 수 있다. 이는 기존에 생각하지 못했던 전혀 새로운 종류의 인터페이스를 추가한 것이다.

즉, 기존의 버튼 방식이 고정된 기능을 제공한다면 터치 바는 프로그램에 따라서 다양한 버튼과 기능을 개별적으로 지원할 수 있게 된 것이다. 예를 들어 브라우저인 사파리에서 새 탭을 열 때는 즐겨찾기 사이트가 표시되어 바로 이동할 수 있도록 하거나, 사진 애플리케이션에서는 사진이나 동영상 썸네일이 표시되어 스와이프를 통해 빠르게 찾을수 있는 UI가 표시되는 형식이다. 아직까지 비싼 가격으로 인해서 터치바의 새로운 시도가 성공했다고 논하기는 힘들다. 그러나 애플의 끊임없는 인터페이스에 대한 집념을 보여준 시도로 다른 회사의 제품에도적용되어 널리 사용되는지 여부를 지켜볼 필요가 있다.

2018년, 애플의 터치 바에서 영감을 받은 에이수스ASUS와 레노버, 인텔은 닌텐도 DS와 유사한 듀얼 스크린을 내장한 노트북을 선보인다. 기존 노트북이 가지고 있던 물리적인 키보드를 터치스크린 기반의 화면에 표시하고, 다른 다양한 정보와 키패드를 동시에 보여줄 수 있는

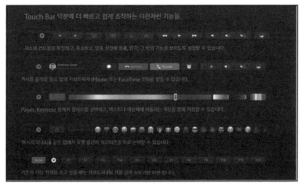

[맥북 프로 터치 바 설명 화면]

[인텔 타이거 래피드]

방식을 적용한 것이다. 이 터치스크린은 태블릿과 같이 그래픽 작업을 위한 공간으로 쓰일 수도 있고, 두 개 모두를 스크린으로도 활용할 수도 있다. 듀얼 터치스크린 내장 등 비용 상승 요인이 많아 가성비가 좋지 않고 대중이 널리 사용하기까지는 시간이 걸릴 것이다.

또한 기술적으로 물리적인 키보드를 타이핑하는 것과 같은 경험을 제공하기는 쉽지 않다. 햅틱또는 탭틱 엔진이 터치 키보드에 내장되어 피드백을 주는 기능 등이 내장된다면 현재와 유사한 타이핑 경험을 제공해 줄 수 있지만 대중화되기까지는 시간이 더 필요하다. 이러한 새로운 시도가 지속적으로 이루어지는 것을 보면, 터치 인터페이스가 노트북 영역에까지 깊은 영향을 미치고 있다는 점을 방증한다. 우리는 지금 터치 인터페이스의 전성기를 목격하고 있는 것이다.

INTERFACE STRATEGY

CHAPTER 7

Siri,
오늘의 날씨는 어때? :
음성 인터페이스와 AI

음성 인터페이스는 인간의 소통에 있어서 가장 오래되고 보편적인 인터페이스이다. 기업들이 이러한 음성 인터페이스 기술을 개발하고 제공하기 위해서 노력했지만, 제한적인 성능으로 인해서 그리 성공적이지는 못했다. 그러나 AI 기술이 발전하면서, 음성 인터페이스 기술은 획기적으로 발전한다. AI 기술과 결합된 음성 인터페이스 기술은 스마트폰을 시작으로 스마트 스피커, 스마트카, 스마트 홈 등 다양한 제품으로 그 영역을 넓혀가고 있다.

애니콜과 구글
411을 추억하다

1997년, 삼성전자는 음성 인터페이스, VUI^{Voice User Interface}를 이용하여 음성으로 전화를 걸 수 있는 애니콜 브랜드의 전화기를 출시하면서 대대적으로 광고한다. 광고의 모델인 영화배우 안성기 씨는 전화기에 '본부'라는 말로 전화를 연결하는 모습을 보여준다. 인터페이스로서 음성은 1960년대부터 연구가 진행되었다. 음성은 인간이 사용하는 가장 보편적인 수단이며, 누군가 얘기하면 이를 인식하고 답변하는 프로세스이다. 음성 인터페이스 구현에 있어서 가장 중요한 것도 이 두 가지로 간단히 정리해 볼 수 있다. 즉, 화자의 음성 인식과 음성 합성또는 다른

[삼성전자 애니콜 음성 인식 자동 다이얼 광고의 한 장면]

형식의 출력이 그것이며 이를 처리하기 위해서 언어를 분석하고 이를 이해하는 컴퓨팅 능력이 필요하다.

삼성전자의 애니콜도 마찬가지이지만 음성 인터페이스를 이용하기 위해서는 음성을 정확히 인식하는 기술이 필요했다. 당시의 기술은 음성 정보 처리를 위한 기술이 크게 발전하지 않아서 간단한 인식 방법고립 단어 인식이 사용되었으며, 주변 잡음 등이 끼어들면 인식률이 떨어져 제한적으로 사용이 가능했다. 삼성전자는 이러한 음성 인터페이스를 휴대폰피처폰의 메뉴까지 확대하기는 했지만 최신 기술력을 보여주는 신기한 제품 정도로 여겼으며 자연스럽게 사용할만한 수준은 아니었다.

2000년대 초에 접어들면서 음성 인터페이스 관련 기술은 급속하게 발전한다. DSP^{Digital Signal Processing}칩이 개발되면서 음성 데이터처리 능력이 비약적으로 발전하고 음성 인터페이스가 대중화된다. CTI를 기반으로 한 무인 콜센터가 등장하고, 텔레뱅킹, 각종 정보 조회 등에 사용되어 널리 퍼진다. 또한 음성 합성 기술이 발전하면서 텔레매트릭스 등에도 활용된다. 자동차 네비게이션의 안내 음성은 뛰어난 음성합성 기술의 발전으로 예전보다 자연스러워졌다. 언어의 특징에 따라서 실제 사람의 음성과 유사한 수준으로 발전한다. 이제 음성 인터페이스는 지능형 대화 인터페이스로 발전하여, 지능형 로봇, 통역, AI 등 다양한 분야로 영역을 확장하고 있다.

음성 인터페이스가 급격하게 발달하게 된 기반에는 CPU나 DSP칩 같이 하드웨어에서 처리할 수 있는 프로세싱 파워가 비약적으로 발전한 것도 있지만 정확한 음성 인식을 위한 딥 러닝^{Deep Learning}기술과 AI

가 결합하면서부터 본격화되었다.

구글 411 서비스를 들어본 적이 있는가? Goog-411^{Google Voice Local} Search로 전화를 걸면, 완전 자동화된 음성 인식 시스템을 통해서 원하는 주나 도시의 기업이나 업종 전화번호를 무료로 안내해주는 서비스이다. 2007년, 구글 411 서비스가 출시하였을 당시에, 전화 안내 서비스는 연간 70억 달러의 유료 시장이었다. 당시 구글 411의 음성 인식률은 70퍼센트 정도였지만 사용자들은 무료 서비스를 이용하는데 주저하지 않았다. 구글은 음성 안내 서비스에 어떠한 유료 모델을 도입하지 않고 서비스를 종료할 때까지 무료로 운영한다.

구글이 무료 구글 411 서비스를 운영한 이유는 자동 음성 안내 시스템을 사용하는 사용자의 음성 데이터를 수집하기 위해서이다. 인간의 음성은 사람마다 다르기 때문에 이를 통계적인 기법으로 분석하고 적용하면 음성 인식률을 높일 수 있기 때문이다. 이제는 데이터에 머신러닝 기술을 활용하여 효과적으로 분석하고 학습하여 기계가 이전보

[구글 411 소개 페이지]

다 정확히 음성을 인식할 수 있게 되었다. 머신러닝, AI 등과 결합한 음성 인터페이스는 앞으로 자세히 살펴보겠다.

음성으로 검색하다, 샤잠 엔터테인먼트

1999년, 음악 검색 서비스를 제공할 목적으로 영국에서 샤잠 엔터테인 먼트라는 회사가 설립된다. 샤잠은 약 150만 곡을 디지털화한 엔터테 인먼트 UK와 제휴하여 음악에 대한 데이터베이스를 확보한다. 샤잠 엔터테인먼트는 음악 데이터베이스를 분석하여, 마이크가 내장된 기 기를 통해서 음악의 일부분을 수집하면 그 노래의 정보를 보여주는 서 비스를 출시한다. 2002년에 영국에서만 서비스를 출시하였으며, 2580 으로 전화를 걸어 음악을 들려주면 30초 후에 자동으로 통화를 종료하 고 노래에 대한 정보를 SMS로 보내주는 서비스를 한다. 2004년에는 미

[샤잠을 실행하여 음악을 검색한 화면]

국에 진출하여 뮤직폰MP3폰에서 음악을 검색할 수 있는 서비스를 출시하고 2006년에 유료화를 단행한다.

2008년, 애플이 아이폰 2세대를 출시하면서 앱스토어를 열자, 샤잠 엔터테인먼트사는 샤잠이라는 무료 음악 검색 애플리케이션을 출시한다. 스마트폰을 이용하여, 카페에 흘러나오는 음악 일부를 수집하고 이 음악에 대한 제목, 가수 등의 정보를 보여준다. 샤잠은 검색된 음악을 바로 구입할 수 있도록 인터페이스를 추가했으며 10억 회 이상의 다운로드 기록을 세운 인기 있는 애플리케이션이다. 뛰어난 음원 인식 기능을 인정받아 애플은 2017년 12월, 4억 달러에 샤잠 엔터테인먼트를 인수한다.

샤잠과 유사한 사운드 하운드 애플리케이션도 등장하고, 이후에는 이보다 기술이 진화하여 소리 자체를 인터페이스로 활용하여 음악을 작곡할 수 있는 험온HumOn, 2016년과 같은 애플리케이션이 출현하기도 한다. 험온은 사람이 멜로디를 스마트폰 마이크에 허밍 방식으로 들려주면 음의 높낮이를 인식하여 음악으로 전환해주는 애플리케이션이다.

[험온]

기본 멜로디에 다양한 장르의 효과를 더해서 완성된 곡으로 만들어 주는 기능으로 주목받기도 했다.

샤잠의 음원 인식 기능은 엄밀히 얘기하면 음성 인식과는 데이터를 처리하는 방식 자체가 다르다. 그러나 소리를 매개체로 해서 검색할 수 있는 가능성을 보여줌으로써, 스마트폰에서 이용자들의 관심과 편의성을 증대시킬 수 있는 새로운 인터페이스라는 데 의미가 있다. 이에 구글과 네이버, 다음 등 검색 포털들은 음성으로 검색할 수 있는 기능을 개발하여 스마트폰 애플리케이션에 적용하기 시작한다.

2010년, 구글과 다음은 스마트폰 애플리케이션에 한국어가 지원되는 음성 통합 검색 서비스를 출시하고 자연어를 처리한 검색 결과를 보여주기 시작한다. 자연어 기반의 검색 기술은 오래전부터 연구가 되었으며, 국내의 경우는 엠파스가 최초로 도입하여 인기를 끌기도 했다.

그러나 검색창에 자연어를 입력하는 것이 검색의 정확성을 높이는 데 커다란 기여를 했는지는 의문이다. 사용자의 검색 의도를 파악하는 데는 유리했지만, 매번 긴 문장을 검색창에 입력하는 사람보다는 검색 키워드를 입력하여 검색하는 방식을 선호하게 된다. 그러나 음성 검색이라면 상황이 달라진다. 편하게 검색하고 하는 내용을 말하면 해당 내용을 분석하여 검색 결과를 보여줄 수 있게 되었다. AI와 결합하여 이제는 대화하듯이 원하는 결과를 편하고 자연스럽게 얻을 수 있는 시대에 살고 있다.

예전부터 영화에서 AI와 사람이 음성으로 대화하는 장면이 종종 있다. 스마트폰이 등장하고 음성에 대한 데이터를 쉽게 축적할 수 있게 되면서 음성 인식은 새로운 전환점을 맞는다. 축적된 음성 빅데이터를 처리하고 AI를 통해서 분석하여 지능형 대화 인터페이스를 구성할 수 있을 정도로 발전한다. 멀티 터치 인터페이스가 제스처 등 인간의 행동을 모방하거나 최대한 직관적으로 UI를 구현하였다고 해도 음성처럼 인간에게 가장 친숙하고 편안한 인터페이스는 아니다.

NUI^{Natural User Interface}의 핵심 중 하나인 음성 인터페이스는 터치 인터페이스를 대체할 수 있는 최고의 인터페이스이다. 이러한 음성 인터페이스와 AI의 결합은, 애플이 시리를 출시하면서 지능형 음성 인터페이스 분야에서 새로운 경쟁을 촉발한다. 아마존, 구글과 마이크로소프트는 이러한 지능형 음성 인터페이스를 이용한 개인 디지털 비서 애플리케이션과 스마트 스피커 분야에 뛰어들면서 경쟁의 범위가 점차 확대된다.

아직 음성 인터페이스 기술 자체가 발전하고 있는 단계이며, AI를 통해서 가속화되고 있기는 하지만 터치 인터페이스를 완전히 대체할 수준에 이르지는 않았다. 또한 음성 인터페이스 자체만으로 모든 것은 대체한다고 보기는 어렵지만 이제 음성 인터페이스의 중요성에 대해서 간과하는 기업은 없을 것이다.

헤이 시리!
음성 인터페이스 기반
서비스

2011년 10월, 애플은 아이폰 4S 발표와 함께 '시리'라는 음성 인터페이스 기반 서비스가 포함되어 있음을 밝힌다. 시리는 초기에 영어, 독일어, 프랑스어를 지원했으며, 시간이 지나면서 다양한 언어로 확장한다. 시리는 SRI 인터내셔널이 미 국방연구소와 함께 군사 목적으로 추진한 인공지능 개발 프로젝트의 일환으로 개발된 기술을 상용화한 것이다. 이를 애플이 인수하여 아이폰에 탑재하여, 터치 인터페이스 기반 스마트폰에 음성 인터페이스를 추가하게 된 것이다.

시리 사용을 설정하면, 사용자가 '헤이, 시리Hey, Siri' 또는 '시리야'와

[아이폰 4S의 시리 호출 아이콘 화면]

같은 호출 명령을 하면 스마트폰 화면에 시리 음성 입력 화면이 나타나고 사용자의 음성을 인식하여 질문에 답하거나, 추천하거나 특정 작업을 실행할 수 있도록 해준다. 동작 원리는 간단하다. 사용자의 음성을 녹음하여 서버로 전달하면 뉘앙스사의 기술을 이용하여 음성을 텍스트로 변환한 후에 AI가 이를 분석하여 행동을 결정하여 결과를 전달하는 형식이다.

초기에는 사용자의 데이터가 쌓이지 않아서 인식이 부정확하고 엉뚱한 결과를 내놓았지만 점차 데이터가 쌓이고 딥 러닝으로 AI가 스스로 학습하여 개선되었다. 간단한 대화부터, 농담, 노래부르기 등 일상적인 대화도 어느 정도 가능해서 초기 사용자들은 '시리야, 사랑해'같은 대화를 시도하기도 했다. 애플에서는 정책적으로 감정적인 대화를 하지 못하게 해 놓았다고 한다. 스마트폰의 기본적인 기능인 전화 걸기, 음악 감상, 문자 재생, 일정 관리, 웹 검색 및 시스템 설정 등을 시리로 할 수 있었으며, 애플리케이션과 통합되어 음성으로 문서를 작성하는 등의 작업 수행이 가능했다.

애플이 시리를 통해서 지능형 대화 인터페이스를 구현하고 개인 디지털 비서로 역할을 수행하면서 새로운 시도를 진행하자, 많은 기업이 음성 인터페이스 기술 개발에 적극적으로 뛰어든다. 구글의 경우, 음성 인식 기능을 애플보다 먼저 구현하였지만 초기에 자연어를 인식하는 수준은 많이 떨어졌다. 구글은 키워드 기반으로 '일정'이라는 단어가 포함되어 있어야만 인식을 하고 일정 기능을 실행할 수 있었던 반면에 시리는 '오늘 뭐 해야 하지?'와 같이 문장을 파악하여 일정 기능을 수행시

[구글의 음성 인터페이스 호출 화면]

킬 수 있었다.

애플이 시리로 지능형 대화 인터페이스를 제공하여, 전체 대화의 맥락을 파악할 수 있게 되자 구글은 이에 자극을 받아서 본격적으로 음성 인터페이스 기반의 지능형 개인 디지털 비서 개발에 박차를 가한다. 구글은 2012년, 안드로이드 4.1 젤리빈을 출시하면서 구글 나우와 구글 음성 인식 서비스를 결합하여 음성 인터페이스를 이용한 개인 비서 서비스를 출시한다. 삼성전자는 2012년, 갤럭시 S3를 출시하며 'S보이스'를 출시함으로써 음성 인터페이스 경쟁에 참여한다. LG전자도 G4부터 'Q보이스'라는 이름으로 음성 인터페이스를 지원하는 서비스를 출시하고, 다른 스마트폰 제조사도 유사한 서비스를 출시한다.

애플과 구글 등 스마트폰 OS를 개발하는 회사는 음성 인터페이스를 운영체제 안에 탑재할 수 있었기 때문에 충분한 경쟁력을 가지고 있었다. 그러나 이러한 노력에도 불구하고, 2016년에 한 조사 결과에 의하면 13.5퍼센트만이 음성 인터페이스를 가끔 또는 자주 사용한다는 결과가 나왔다. 조사 응답자의 86.7퍼센트는 스마트폰이 음성 인터페이스를 제공한다는 사실을 알고 있다고 답변했지만 실제 사용률은 예상보다 저조하게 나왔다. 실제 스마트폰에서는 음성 인터페이스보다는 터치 인터페이스를 이용하는 비율이 압도적으로 높다라고 보여준다. 이는 스마트폰이 개인이 사용하는 기기이며, 음성 인터페이스가 필연적으로 가지고 있는 프라이버시 노출이라는 문제 때문으로 해석할 수 있다. 사람이 모인 공간에서 음성 인터페이스로 검색을 하거나 지시를 하는 모습을 들려주고 싶은 사람이 없기 때문이다.

이러한 상황에서 2014년 11월, 아마존은 인공지능 플랫폼인 알렉사의 발표와 함께 아마존 에코Amazon Echo라는 스마트 스피커를 출시한다. 아마존 에코는 진보한 AI 플랫폼 기반으로 음성 인터페이스를 스마트폰이 아닌 스피커 형식으로 출시한 것이다. 애플과 구글이 장악하고 있는 스마트폰 시장보다는 가정에서 사용하는 스피커를 이용하여 음성 인터페이스와 연계한 것이다. 음성 인터페이스를 이용하기 위해서는 입출력 장치로 마이크와 스피커가 필수인데, 기존에 출력 장치로만 사용하던 스피커에 마이크 기능을 추가하고 인터넷을 연결함으로써 AI와 연계된 최적의 장치로 자리 잡았다.

[아마존 에코 광고]

2017년에 한 시장 조사 기관에 의하면, 약 천 2백만 대의 스마트 스피커가 판매되었으며 이중 80퍼센트는 아마존 알렉사Alexa 플랫폼 기반 제품이라고 한다. 또한 2022년도에는 1억6천만 대 이상이 판매될 것으로 예측했다. 개인 공간에서는 음성 인터페이스는 가장 편리한 인터페이스 중 하나이므로 아마존은 새로운 카테고리 시장에 진입한 것이다.

아마존은 인공지능 플랫폼인 알렉사를 외부 개발사에 개방함으로써 다양한 제품에 적용되어 시장에서 선두를 차지하고 있다. 물론 아마존의 음성 인식률이 애플이나 구글보다 뛰어난 점도 있으며, 아마존의 쇼핑몰 연계가 되어 상품을 편리하게 구매할 수 있는 기능을 제공했기 때문이다. 이는 다양한 분야로 확대되고 있다. 아마존 에코의 성공은 스마트폰 OS 개발사나 제조사가 아닌 기업도 AI 기술을 확보하고 있다면 새로운 시장에서 성공할 수 있다는 점을 보여주었다.

국내 통신사인 SK텔레콤과 KT도 통신과 연계하여 스마트 스피커 시장에 진출했으며 네이버, 카카오 같은 인터넷 기업이 진출하여 경쟁은 날로 심화한다. IoT 기업도 구글과 아마존의 플랫폼을 사용하여 시장에 진출하고 있다. 아마존을 가장 큰 경쟁사로 생각하는 구글도 구글홈이라는 제품으로 스마트 스피커 시장에 진출한다. 구글의 막강한 검색 능력을 충분히 활용하여, 다양한 정보를 제공하는 데 강점이 있다. 또한 애플은 특유의 뛰어난 디자인 감각을 발휘한 홈팟을 출시하여 이 시장에 진출한다. 애플은 스마트 스피커라는 음성 인터페이스 자체를 강조하기보다는 스피커 본연의 기능에 충실하면서도 시리를 이용할 수 있는 음성 인식 음악 기기로 분류하려고 한다. 애플이 가진 애플 뮤직 등 음악 재생에 초점을 맞추고 있으며, 아직 AI 기술이 덜 성숙했다고 판단했을 수도 있다.

애플의 시리와 구글 어시스턴스 같이 스마트폰에서 시작된 대화형 개인 디지털 비서 기능은 적용 분야를 넓혀가고 있다. 애플은 맥OS와 TV로 확장하였으며, 마이크로소프트는 윈도 10을 출시하면서 자사의 음성 개인 비서 서비스인 코타나를 OS에 통합하여 제공한다. 애플, 구글, 마이크로소프트와 같은 거대 기업들이 인공지능과 음성 인터페이스 기술에서 경쟁하게 되면서 불만족스럽던 음성 인식률과 대화 분석 등 기술은 비약적으로 발전한다.

2018년 5월, 구글의 CEO 순다 피차이는 구글 I/O 2018에서 구글 듀플릭스 시연 동영상을 발표한다. 기존에 대화형 인공지능 서비스가 대상이 되는 기능이나 정보가 존재해야 하는 반면에 구글 듀플릭스는 실제로 인간이 하는 일을 대신할 수 있는 수준에 이르렀음을 보여준다. 예를 들면, 국내의 배달 서비스 애플리케이션에 등록되지 않은 음식점이 있다면, 아무리 개인 디지털 비서 서비스라고 해도 주문할 수가 없다. 그러나 구글 듀플렉스는 이러한 상황에서 직접 인간처럼 전화번호를 검색하여 직접 전화를 걸고, 자연스럽게 대화를 유도하고, 상대방의

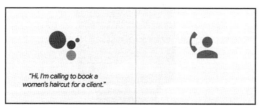

[구글 I/O 행사에서 AI가 실제 매장에 전화를 거는 구글 듀플릭스 화면]

예상과 다른 반응에도 지능적으로 대화를 마무리하여 예약 등의 작업을 마무리한다.

구글은 '텐서플로우 익스텐디드'를 통해 설계된 순환 신경망 기술을 사용했다고 한다. 아직 보완해야 할 문제가 남아있겠지만, AI와 음성 인터페이스가 결합하여 진화한 기술임을 보여준다. 이러한 기술은 바쁜 직장인 부모가 아이가 아플 때 AI가 대신 병원 예약을 해줄 수 있으며, 사용자의 시간을 절약해주고 소규모 기업에 도움을 줄 수 있다고 발표했다. 음성 인터페이스로 기존의 인터페이스를 대체하거나 보완할 수 있도록 해준다. TV와 같이 리모컨을 이용하는 경우에 보완재로 동작할 수 있으며, 스마트 워치에는 핵심 인터페이스로 사용이 가능하다. 애플 워치 OS나 안드로이드 웨어웨어 OS로 변경됨를 이용하는 스마트 워치는 터치 인터페이스가 내장되어 있어도 근본적으로 작은 화면으로 인해 입력이 불편할 수밖에 없다.

음성 인터페이스를 통해 메시지를 보내거나 검색, 기타 명령을 수행하는 것은 가장 효율적인 방법이다. 음성 인터페이스가 없는 스마트 워치는

[애플 워치에서 시리를 호출한 화면]

스마트폰과 연동하여 기본적인 정보를 전달해주는 역할밖에 할 수 없다. 물론 촉각 인터페이스를 통해서 심박 수라든가 수면 등의 생체 정보를 스마트폰에 전달할 수 있지만, 음성 인터페이스가 없는 기능을 제공하는 기기는 스마트 워치 카테고리로 분류하기 힘들다.

음성 인터페이스는 이외에도 자동차와 같은 분야에도 활용되고 있으며, 이는 구글과 애플, 테슬라, 삼성전자 등 주요한 기업이 경쟁하고 있는 시장이다. 또한 IoT 분야에서도 활용되고 있으며 점차 그 사용 범위는 넓어질 것이다. 앞서 설명한 바와 같이 음성이라는 인터페이스는 인간과 가장 친숙하고 직접적인 인터페이스이기 때문에 필연적으로 발전을 할 수밖에 없는 기술이다. 이러한 음성 인터페이스 시장에서 성공을 위해서는 음성 콘텐츠의 중요성도 간과할 수 없다.

네이버는 클로바 플랫폼과 스마트 스피커를 출시하면서 오디오 클립이라는 음성 전용 콘텐츠 서비스를 시작했다. 또한 300억 원 규모의 오디오 콘텐츠 펀드를 조성하여 오디오 콘텐츠 기업에 투자한다. 이는 음성 인터페이스를 이용한 스마트 스피커와 애플리케이션에서 킬러 콘텐츠인 음악 이외에도 새로운 콘텐츠를 소비하고자 하는 시장이 형성될 것이라는 예측을 기반으로 한다. 음성 인터페이스 전용 콘텐츠 시장이 크게 성장하겠지만, 어떠한 방식으로 어떤 새로운 형식의 콘텐츠가 등장할지는 인터페이스 전략 수립과 그 기술에 대한 시장 예측을 얼마나 정교하게 하느냐에 달려있다.

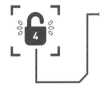

점점 치열해지는 음성 인터페이스 전쟁

스마트 스피커로 촉발된 지능형 대화 서비스의 음성 인터페이스는 다양한 분야에서 개발된다. 빅데이터와 AI 기술이 급속도로 발전하면서 음성 인터페이스는 이제 각종 산업과 가정, 도시 설계에까지 영역을 넓히고 있다. 스마트 홈과 스마트 시티처럼 오래 전부터 회자되던 용어들이 현실화되었다. 스마트폰은 기본적으로 음성 인터페이스를 제공하며, 다양한 애플리케이션에서 활용할 수 있도록 개발되는 추세이다.

특정 애플리케이션에 검색 기능이 내장되어 있다면 스마트폰 OS에서 제공하는 음성인터페이스 API를 이용하여 음성 검색 기능을 쉽게 추가할 수 있다. 인터넷 통신을 이용하는 애플리케이션과 AI 플랫폼을 이용할 수 있는 기업은 음성 데이터를 수집하고 이를 이용하여 편리한 지능형 음성 인터페이스 기능을 제공한다. 예를 들면, 스마트폰 네비게이션 애플리케이션들은 음성 검색 기능이 있어, 운전 중에도 별도의 터치가 없이 음성으로 바로 원하는 장소를 검색하고 안내를 받을 수 있다. 운전 시에 새로운 목적지 검색을 위해서 네비게이션 기기나 애플리케이션을 확인하고 터치로 조작하는 행동은 사고를 유발할 수 있기 때문에, 안전 측면에서도 음성 인터페이스 기능의 제공은 편리함뿐만 아니라 안전까지 고려할 수 있는 최적의 인터페이스이다.

초기 스마트 홈 시장을 선점하기 위해서 기업들이 노력했다. 마이크로소프트는 2002년에 윈도 기반의 윈도 미디어 센터라는 홈 엔터테인먼트 허브를 위한 제품을 발표했다. 인터넷이 발전하고 음악, 동영상이 중요한 엔터테인먼트 콘텐츠로 부상하자, 이를 쉽게 제어하고 TV에 스트리밍하여 편하게 즐길 수 있도록 만들려는 의도였다. 그러나 불편한 인터페이스와 하드웨어적인 제약(별도의 PC 같은 제품이 필요했음)으로 성공하지 못했다(별도의 리모콘을 제공하기도 했지만, PC 기반의 윈도 OS로 인해서 문제가 발생했다). 하드웨어적인 문제를 해결하기 위해 가정용 게임기인 엑스박스에 유사한 기능을 제공하지만, 게임과 동영상 재생 용도에 머물고 만다. 다른 기업들도 진출했지만, 일시적으로 유행하다 사라지고 만다.

스마트 홈 기능은 음성 인터페이스를 이용할 수 있게 되면서 극적으로 변화된다. 스마트 스피커의 출현으로 스마트 홈을 현실화하는데 걸

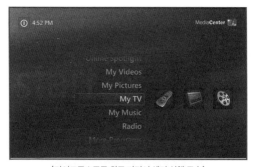

[마이크로소프트 윈도 미디어 센터 실행 모습]

림돌이 제거된 것이다. 스마트 스피커는 기본적으로 인터넷 연결을 전제로 하고 있으며, 대화형 음성 인터페이스를 기본적으로 지원한다. 스마트 스피커가 다양한 IoT^Internet of Things, 사물인터넷 기기와 연결되기 시작하면서 개별적으로 컨트롤하던 기기를 스마트 스피커로 쉽고 편하게 조정할 수 있게 되었다. TV, 냉장고, 세탁기, 청소기 등 가전제품이나 보일러 등이 인터넷에 연결되고 애플리케이션으로 조정할 수 있는 제품들이 지속적으로 출시되었다. IoT 시장 초기에는 이러한 애플리케이션들이 IoT 기기들을 컨트롤할 수 있는 허브 역할을 하리라 예측을 하였다. 현재는 어느 정도 역할을 수행하고 있지만, 스마트 스피커와 연결되면서 다른 양상으로 전개될 가능성이 높다.

스마트폰 애플리케이션은 가정이 아닌 외부에서 스마트 스피커가 하던 역할을 일부 대체하는 용도로 사용될 것이며, 기본적으로는 스마트 스피커와 AI가 연결될 가정 내 기기를 컨트롤하는 대부분의 일을 대신하게 될 것이다.

아마존은 이러한 음성 인터페이스 전쟁에서 선두를 유지하기 위해서, 두 가지 방식으로 음성 인터페이스와 AI를 사용할 수 있도록 공개하고 있다. 알렉사 스킬스 키트^Alexa Skills Kit를 이용하는 방법과 알렉사 보이스 서비스^Alexa Voice Service를 이용하는 것이다. 알렉사 스킬스는는 자사의 제품이나 서비스를 위한 애플리케이션을 개발하여 등록하면, 알렉사 에코와 같은 음성 인식 기기에서 실행할 수 있게 한다.

예를 들면, BBC의 뉴스 요약 스킬은 음성으로 뉴스를 듣고 싶을 때 에코를 호출하면 요약 뉴스를 읽어주는 서비스이며, 우버를 호출할 수

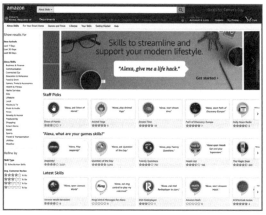

[아마존 스킬스 페이지]

도 있고, 각종 온도계, 전등 등의 스킬과 연계하여 음성으로 제어할 수 있다. 보이스 서비스는 자사의 제품에 음성인식을 위한 마이크와 스피커를 내장하고 이를 알렉사의 인공 지능 플랫폼과 연동한다.

알렉사 스킬스는 2014년, 아마존 에코와 함께 제공되었으며, 2017년 2월, 약 8천 개, 이후 2018년 5월, 약 3만 개가 등록되었으며 빠른 속도로 증가하고 있다. 아마존 보이스 서비스를 내장한 기기는 2018년, 2019년 CES에서 여러 제조사가 선보이며, 아마존이 CES에 참여하지 않았음에도 불구하고 진정한 승자라는 평가를 받는다. 화웨이 스마트폰, LG전자 냉장고, 레노버 인공지능 스피커, GE의 LED 링 램프 등 알렉사를 내장하거나 연동기능을 갖춘 가전 제품과 포드 자동차, 가전회사 월풀 제품 등이 알렉사와 연동하는 제품을 선보였다. 또한 전구, 로봇청소기, 커피메이커 등 알렉사를 활용한 기술 및 응용 프로그램을 개발한 회사가 수천 개에 달한다는 보도가 있었다.

아마존이 알렉사 AI 플랫폼을 이용하여 IoT로 확장하는 모습은 구글에도 위협이다. 구글은 2014년에 32억 달러를 들여서 네스트 랩을 인수한다. 네스트는 IoT 온도조절기와 연기 감기지를 생산하는 회사로 애플에서 아이팟을 개발한 토니 파델이 이끄는 회사였다. 예상보다 비싸게 인수했다는 평가를 받기는 했지만, 구글은 이를 통해서 홈 오토메이션 시장에 발빠르게 진출했다는 평가를 받는다. 후에 구글 네스트라는 플랫폼을 개발하고 이를 통해서 IoT 시장에서 영향력을 행사하고자 했다.

그러나 한동안 구글 네스트 플랫폼은 자리를 잡지 못하고 관심에서 멀어졌다. 2016년, 구글 홈이 발표되고 구글 어시스턴트 플랫폼을 통해 음성 인식 AI 분야에서 아마존의 알렉사 에코와 경쟁한다. 구글은 네스트를 구글 알파벳 자회사로 편입하며, 2017년 9월, 스마트 도어벨, 감시 카메라, 집안 내부 안전 감지 등 스마트 홈 기기를 발표한다. 스마트 홈 분야에서 아마존은 2018년에 구글의 제품을 아마존에서 판매 중단을 했고, 이에 대응하여 구글은 아마존 파이어 TV에서 유튜브를 접속할 수 없

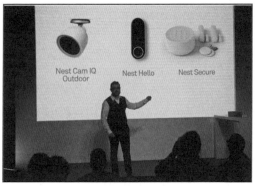

[구글 네스트 제품 설명 모습]

게 했다.

스마트 홈 시장은 IoT 기술과 음성 인터페이스 기술이 접목되면서 폭발적으로 성장하고 있으며 잠재력이 커서 아마존과 구글이 첨예하게 대립할 수밖에 없다. 스마트 스피커가 있으면 음성 인터페이스로 특정 상품도 주문할 수 있다. 그리고 여러 기술을 연결하여 음성으로 컨트롤하려는 요구는 계속 늘어난다. 초기 스마트 홈에 사용하던 기기들이 개별적인 애플리케이션을 통해서 제어를 했다면 이제 아마존 알렉사나 구글 어시스턴스, 애플의 홈킷 등이 스마트 홈 플랫폼을 놓고 각축을 벌인다. 스마트 스피커 단일 제품으로 성공하기보다 많은 기기가 연결될수록 플랫폼은 강화되어 시장을 지배할 것이다. '초연결'이라는 용어처럼, 연결의 노드가 많아질수록 시장에서 성공 가능성은 높아질 것이다.

알파고, 인간과 대결에서 승리하다

인터페이스 발달에 있어서 AI의 역할이 커졌다. 기존 인터페이스가 단순히 기기 간, 기기와 인간 간에 매개체 역할을 수행했다면, AI가 등장하면서 기존에 처리하기가 불가능했던 기능을 수행하면서 새로운 발전 방향을 제시한다. 음성 인터페이스를 예로 들면, 기존에는 기기나 PC에 내장된 음성 인식 소프트웨어가 사용자의 음성을 분석하여 특정 명령어를 인식하여 처리하는 수준으로 인식의 정확도가 떨어졌으며, 자연어 처리와 같이 복잡한 문장을 인식하는데 어려움이 존재했다. 인터넷의 발전과 AI 기술의 발전으로 이러한 문제를 해결한다.

빅데이터 수집과 딥 러닝, 신경망 학습 등 AI를 통해서 음성 인식 기술은 비약적으로 발전했으며, 학습을 통해서 인간의 의도를 파악하고 이에 대한 반응할 수 있는 수준에 이르렀다. 일부 분야에서는 불가능해 보이던 인간의 능력을 AI가 추월하기도 한다.

AI의 발전을 상징적으로 보여준 사건이 있다. 데미드 하사비스가 설립한 딥마인드 테크놀러지는 이 회사의 가치를 알아본 구글이 2014년, 4억 달러에 인수한다. 2015년, 구글 딥마인드의 AI를 이용한 알파고 바둑 프로그램을 개발하여 판 후에 바둑 2단과 경기에서 승리한다. 이는 최초로 컴퓨터 바둑 프로그램이 바둑 기사를 맞바둑으로 승리한 사건이 었다. 이보다 유명한 사건은 2016년 3월, 세계 최상위 바둑 기사인 한국의 이세돌 9단과 5번기 대국에서 4대 1로 승리한 것이다.

바둑은 AI가 정복하기 가장 난해한 경기 중 하나이다. 1997년에 IBM의 딥 블루가 세계 체스 챔피언인 카스파로프와의 경기에서 승리한 이후에 연구자들이 관심을 가지기 시작했다. 이세돌 9단과 알파고의 경기 전에 예측은 팽팽했다. 바둑의 19x19에서 파생되는 경우에 수는 인간이 상상할 수 있는 무한대의 수와 유사하며, 2,500년 바둑 역사를 통해서 다듬어진 경험을 기반으로 한 다양한 기법과 직관, 판단 등 여러 가지 요소가 작용하는 경기이다.

알파고는 신경과학과 딥 러닝에 강화학습 알고리즘을 통해 기보를 학습하여 이세돌과의 경기에서 승리한다. 이후 알파고는 개선을 거듭하여 알파고 제로라는 바둑 AI로 발전하게 되는데, 알파고 제로는 인간

[구글 알파고와 이세돌 9단의 대국 중계 화면]

의 도움 없이 스스로 독학해서 36시간 만에 이세돌 9단을 이긴 이전 알파고를 능가했다고 한다. 알파고 제로는 바둑의 신으로 불리며 이제는 인간이 승리할 수 없는 수준에 이르렀다.

알파고가 전 세계에 몰고 온 충격은 생각보다 대단했다. 구글은 알파고 대국을 통해서 AI 분야에 있어서 최고의 기업이라는 부수적인 효과를 얻기는 했지만 각 국가는 AI가 미래의 성장 동력이 될 것을 깨닫는다. 각국에서는 정책적으로 AI 산업을 육성하기 위한 지원책을 내놓고 있으며 각 기업은 AI 인력을 제한없이 채용한다. 이에 비해서 구글과 아마존, 애플 등 세계적인 기업은 AI 분야에 선도적인 투자와 서비스 및 기술 개발로 경쟁에서 앞서 나가고 있다.

AI의 발전은 음성 인터페이스뿐만 아니라 다양한 분야에서 활용된다. 스마트 카처럼 인공지능과 음성 인터페이스가 결합하여 새로운 진보가 이루어지기도 하고, 기존에 인간에 의해서 진행하던 일들이 AI로 빠르고 편리하게 개선되기도 한다. 구글과 애플은 AI를 이용하여 사진을 분석하고 이를 분류하는 서비스를 제공한다.

사진 애플리케이션이나 서비스의 인터페이스는 시간별, 앨범별, 지역별 등 일반적인 범주에서 분류하고 제공하는 기능이 전부였다. 여기에 AI 기술이 결합하면서, 사진에서 얼굴을 인식하고 이를 학습하여 자동으로 분류해 주는 인터페이스를 제공한다. 여기서 한발 더 나아가서 자동 분류된 사진을 앨범처럼 만들어주거나 동영상으로 만들어 주는 부가 기능도 있다.

챗봇과 같이, 채팅 인터페이스와 AI가 결합한 사례도 있다. 원하는

[사진을 인식하여 자동으로 학습하고 분류하는 아이폰의 앨범 화면]

물품을 구입하기 위해서, 직접 애플리케이션이나 인터넷에서 주문하는 대신에, 챗봇을 이용하여 채팅하듯이 물건을 주문할 수 있도록 구현된 것이다. 음성 인터페이스를 이용한 주문과 유사하지만, 채팅이라는 익숙한 인터페이스 내에서 접근이 가능하므로 음성으로 인해서 타인을 방해하거나 방해받지 않고 서비스를 이용할 수 있도록 해준다. 챗봇은 주문뿐만 아니라 고객지원, 고객 응대 등 인간이 관여하지 않고 AI를 이용하여 일정 수준 이상의 서비스를 제공한다.

AI가 널리 사용되면서 인간의 업무를 대체하는 수준에 이르게 되었다. 이로써 인간이 인터페이스 역할을 담당하면서 처리하던 업무들은 사라질 것으로 예상된다. IBM의 왓슨 기술을 이용하여 병을 진단하고 처방하는 기술은 인간의 정확도를 뛰어넘었으며, 이를 실제 병원 업무에 보조 도구로 사용하기도 한다. 또한 앞으로 단순 반복적이거나 사람과 소통이 적은 특징을 가진 직업군은 빠르게 AI로 대체될 것으로 전망된다. AI 시대를 맞아서 새로운 직업군도 생겨날 것이며, 일부 전문직도 AI로 대체될 것이다. 영화에 등장하던 인간형 로봇이 AI와 인간과 친숙한 인터페이스인 시각, 음성, 촉각 등을 이용하여 인간을 보조하는 장면이 현실화되어 가고 있다.

스마트 카와 음성 인터페이스의 만남

삼성전자는 S보이스라는 이름으로 음성 인터페이스를 지원하는 기능을 갤럭시 스마트폰에 제공했다. 삼성전자는 S보이스만으로는 구글이나 애플이 제공하는 AI와 결합한 인공지능 음성 비서와 경쟁하기 힘들다는 결론에 도달한다. 2015년, 삼성전자는 애플 시리 개발에 참여했던 개발자들이 설립한 스타트업 비브랩스를 2천만 달러에 인수하고, 빅스비Bixby라는 인공지능 기반의 음성 인터페이스 비서 애플리케이션을 갤럭시 스마트폰에 통합하여 제공한다.

삼성전자는 2016년, 커넥티드 카와 오디오 전문 기업인 하만을 약

[삼성전자의 디지털 콕핏]

80억 달러에 인수하여, 자동차 전장사업 진출을 선언한다. 2018년 CES 에서 디지털 콕핏Digital Cockpit이라는 스마트 카 플랫폼을 발표한다. 디 지털 콕핏은 계기판, 인포테인먼트 시스템, 오디오, 조명, 첨단 운전자 보조 시스템 등 개별적으로 존재하던 자동차 컴퓨팅 영역을 통합하여 하나의 하드웨어, 소프트웨어 플랫폼을 구현한 것이다. 빅스비와 같은 인공지능 음성 인터페이스를 이용하여 스마트 카를 컨트롤 할 수 있을 뿐만 아니라 삼성전자에서 생산하는 다양한 가전제품을 플랫폼 내에 서 컨트롤 할 수 있는 기능도 함께 제공한다.

삼성전자가 자동차 생산에 뛰어들 것이라는 예측을 하지만 공식적 으로 부인한다. 자동차 생산에 직접 뛰어드는 대신에 향후 자동차 산업 의 핵심으로 부상하고 있는 자동차 OS 시장 진출을 위해 하만을 인수 하고 관련 시스템을 통합하고자 한다고 발표한다. 자동차 산업은 전기 차와 같이 전통적인 내연 기관 엔진에서 새로운 동력원을 사용하는 시 장으로 급격하게 변해가는 과도기적 시기에 있다. 전기차는 내연 기관 보다 기술적인 노하우가 많이 필요하지 않기에 삼성전자의 행보를 예 단할 필요는 없을 것이다. 다이슨이 전기차 시장에 진출하겠다는 목표 로 연구를 진행했는데(최근 비용문제로 철수를 선언했다) 삼성전자가 전기 차 시장에 진출하지 못할 이유는 없는 셈이다.

자동차 시장은 스마트폰 이후로 많은 기업이 차세대 성장 동력으로 삼고 싶어 하는 분야이다. 이미 2014년부터 애플은 카플레이를 선보이 며 iOS의 기능을 음성 인터페이스를 통해서 제어할 수 있는 제품을 선 보였으며, 안드로이드는 안드로이드 오토라는 이름으로 유사한 제품

[애플 카플레이 실행화면]

을 출시한다. 자동차에 있어서 인터페이스의 중요성은 다른 어떤 제품보다 높을 수밖에 없다. 시각 인터페이스는 안전을 위해서 전방이나 좌우를 살펴야 하기 때문에 이를 대체할 수 있는 인터페이스에 대한 연구가 오랫동안 지속되어 왔다. 운전대에 전화나 오디오 컨트롤 같은 각종 버튼을 내장하여, 시각이 분산되는 것을 막는 인터페이스는 이제 일반화되어 있다. 또한 HUD^{Head Up Display}를 통해서 계기판이나 네비게이션에 표시되는 정보는 앞 유리나 전방에 표시해주는 인터페이스도 고급 차종에 적용되었다. 음성 인터페이스는 시각 인터페이스와 함께 자동차에서 오랫동안 사용되어 왔다.

네비게이션은 개발부터 화면과 함께 음성으로 길 안내해주는 시스템을 기본으로 제공한다. 이는 주로 음성으로 방향을 지시해주는 출력 인터페이스로써 사용되어 왔는데, 최근에는 AI의 발전으로 음성 인식률이 획기적으로 높아졌다. 이제 입력 인터페이스의 일부로 스마트폰과 스마트 스피커를 넘어서 자동차 영역으로 확장되면서 '스마트 카'라는 명칭으로 기업이 각축을 벌인다.

초기 스마트카는 인포테인먼트Information과 Entertainment가 결합된 신조어 시스템 영역에 집중되어 있었다. 국내 SK텔레콤의 T맵이 누구라는 인공지능 음성 비서와 통합하여 음성으로 목적지를 입력할 수 있는 무료 네비게이션 애플리케이션을 제공하고 있으며, 자회사인 아이리버를 통해서 T맵과 SK텔레콤의 다양한 콘텐츠와 결합하여 인포테인먼트 하드웨어 출시를 한다. 네이버는 클로버 AI와 음성 인식 기능, 지도, 다양한 콘텐츠 등을 결합한 어웨이Away라는 인포테인먼트 기기를 출시하기도 한다.

시장조사업체 가트너는 2020년 기준, 차량 인포테인먼트 시스템 시장 규모가 2,700억 달러에 달할 것이라고 전망했다. 이러한 인포테인먼트 시스템은 초기 터치 인터페이스가 주를 이루었지만 이제는 AI와

[네이버 어웨이 실행 화면]

[테슬라 오토 파일럿Autopilot 동작 및 사물 인식 기능]

결합된 음성 인터페이스가 그 핵심을 차지하고 있다. 그러나 인포테인먼트 시스템은 그 한계성도 동시에 지니고 있다. 자동차 컨트롤과 통합된 시스템이 아니며, 특정 영역에만 국한되어 있기 때문이다. 이에 비해서 스마트 카 OS는 자동차의 전자적인 시스템을 통합하고 인포테인먼트 시스템을 동시에 지원할 수 있으므로, PC OS와 스마트폰 OS 이후 가장 중요한 시장으로 급부상하고 있다.

스마트 카 OS로 구글, 애플, 마이크로소프트, 블랙베리, 리눅스, 삼성전자 등 기업들이 경쟁하고 있으며, 완성차 업체도 이에 참여하고 있다. 2018년 1분기 유럽에서는 출시되는 자동차의 약 46퍼센트가 스마트 카 OS를 지원한다는 통계가 발표되었다. 자동차 산업에 있어서 새로운 패러다임은 스마트 카, 전기차, 자율 주행과 같이 전통적인 제조 기반에서 벗어나 IT와 통신 등이 융합되어 발전하면서 새로운 기회가 생겨나고 있는 점이다. 현대자동차나 도요타, 닛산, 폭스바겐, 벤츠, BMW 등 완성차 업계에서도 놓치면 안 되는 분야이기 때문에 합종연횡이 이루어진다.

이러한 상황에서 테슬라의 전기 자동차와 자율 주행 기능은 자동차 패러다임이 근본적으로 바뀔 수 있음을 보여주었다. 전기차는 내연기관 기반의 자동차에 비해서 들어가는 부품 수가 적고, 개발 복잡성이 상대적으로 낮아 새로운 시장을 창출하고 있다. 중국 정부는 해외에 비해서 낮은 경쟁력을 가진 내연기관 자동차 생산보다는 새롭게 성장하고 있는 전기차 시장을 정책적으로 육성한다. 전 세계 전기차 시장의 50퍼센트 정도를 점유하며 기술의 축적과 발전이 급속도로 진행되고 있다. 여기에

테슬라는 전기차 개발과 관련된 특허를 무료로 공개한다고 발표하면서 전기차의 발전은 빨라질 것이다. EU의 자동차에 대한 환경 규제(전기 생산에 들어가는 환경 오염 문제는 별개로 생각함)와 더불어 전기차 또는 하이브리드 카는 예상보다 빨리 시장이 성숙할 것으로 예측된다.

'스마트 카'라고 불리는 자동차는 AI와 음성 인터페이스, 완전한 자율 주행과 같은 기능도 제공할 것이다. 애플과 구글이 자율 주행 기술 개발을 위해서 오래전부터 실험을 해오고 있으며, 자동차 OS 시장을 장악하기 위해서 치열하게 경쟁하고 있다. 애플의 카플레이와 구글 안드로이드 오토는 초기 스마트폰과 연계된 단순 미러링 기능(스마트폰 화면을 자동차 디스플레이에 동일하게 뿌려주고 음성과 터치로 컨트롤 할 수 있다)에서 벗어나서 삼성전자의 디지털 콕핏처럼 자동차의 시스템 내에 내장될 것이다.

볼보와 아우디는 안드로이드 시스템을 자동차 내에 내장하여, 구글 지도, 구글 어시스턴스, 구글 플레이 스토어 등 다양한 서비스를 이용할 수 있도록 개발 중이라고 발표했다. 구글의 안드로이드 오토는 안드로

[구글의 AI 기반 자율 주행차 웨이모Waymo]

이드 스마트폰이 없으면 사용할 수 없는 반면에 자동차 내의 시스템의 OS로 통합하면 이러한 문제는 해결된다. 또한 OS의 업데이트 및 기능의 추가도 훨씬 편해질 예정이다. 구글의 알파벳 자회사 웨이모^{Waymo}에서 개발 중인 자율 주행 소프트웨어도 쉽게 통합하게 될 것이다.

구글의 통합된 OS는 스마트폰 시장에서 안드로이드가 취한 전략과 유사한 전략을 취할 가능성이 높다. 스마트 카 OS의 기능과 자율 주행 기능, 구글의 서비스가 통합되어 완성차 업계가 쉽게 도입하여 사용가능하게 공개할 수도 있다. 매출은 OS 자체가 아닌 다양한 부가 서비스에서 발생시키는 전략을 그대로 사용할 공산이 높다.

AI를 적용하여 개선한 음성 인터페이스는 자동차 안전을 일정 수준 이상 보장하는 최적의 인터페이스로 자리 잡고 있다. 일부 연구가 음성 인터페이스 자체도 안전을 방해하는 요소라는 결과를 보여주고 있지만, 운전 중 시선을 분산하여 버튼을 조작한다든가 터치를 하는 행동에 비하면 상대적으로 안전하다. 스마트 카로 통칭되는 미래의 자동차는 음성 인터페이스를 통해 목적지를 설정하여 안내를 받을 수도 있고, 음성으로 자동차의 세부 기능들예를 들면, 에어컨이나 조명 등을 조정할 수 있을 것이다. 또한 음성으로 자율 주행 기능을 호출하여 이동 중에 음악이나 영화를 감상하고 퇴근 중에 집안의 세탁기를 돌리거나 집안 온도 조정을 하는 등 운전이 아닌 다른 활동이 가능할 것이다.

스마트 TV,
AI와 음성 인터페이스를
더하다

삼성전자가 CES 2018에서 스마트싱스^{Smart Things} 플랫폼을 이용해 다양한 IoT 기기 연결성을 강화할 것이며, 빅스비^{Bixby}를 가전부터 자동차 전장사업에 이르기까지 전사적으로 적용하여 음성 인터페이스를 통해 삼성전자의 다양한 기기를 통합하겠다는 전략을 제시한다. 빅스비를 스마트폰, 스마트 TV, 패밀리 허브 냉장고에 적용하고 서드 파티 기기와 통합하여 동작하는 것을 전시했다.

　삼성전자는 AI와 음성 인터페이스를 삼성전자의 모든 사업 분야에 적용하고 이를 통해 생태계를 조성하겠다는 야심 찬 전략이다. 스마트폰 이외에 스마트 TV와 냉장고에 적용하여 제품을 출시했으며 음성인터페이스를 통해 삼성전자 가전을 통합하여 컨트롤할 수 있도록 구현할 예정이라고 한다. 삼성전자는 사업부별로 협업을 하기도하도 경쟁하기도 하는 조직으로 유명하다. 이전까지는 각 사업부별로 개별적으로 새로운 기술을 접목하거나 테스트하는 경우가 많았다. AI와 빅스비와 같은 음성 인터페이스 기술을 기반으로 하여 각 분야를 통합하는 전략은 상당한 파급효과를 가져올 것이다. 앞서 스마트 카의 예에서처럼,

삼성전자의 디지털 콕핏이 적용된 차를 운전하면서 빅스비를 호출하여 삼성전자 세탁기를 돌리거나 에어컨을 켜놓을 수 있게 될 것이다.

세계적으로 대표적인 가전 기업인 삼성전자와 LG전자는 TV 시장에서 치열하게 경쟁하고 있는 것으로 유명하다. 양사는 TV 크기와 화질로 경쟁을 시작했다. 경쟁이 심해지면서 새로운 차별점을 찾기 위해서 노력한다. 2009년에 영화 〈아바타〉가 개봉하면서 3D 영화관이 등장했다. 이에 삼성전자와 LG전자는 3D 기능이 내장된 TV를 발표하면서, 인터넷 연결과 애플리케이션을 설치할 수 있는 스마트 TV라는 개념을 소개한다. 양사는 서로 다른 3D 구현 방식을 적용했으며, 서로 우위에 있다고 강조한다. 그러나 스마트 TV의 3D기능은 콘텐츠 부족과 두통 유발 등 여러 가지 이슈로 인해서 새로운 경험을 제공해 주는 그저 신기한 기능 정도로 TV 경쟁력에 큰 영향을 미치지 못했다.

이에 2010년대 초 양사는 스마트 TV의 콘텐츠 생태계를 구축하기 위해서 노력했다. 삼성전자는 타이젠을 스마트 TV OS로 사용했으며, LG전자는 웹오에스WebOS를 인수하여 스마트 TV에 탑재한다. 브라우저, 유튜브, 넷플릭스 등의 애플리케이션을 설치하고 인터넷을 연결하여 이용할 수 있게 되었으며, 양사는 게임 엔진 회사인 유니티와 제휴하여 유니티에서 개발한 게임을 스마트 TV에서 실행하고 즐길 수 있도록 제공하기도 했다. 이러한 노력에도 불구하고 스마트 TV 생태계는 쉽게 구축되지 않고 게임 등의 일부 서비스는 중단하게 된다.

스마트 TV 생태계가 정착되지 못한 원인은 다양하다. TV 자체가 거실에 존재했으며 오랜 시간 인간과 함께한 시청각 인터페이스이기는 하지만 전통적인 린백Lean Back 미디어이다. 즉, 무언가 적극적으로 상호작용인터렉션하기보다 방송 등을 일방적으로 보고 즐기는 킬링 타임에 적합한 매체였다. 또한 스마트 TV는 새로운 콘텐츠를 소비할 수 있는 적합한 최적의 인터페이스를 제공하지 못했다.

스마트 TV 자체의 UI도 불편했으며, 스마트 TV를 컨트롤할 수 있는 인터페이스도 불편했다. 스마트 TV 애플리케이션은 양사의 전략적인 육성 정책에 따라서 다양하게 제공되기는 했지만, 수익 모델이 명확하지 않고 스마트폰보다 구동 속도가 느렸다. TV라는 기기에 있어서 스마트 기능은 부가적인 기능이었으며, 이를 실행하기 위해서는 빠른 CPU와 저장 장치 등이 필요했다.

게다가 원가 상승 등의 이유로 하드웨어 성능을 개선하지 못하여 점점 스마트 TV 애플리케이션을 사용하지 않았다. 유튜브 애플리케이션을 실행시키는데 약 10초 내외가 소요되었으며 이는 스마트폰에 비해 약 10배 정도의 속도 차이를 보였다. 이를 스마트 TV에서 시청하기에는 실행 시간이 오래 걸리는 단점뿐만 아니라 불편한 UI로 인해서 사용률은 떨어질 수밖에 없었다. 일부 넷플릭스나 HBO같이 고화질 유료 동영상 콘텐츠를 제공해 주는 애플리케이션은 사랑을 받았지만, 이외에 애플리케이션들은 거의 사장되어 가는 분위기였다.

2006년, 애플의 스티브 잡스는 셋톱박스 형식의 애플 TV전에는 iTV로 불림를 발표했다. 스티브 잡스는 '취미'로 만든 제품이며, TV 스크린과 통합된 애플 TV를 만들 계획이 없음을 밝힌다. 사람들은 애플이 삼성전자나 LG전자처럼 새로운 UI를 제공하는 일체형 TV를 만들 것으로 기대하지만 애플은 개발하지 않겠다는 입장만 고수하고 있다.

취미로 만든 애플 TV는 2012년 1월까지 약 420만 대가 판매된다. 2015년 3월까지 판매된 애플 TV는 약 2,500만 대에 도달한다. 애플 TV 는 현재 tvOS를 사용하며 이는 iOS를 기반으로 TV에 맞게 변형된 OS 이다. 안드로이드를 사용하는 제조사도 등장했으며, 아마존은 파이어 TV라는 브랜드로 자사에서 제공하는 콘텐츠와 넷플릭스와 같은 스트 리밍 서비스를 제공한다.

스마트 TV보다 이러한 셋톱박스를 이용하는 OTT^{Over The Top} 사용자 들이 폭발적으로 증가한다. TV 자체는 고가의 하드웨어이며, 교체 주 기가 5~10년으로 상당히 긴 편이다. 이러한 이유로 애플과 구글, 아마 존 같은 기업은 TV 자체보다는 셋톱박스 형식의 저가^{약 60~99달러 정도의 가} ^{격의} 기기를 콘텐츠 소비의 창구로 이용하고 있다. 사용자 입장에서도 별도의 기기를 추가로 사야 하는 부담이 있지만, 빠른 실행 속도와 편 리하고 익숙한 UI 그리고 업그레이드도 쉬운 셋톱박스를 선호한다.

초기 TV에 있어서 인터페이스는 채널을 선택하거나 볼륨을 조절하 고 전원을 편리하게 조작하는 것이 가장 중요한 요소였다. 최초의 TV 에서는 로터리 방식의 채널 선택 인터페이스와 몇 개의 버튼이 있었으 며, 기술이 발전하면서 리모컨을 기본으로 제공한다. 리모컨에 전원과 채널, 볼륨 버튼이 내장되어 있으며, 숫자 버튼을 이용하여 해당 채널 로 바로 이동할 수 있는 기능을 제공했다. 리모컨은 TV에서 가장 기본 적인 인터페이스로서 우리가 상상하는 것보다 다양한 시도가 이루어 진 인터페이스 중 하나이다.

[초기 삼성전자 TV]

스마트 TV가 등장하고, TV에서 웹 브라우저를 실행할 수 있게 되면서 키보드가 뒷면에 내장된 리모컨이 나왔다. 터치 패드가 내장되어 TV 화면에 포인터를 이동하거나 동작 인식 센서를 추가하여 리모컨의 방향을 조정할 수도 있다. 일부 모델에서는 음성 인식 기능을 내장하여 리모컨이나 TV에 간단한 명령어를 입력할 수도 있지만 낮은 인식률로 인해서 잘 사용하지 않았다. 스마트 TV 자체에 제스처 감지 기능을 제공하여, 채널 전환, 볼륨 조정 등을 제스처로 컨트롤할 수 있는 인터페이스를 제공하기도 했다. 이렇듯 TV 인터페이스에 여러가지 시도를 했다.

그러나 이러한 시도에도 불구하고 사용자는 오래된 버튼 방식의 리모컨을 가장 많이 사용한다. 앞서 설명한 AI와 결합한 음성 인터페이스가 발전하면서 스마트 TV나 셋톱박스에 새로운 음성 인터페이스를 도입한다. 머신 러닝을 통해서, 잡음이 많은 환경에서도 인식률이 높아서

[다양한 TV 리모컨]

각 제조사는 자사 또는 외부의 음성 비서를 지원한다. 삼성전자는 빅스비를 지원하고, 애플은 시리, 아마존은 알렉사, 구글은 구글 어시스턴트 등 스마트 스피커에서 사용하던 인터페이스를 스마트 TV 및 셋톱박스에 적용하게 되었다.

　스마트 TV 자체도 높은 성능의 하드웨어를 내장하면서 애플리케이션 실행 속도가 획기적으로 개선되었으며(유튜브와 같은 애플리케이션은 이제 1초 이내에 실행이 가능하다), OS 자체를 TV와 긴밀하게 통합하면서 사용자 인터페이스를 바꾸었다. 스마트 TV와 셋톱박스는 채널이 다양해지고, 애플리케이션과 콘텐츠가 급격하게 증가하면서 이를 빠르고 효과적으로 찾을 수 있는 AI 음성 인터페이스까지 동원한다. 유튜브와 넷플릭스와 같은 동영상 플랫폼을 기본으로 제공하고 있으며, 스마트폰이나 패드, PC에 비해서 넓은 스크린을 제공하는 시각 인터페이스로 현재까지도 린백 미디어로서의 역할을 수행 중이다. 머신러닝과 AI의 발달로 추천 엔진 기술을 개선하여 개인의 패턴을 파악하여 채널, 콘텐츠 등을 추천해주기도 한다. 스마트 TV와 셋톱박스는 AI와 음성인터페이스, 추천 엔진 등을 통해서 진정한 스마트 TV에 접근하고 있다.

INTERFACE STRATEGY

인터페이스, 인간과 소통하다

인터페이스에서 인간의 오감을 활용한다. 시각, 청각, 촉각이 이미 여러 인터페이스에서 활용되고 있으며 후각을 이용한 인터페이스 기술도 개발 중이다. 터치 인터페이스와 햅틱 인터페이스는 대중적이다. 이제 인간의 감정을 다룰 수 있는 인터페이스 기기도 등장했으며, 미래에는 인간의 뇌파를 이용하여 기기와 직접적으로 상호작용할 수 있는 인터페이스로 진보할 것이다.

느끼고 반응하라, 햅틱

햅틱 **Haptic**은 '만지다'라는 의미의 그리스어 Haptesthai에서 유래되었으며, 초기에 손을 사용하여 느끼는 지각을 의미하는 단어로 사용되었으나, 이제는 인체의 모든 촉감을 사용하는 지각으로 의미가 확장되었다. 국내에서는 삼성전자의 햅틱폰이 판매되면서 낯설지 않은 단어가 되었다. 햅틱 인터페이스는 초기에는 다른 인터페이스의 보조 용도로 주로 사용되었다. 모토로라는 스타텍을 개발하면서 진동 모터를 휴대폰 최초로 도입한다. 휴대폰 벨 소리를 인식하기 힘들 수도 있기 때문에 진동으로 한 번 더 알려주기 위해서였다.

현재는 벨 소리로 인한 소음에서 타인에게 피해를 주지 않기 위한 용도로 주로 사용되고 있다. 햅틱은 대표적인 촉각 인터페이스로 널리 사용되고 있으며, 단순 진동 수준에서 벗어나서 정교하고 다양한 방식으로 사용된다. 햅틱 인터페이스는 시각과 청각 인터페이스만으로 충족시킬 수 없는 현실감, 정확성 등을 확보할 수 있으며, 실수나 오작동을 감소시킨다.

햅틱 인터페이스가 많이 사용되는 분야는 엔터테인먼트 분야이다.

[플레이스테이션용 포스피드백 휠 컨트롤러]

가정용 게임기 컨트롤러는 포스 피드백이라는 햅틱 기술이 포함되어 있다. 주로 진동 모터를 이용해서, 게임의 타격감을 표시하거나 위험 등을 나타낼 때 진동 강도를 조절하여 컨트롤러에 전달함으로써 게이머에게 몰입감을 높이는 효과가 있다. 주로 레이싱 게임에 사용되는 레이싱 휠 컨트롤러는 진동과 강도를 조절하여, 충돌이나 차선 이탈, 도로의 상태 등을 즉각적으로 게이머에게 피드백해 줌으로써 현실감을 극대화시켜주고 게임의 몰입감을 높여주는 역할을 한다. 소니의 플레이스테이션은 진동 모터를 내장한 컨트롤러를 포함하고 있다.

플레이스테이션3를 발표하면서, 소니는 진동 모터를 제거한 새로운 컨트롤러를 제공한다. 이에 플레이스테이션 구입자들은 진동 모터 제거에 대해서 거세게 반발하는 사태가 벌어지고, 소니는 진동 모터를 단 컨트롤러를 기본 패키지에 포함한다. 플레이스테이션의 사태에서 볼 수 있듯이 우리가 상상하는 것보다 햅틱 인터페이스의 역할이 크다. 이러한 햅틱 인터페이스는 PC의 게이밍 마우스나 키보드에도 탑재되어 가정용 게임기의 포스 피드백과 유사한 경험을 제공하기도 한다. 최근 극장가의 4D 전용 영화도, 햅틱 인터페이스를 적용하여 3D 입체 느낌 뿐만 아니라, 의자의 움직임, 진동 등으로 영화를 실제 체험하는 것과 같은 현실감과 몰입감을 높인다.

현재의 스마트폰에는 기본적으로 정교한 햅틱 인터페이스가 내장되어 있다. 주로 알림과 경고 등에 사용되며, 특정한 햅틱 패턴을 설정하여 메시지나 전화와 다른 알림 등을 구분할 수 있다. 애플은 2015년, 맥북의 터치 패드와 애플 워치에 포스 터치또는 3D 터치라는 기술을 도입한다. 사용자의 터치 강도를 판별하여, 탭틱 엔진햅틱 인터페이스의 애플 명칭이 정교한 진동을 통해서 실제로 버튼을 누른 것과 같은 효과를 만들어 냈다. 즉, 실제로 물리적인 버튼이 존재하는 것이 아니라 햅틱 기술을 이용한 진동 피드백을 통해서 사용자가 버튼을 누른 것처럼 느낀다.

애플은 아이폰7을 발표하면서 정교한 탭틱 엔진을 탑재한다. 아이폰7의 홈버튼은 이전과 다르게 물리적인 버튼이 아니며, 탭틱 엔진을 이용하여 유사한 효과를 구현한 것이다. 애플은 아이폰 6S부터 스크린에

[햅틱 엔진이 내장된 아이폰의 3D 터치 화면]

정교한 포스 터치 기능을 내장했다. 터치하는 부분만 압력을 감지하여 탭틱 엔진으로 메뉴 호출이나 이동 등 다양한 기능을 수행할 수 있도록 UI를 개선한 바 있다.

2016년, 레노버는 요가북을 발표하면서 새로운 형식의 키보드를 발표한다. 기존의 키보드가 모두 물리적인 버튼 형태라면, 레노버 요가북의 키보드는 평면이다. 필요시에 조명으로 키보드 자판을 표시해주고, 필기나 그림을 그릴 때는 와콤 펜을 이용하여 그래픽 태블릿과 같이 입력한다. 이 키보드에는 햅틱 기능이 포함되어 있어서 평면의 키보드 버튼을 누르면 실제 키보드를 터치하는 것과 같은 진동을 피드백해 준다. 사용성은 아직 실제 키보드와는 거리감이 있다는 평가가 많지만 햅틱 인터페이스가 물리적인 키보드를 대체할 수 있다는 가능성을 보여준 사례이다. 비용적인 문제만 해결이 되고 햅틱 기술이 정교화 된다면 듀얼 터치스크린이 내장된 노트북이 널리 사용될 가능성도 있다.

햅틱 인터페이스는 의료분야에서도 활발하게 활용된다. 햅틱 기술은 의료용 훈련기, 세포 조작기, 재활 장비 등에서 햅틱 피드백을 제공

[레노버 요가북]

해 줌으로써 실제감을 느끼고 효율성을 증대시키면서 의료 기술을 한 차원 높였다는 평가를 받고 있다. 2015년에 경희대학교 한의과 대학 침구 경락 과학연구 센서에서 발표한 '침자수기법을 위한 햅틱 시뮬레이션 Haptic Simulation for Acupuncture Needle Manipulation 연구'에서는 햅틱 정보 기반 경혈을 개발하여 침자수기법 연습이 가능하도록 했다. 침술 자체를 실제 인간이 아닌 햅틱 시뮬레이션을 통해, 실제 시침하는 것과 같은 동일한 환경에서 연습을 할 수 있도록 해준 것이다. 현대 병원에서는 수술 시에 로봇을 이용하는 경우가 많아지고 있다. 정교한 의료기기의 도움으로 인간이 가진 시각과 청각을 뛰어넘는 기술을 이용하여 수술을 진행할 수 있게 되었다.

이러한 최신 기기에 햅틱 기술을 적용하여 조직과 뼈와 같이 촉각에 대한 피드백을 제공하고 의사의 손 떨림 등을 제거함으로써 수술의 정확성을 높인다. 인간의 오감 중 시각과 청각과 같이 손상되기 쉬운 감각이 있는 반면에 몸 전체에 걸쳐 있는 촉각은 감각 손실의 가능성이 적기 때문에 재활 등의 피드백 장치로 활용 가능성이 높다고 한다. 가상 시뮬레이션 장치와 결합하여 재활 운동 등에 활용하는 연구가 적극적으로 진행 중이라고 한다.

진동과 같은 햅틱 피드백은 안전과 관련된 분야에서 활용된다. 위험이나 경고가 필요한 상황이 발생했을 때 햅틱을 통해서 알려주는 기능이다. 최근 자동차 분야에서 이를 적용한 기술이 많다. 졸음운전이나 기타 상황에서 차선을 이탈하게 되면 운전대에 내장된 햅틱 엔진이 진동으로 이를 운전자에게 알려 준다. GM사는 특허로 등록된 햅틱 시트를 국내에 출시되는 이쿼녹스에 탑재했다고 발표했다. 자동차가 위험한 상황을 감지했을 때 경고음 대신 운전자 의자에 내장된 햅틱 시트의 진동으로 운전자에게 경고해 주는 시스템은 신호음으로 인한 피로감을 줄일 수 있고, 동승객에게 불안감을 주지 않으면서 운전자에게는 효율적으로 위험 상황을 전달할 수 있는 최첨단 안전 시스템이다. 이러한 안전 관련 햅틱 시스템은 시각 인터페이스와 결합하여 위험 상황에 대한 정보를 제공해 준다면 사고 위험을 감소시키는 역할을 수행하게 될 것이다.

이외에도 콘티넨털은 '능동형 햅틱 피드백 터치 패드'를 개발하여 블라인드 컨트롤이라는 시스템을 발표한다. 콘티넨털의 인간과 기계 간 상호작용을 연구하는 HMI 연구원들은 차량용 안전장치와 편의장치 조작 시 발생하는 주의력 분산을 막기 위해서 이 시스템을 고안했다. 햅틱 피드백을 내장한 터치 패드와 화면 표시부를 분리하여, 사용자는 조작을 위해서 시선을 옮기지 않고 손으로 터치 패드를 조작한다. 햅틱으로 버튼 클릭 등에 대한 피드백을 함으로써, "이 장치를 사용한 운전자는 도로로부터 시선 이탈 시간이 23퍼센트만큼 감소했고, 능동형 햅틱 피드백이 없는 장치를 사용할 때보다 33퍼센트만큼 짧은 시간에 조작을 완수했다"고 말했다.

완전한 자율 주행이 일반화되기 전까지는 운전에 있어서 인간의 시각적인 방해요소가 발생하면 사고의 위험이 커진다. 운전자의 시각을 최대한 분산시키지 않으면서 조작하기 위한 최적의 인터페이스 연구에서 햅틱 피드백은 점점 중요한 역할을 수행할 것이다. 음성 인터페이

[콘티넨털의 능동형 햅틱 피드백 터치 패드와 스크린]

스도 이러한 역할을 수행할 수 있지만, 자동차라는 공간이 운전자 혼자만의 공간이 아니며, 음악을 듣거나 라디오를 청취하는 경우에는 음성 인터페이스가 방해가 될 소지가 있다. 이에 비해서 햅틱 인터페이스는 이러한 요소를 최소화 할 수 있으므로 다양한 제조사에서 지속적으로 연구하는 분야이다.

햅틱은 시각 장애인을 위한 인터페이스로서 청각 인터페이스와 함께 유용한 기술이다. 시각 장애인이 길을 찾거나 이동을 할 때 네비게이션과 연계한 햅틱 인터페이스를 통해 방향과 위험요소를 진동으로 알려줌으로써 안전하고 편리하게 이동이 가능하다. 인도 출신 기업인 리첼Lechal, 인도어로 '그곳으로 나를 데려가 주세요'라는 뜻는 시각 장애인이 길을 다니면 얼마나 불편할까 하는 생각에서 영감이 떠올라서 신발에 달아 쓰는 햅틱 피드백 기반의 네비게이션 및 운동 트래킹 기기를 세계 최초로 발명했다. 양쪽에 달린 햅틱 피드백 기기와 스마트폰을 연동하여 목적지를 설정해 놓으면, 스마트폰을 볼 필요 없이 방향을 양발에 달린 햅

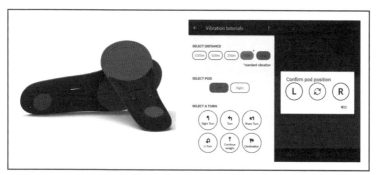

[리첼Lechal 햅틱 피드백 기기와 네비게이션 애플리케이션]

틱 피드백 기기를 통해 전달해 줌으로써 도보나 자전거 등을 이용할 시에 쉽게 목적지에 도달할 수 있도록 해주는 기기이다. 이처럼 햅틱 피드백은 시각과 청각 인터페이스를 사용할 수 없을 때 사용되거나 보조 용도로 사용할 수 있는 인터페이스로서 주목 받는다.

촉각 인터페이스와 시계의 재발견

1990년대 후반부터 의료나 엔터테인먼트를 목적으로 하는 웨어러블 기기들이 등장했다. 이 시기에는 주로 연구 수준에 그쳤다면, 2000년 대에 들어서면서 기술의 발전으로 부품 소형화, 경량화가 이루어지고 무선 기술을 통해서 PC 형식이 아닌, 의복과 같은 형태로 개선되었다. 또한 인간과 컴퓨터의 상호작용을 증진하고 인간 친화적인 인터페이스로 무장한 웨어러블 컴퓨팅 시대가 열린다. 2006년에는 나이키+아이팟이 개발되어 새로운 형식의 웨어러블 기기의 출현을 알리기도 했다. 2007년에 핏빗이 설립되어, 수면을 모니터링하고 운동량을 측정할 수 있도록 고안된 스마트 밴드가 출시되었다. 2012년에 나이키는 퓨얼 밴드를 출시했으며, 삼성전자의 기어핏, 샤오미 미밴드, 화웨이 토크 밴드 등 다양한 기능을 가진 스마트 밴드가 출시된다.

스마트 워치는 1984년, 세이코에서 출시한 손목 밴드가 컴퓨터와 인터페이스할 수 있는 최초의 모델이었다. 이후 리눅스를 운영체제로 하는 다양한 시제품과 제품이 출시되었다. 2012년에 크라우드 펀딩을 통해서 제품을 개발하여 출시한 페블이 현재의 스마트 워치와 특징이 가

[페블]

장 유사하다. 스마트 워치는 스마트폰의 급격한 보급으로 스마트폰을 보조할 수 있는 편리한 기기로 포지셔닝되어 있다. 스마트 워치는 스마트폰에서 확인해야 하는 불편함을 시계를 보듯이 쉽고 빠르게 확인할 수 있어 편리하다. 햅틱 피드백을 제공하고 촉각 인터페이스로 사용자의 신체 정보를 수집할 수 있어서 보급이 활발해졌다.

애플은 2014년 9월, 애플 워치를 발표한다. 애플 워치는 전화, 메시지, 메일, 운동, 지도, 음악 등 스마트폰에서 사용할 수 있는 기본적인 기능을 사용할 수 있으며, 애플 워치용 애플리케이션을 다운받아 다양한 기능을 확장할 수 있도록 설계되었다. 스마트폰과 연동하여, 애플 워치에서 전화를 받을 수도 있고, 메일이나 메시지를 확인할 수 있다. 이는 삼성전자나 구글 등 다른 제조사들이 스마트 워치 운영체제를 통해서 제공하는 기능과 유사하다.

스마트 밴드가 운동과 피트니스 트래킹에 특화되어 있었다면, 스마트 워치는 스마트폰의 일부 기능을 편하게 확인하고 이를 활용할 수 있는 인터페이스로 사용된다. 주머니 혹은 가방 속의 스마트폰을 꺼내지 않

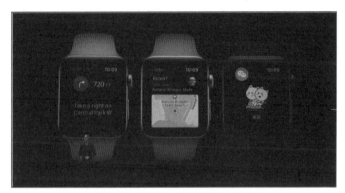
[다양한 기능을 제공하는 애플 워치 제품 소개 장면]

고도 다양한 기능을 활용할 수 있게 되었으며, 햅틱 기능을 통해서 사용자에게 즉각적인 피드백을 전해 줌으로써 중요한 알림을 놓칠 가능성을 낮춰주었다. 스마트폰의 소리나 진동은 청각과 촉각 인터페이스를 통해서 전달해 주기는 하지만, 스마트 워치처럼 밀착된 웨어러블 기기가 제공해 주는 촉각 피드백보다는 정확도가 떨어질 수밖에 없다.

또한 다양하고 정교한 햅틱 패턴을 통해서, 전화가 온 것인지, 메시지가 온 것이지 등을 구분할 수 있게 되었다. 기술이 발전하고 부품의 가격이 내려가고, 간단한 알림전화, 메일, 메시지 기능이 스마트 밴드에 포함되면서 샤오미 미밴드와 같은 저렴한 웨어러블 기기가 많이 판매된다. 스마트 워치 시장을 블루오션이라 생각하여 다양한 제조사들이 제품을 출시하고 있으며, 2020년대부터 고성능 제품도 지속적해서 성장하고 있다.

스마트 밴드와 스마트 워치는 손목에 밀착하여 착용하는 웨어러블 기기로 심박 센서를 내장하고 있다. 심박 센서에서 감지한 정보로 사용자의 건강을 확인할 수 있댓. 건강 애플리케이션을 통해서, 심정지와 같은 응급 상황에서는 바로 자신의 위치를 전송하고 응급상황을 알리는 기능을 수행할 수 있다.

심박 센서를 내장한 웨어러블 기기는 의료 분야에서 환자의 건강 상태를 추적하고, 응급상황에서 빠른 조치를 취할 수 있기 때문에 스마트워치와 같은 범용 기기뿐만 아니라 심장병 환자를 위한 전용 기기로도 쓰인다. 또한 혈당 측정, 심전도, 체온 등 건강과 관련된 센서와 무선 기술을 결합하여 의료분야에서 활발하게 활용되고 있다. 이러한 웨어러블 기기들은 촉각 인터페이스를 통해 기기 자체로 혹은 스마트폰과 연동하여 햅틱 피드백을 통해 직관적인 인터렉션이 가능하도록 해준다. 이러한 기기에 햅틱 피드백 기능이 없다고 상상하면, 그 기기의 효용성은 아주 낮을 것이다.

2013년, 크라우드 펀딩 플랫폼 킥스타터에서 올라온 브래들리 타임피스는 킥스타터의 성공적인 사례 중 하나이다. 2012년에 설립된 '이원'이라는 국내 회사의 제품이다. 김형수 대표가 MIT에서 공부하고 있을 때, 시각 장애인 친구가 수업 중 자꾸 시간을 물어봤다고 한다. 친구는 버튼을 누르면 음성으로 시간을 안내하는 장애인용 디지털시계를 착용하고 있었지만 조용한 수업 중에 방해가 될지도 모르고 자신이 시각 장애인이라고 소문나는 것이 싫었다고 한다. 이에 시각장애인과 함께 눈으로 보거나 귀로 듣는 시계가 아닌 손으로 만지는 시계, 브래들리 타임피스를 개발하게 된다.

이 시계의 사용법은 간단하다. 시계의 시침과 분침 대신, 이 역할을 대신할 두 개의 구슬이 있으며, 시간 구분 선이 돋아있어서 이를 손으로 만져서 돋을 새김 되어 있는 구분 선과 구슬의 위치로 시간을 정확히 알 수 있다. 이 제품은 디자인적인 완성도도 뛰어났을 뿐만 아니라, 회의나 인터뷰 혹은 데이트, 극장 등에서 시각이나 청각을 사용하기 힘든 상황에서 촉각으로 바로 시간을 확인할 수 있게 해줌으로써 시각 장애인뿐만 아니라 일반인들에게도 사랑받았다.

한국의 스타트업인 닷이라는 회사는 세계 최초로 점자 스마트 워치를 개발한다. 브래들리 타임피스가 촉각 인터페이스를 이용하여 시각 장애인과 일반인에게 시간을 정확히 알려주었다면, 닷에서 개발한 닷 워치는 이보다 한 발 더 나아가서 점자를 이용하여, 시간, 스마트폰 메시지, 알람 등 다양한 정보를 점자로 변환하여 출력하는 기능이 있다. 시각 장애인은 청각과 촉각을 시각 인터페이스 대신에 사용한다. 그런데 시각장애인이 음성이 아닌 문자로 정보를 얻기 위해서는 점자라는 형식의 책, 혹은 기기가 필요하다. 기존에 디지털 점자기기는 수백만 원에서 1천만 원까지 호가했으며, 그 부피도 크고 사용하기 불편하였다.

닷 워치는 약 30만 원이라는 저렴한 가격에 전자책도 점자로 변환하여 제공해 주었기에 독서가 가능했다. 시각에 초점을 맞춘 책이라는 매체를 점자 엔진을 통해 빠르게 촉각 인터페이스로 전환해준다. 닷 워치는 '매서블'이라는 매체에 소개되면서 전 세계로 기사가 퍼져나갔으며, 저렴한 가격에 뛰어난 기능을 제공하여 출시하기도 전에 선주문 계약을 체결한다. 시각 장애인용 촉각 인터페이스 기기로써 가성비도 뛰어나서 전 세계적으로 사랑받는 제품으로 자리매김하고 있다.

[닷의 점자 스마트 워치]

닷은 점자 스마트 워치인 닷 워치 차기 버전으로 닷 패드를 준비 중이라고 한다. 닷 워치가 스마트 워치의 일종으로 시각 장애인을 위해 다양한 기능을 제공하기는 하지만, 제한된 공간에 표시되는 점자 엔진만으로는 한 번에 전달해 줄 수 있는 정보의 양과 형식은 몇 글자의 문자로 극히 제한적이다. 닷 패드는 스마트 패드의 일종으로 넓은 점자를 표시할 수 있으며, 지도, 수식, 네비게이션 등을 사용할 수 있도록 할 예정이라고 한다.

촉각 인터페이스는 시각 장애인에게 청각과 함께 중요한 인터페이스이다. 촉각 인터페이스는 일반인에게도 다양한 방식으로 스마트기기나 IoT 기기와 연동하여 직/간접적인 피드백을 줄 수 있기 때문에, 일반인에게도 중요하다. 햅틱 피드백과 같은 햅틱 인터페이스도 일종의 촉각 인터페이스로서 웨어러블 기기에 쓰인다.

촉각 인터페이스에 대한 연구가 오래전부터 진행되었지만 아직은 제한적인 분야에서 활용되고 있다. 스마트폰, 스마트 워치, 자동차, 엔터테인먼트 등 다양한 분야에서 획기적인 발전이 예상된다.

안경형 웨어러블 디바이스, 구글 글라스

2012년 4월, 구글 엑스^X 랩에서 '프로젝트 글라스'라는 연구 개발 프로젝트를 공개한다. 같은 해 6월 구글 I/O 행사에서 구글 글라스의 데모 버전을 공개하면서 스카이다이버들이 착용한 구글 글라스에서 촬영하는 동영상을 실시간으로 중계한다. 구글 글라스는 1,500달러에 주문이 가능했으며, 구글 I/O 참석자 중 약 2천여 명 가량이 신청했다. 〈타임〉지는 2012년, 최고의 발명품 중 하나로 구글 글라스를 선정했다. 구글 글라스는 시각 인터페이스로서 AR$^{Argumented Reality}$을 구현한 안경형 웨어러블 디바이스이다. 스마트폰이 보급되면서 스마트폰 카메라를 기

[세르게이브린- 구글 글라스 착용 모습]

반으로 구현되는 AR 애플리케이션이 급격하게 증가하기 시작했는데, 구글 글라스는 시각에 관여하는 눈앞에 안경처럼 직접 노출시키는 방식을 취한 것이다. 군사용으로 최초 사용되기 시작한 HMD^{Head Mounted} Display 방식은 무거운 장치를 머리에 써야 하는 반면에, 구글 글라스는 이러한 단점을 극복하면서도 현실 기반에 부가 정보를 쉽게 보여준다.

구글 글라스의 인터페이스는 음성을 기본으로 하여, 터치 패드가 기기 옆쪽에 있고, 자이로스코프가 내장되어 있어 고개를 드는 동작 등을 인식하여 작동할 수 있다. 사진이나 동영상 촬영이 가능하고, 구글의 지도, 지메일, 구글 플러스, 메시지, 검색 등 다양한 서비스를 음성 인터페이스를 통해서 이용할 수 있다. 구글 글라스는 AR 기반의 시각 인터페이스 기기로, 음성 인터페이스, 터치 인터페이스, 제스처 인터페이스, 청각 인터페이스 등 다양한 인터페이스를 가진 기기이다.

그러나 혁신적인 AR 기기라는 찬사에도 불구하고, 사생활 침해와 같은 문제가 발생하고 주의력 분산에 따른 안전 문제 등이 발생했으며, 기기 개발이 지지부진해지면서 2015년에 사이트를 폐쇄한다. 2017년, 구글은 '글라스 엔터프라이즈 에디션'이라는 이름으로 다시 세상에 등장한다. 구글은 AR의 장점을 활용할 수 있는 특정 분야와 산업에 집중

[구글의 글라스 엔터프라이즈 에디션]

[AR 안경을 착용하고 엔진을 조립하는 GE 엔지니어]

하여 기업 전용 AR 안경으로 변신한 것이다.

GE사의 엔지니어는 수천 페이지의 엔진 매뉴얼을 찾는 대신에 구글 글라스를 착용하여, 실제 조립하려는 엔진에 대한 각종 정보를 단계별로 AR 안경에 보여주어 업무 처리속도와 효율성을 높일 수 있었다. 제품을 조립하는 공장의 근로자들은 구글 글라스의 AR 기능을 이용하여 제품 조립 시간을 25퍼센트 단축할 수 있었으며, 제품 검사 시간을 약 30퍼센트 단축할 수 있었다고 한다. DHL 같은 기업은 구글 글라스를 이용하여 물류 창고의 재고 파악 속도를 높일 수 있었으며, 약 15퍼센트 정도의 업무 효율성 향상을 이루었다고 한다. 또한 의료 현장에서도 구글 글라스를 이용하여 환자 정보 등을 AR에서 보여줌으로써 의사가 환자에 집중할 수 있는 환경을 제공했다. 구글 글라스는 기업 현장에서 기존에 존재하던 매뉴얼, 교육, 동영상 등을 대체하고 즉각적인 피드백을 주는 인터페이스로서 새롭게 주목받는다.

2016년, 미국 마운트 시나이 병원에서는 캡티브 AR 시스템을 통해서 세계 최초로 AR 기술을 접목한 뇌수술이 이루어졌다. 현미경의 이미

[AR기술을 활용하여 최초로 진행된 뇌수술 장면]

징 시스템에 3D 모델링과 수술 관련 데이터를 중첩해 증강현실을 구축하여 의사가 안전하고 정확하게 수술을 집도할 수 있었다. 이번 수술을 집도한 마운트 시나이 병원의 조수아 베더슨Joshua Bederson 교수는 "복잡하고 위험한 뇌수술에 AR을 사용하면 GPS를 켜고 실제 도로를 운전하는 것과 같은 효과를 가져와 정확하게 수술을 할 수 있다"고 말했다.

스마트폰의 등장과 함께 크게 관심을 받기 시작한 AR은 발전이 느리다는 평가를 받고 있었다. 닌텐도의 포켓몬 고를 통해 다시 한번 주목을 받기는 했지만, 주로 엔터테인먼트나 가구, 패션 등에 국한되어 있었다. 그렇지만 일반인 대상이 아닌 산업 분야에서는 향후 빠르게 발전할 것으로 예상된다. 구글 글라스나 AR 수술 시스템처럼, 특정 분야에서는 업무 효율성이 눈에 띄게 좋아져서 빠르게 도입하고 있다. 일반 소비자를 대상으로 하는 AR 안경은 아직 시장을 지배하는 기업이 나타나지 않았으며, 소비자의 관심도 낮아진 상황이다. 그러나 SNS 기업은 AR 안경이 향후 스마트폰을 대체하는 인터페이스로 등장할 것으로 예상하여 관련 기술을 개발하고 있다.

스냅챗으로 유명한 스냅은 2016년, 스펙터클이라는 카메라 내장형

AR 선글라스를 개발하여 선보인다. 정확한 판매량은 공개되지 않았지만 발매 초기에 인기를 얻어 약 15만 대 정도 팔린 것으로 추정된다. 현재는 인기가 주춤하여 재고가 쌓여있다고 전해지며, 이를 구매한 스냅챗 사용자 중 50퍼센트는 한 달 후에는 사용하지 않는 것으로 조사되었다. 블룸버그에 따르면, 새로운 OS를 내장하고, 자체 개발한 칩과 사진, 문자 메시지, 360도 동영상, 가상 회의실 등 단순 기능부터 고급 수준의 애플리케이션까지 프로토타이핑을 개발 중이라고 보도했다. 애플은 iOS에 AR 관련된 기능을 대거 업그레이드하며 AR에 투자하고 있음을 보여주었다.

애플 글라스가 언제 어떠한 기능을 선보일지는 애플의 비밀주의 때문에 시간이 걸려야 정확한 사실을 알게 되겠지만 AR 안경 시장 자체가 새로운 전기를 맞이한 것은 분명하다. 애플이 진출하여 성공한 다양한 분야가 비슷하듯이 애플이 최초로 개발한 기술이 거의 없다. 기존에 존재하던 기술과 콘텐츠를 애플만의 인터페이스 혁신으로 성공을 일궈낸 경우가 대부분이다. 애플 글라스로 AR 시장에서 혁신이 일어날 수 있을지는 조금 더 지켜봐야 할 것 같다.

스마트폰의 카메라나 AR 안경은 AR로 새로운 정보를 보여주기에 적합

[스냅의 스펙터클 AR 안경]

하여 가장 널리 사용된다. 현대자동차는 전략적으로 투자를 진행한 스위스 증강현실 전문기업인 웨이레이와 협력하여 자동차의 전면 유리에 네비게이션과 관련된 정보를 보여주는 AR 시스템을 시연한다. 자동차의 경우는 앞서 설명한 바와 같이 운전자가 안전을 위해서 전방을 주시해야 하며, 이를 위해서 음성 인터페이스가 중요한 기능이다.

최근 HUD^{Head-Up Display}를 이용하여 운전석 앞쪽에 속도와 네비게이션 관련 정보를 보여주는 시스템들이 속속 선을 보인다. 그러나 낮에 시인성이 떨어지는 경향이 있으며, 디스플레이 공간이 작아 제공할 수 있는 기능도 제한된다. 현대자동차의 AR 네비게이션은 가로 315cm/세로 131cm 크기로 이러한 제약 사항을 극복했으며, 향후 다양한 센서 기술과 AI 기능과 결합하여 도로 위의 위험요소를 알려주거나 측면, 후방의 상황도 함께 표시해줌으로써 안전성과 편의성을 확대할 것으로 예상된다. 미래의 자동차에는 이와 같은 AR 시스템이 기본으로 장착될 것이며, 다양한 시스템과 연계하여 활용성을 높여갈 것이다.

2018년, 사우스 바이 사우스웨스트^{South by Southwest, SXSW} 페스티벌에

[2019년 CES에서 선보인 현대자동차 AR 네비게이션]

서 오디오 브랜드 보스가 선글라스 형태의 AR 안경을 공개한다. 3D 프린터로 제작한 선글라스 형태의 프로토타입으로 정면의 모습은 일반 선글라스와 유사하다. 안경다리 쪽에 지향성 스피커를 내장한다. 즉, 기존의 AR 안경이 시각에 정보를 노출하는 형식이었다면 보스의 선글라스는 주변 환경과 청각을 연결해주어, 청각에 집중할 수 있는 새로운 경험을 제공해 준다고 한다. 보스 AR 선글라스에 내장된 GPS와 모션 센서를 통해, 제스처를 감지하여 음악을 듣거나 전화를 받을 수도 있고, 애플의 시리나 구글 어시스턴트 등과 연동하여 음성 제어도 가능하다. 예를 들면, 특정 관광지에 도착하면 해당 관광지에 대한 설명을 오디오로 들을 수 있고, 목적지를 설정하면 소리로 안내해 준다. 디자인적인 문제와 배터리 문제 등이 해결된다면 향후 출시될 AR 안경은 시각과 청각을 동시에 지원하게 될 것으로 예상된다.

가상현실
그 무한의 가능성

VR^Virtual Reality, 가상현실의 개념은 다양하게 해석이 될 수 있다. 2003년, 린든 랩에서 개발한 '세컨드 라이프'라는 가상 세계를 다룬 게임은 가상 세계 속에서 자신의 아바타를 이용하여 다른 아바타와 교류하고, 그룹 활동을 하며 가상 자산과 서비스를 이용할 수 있도록 구성이 되어 있다. 다른 온라인 게임과 다르게 퀘스트나 특정 목표가 없고 승자, 패자, 레벨 등의 개념도 없다. 사용자는 자신의 아바타를 이용하여 무엇이든지 할 수 있다. 직접 디자인한 아이템을 만들거나 콘서트를 열 수도 있으며 아이디어 상품을 판매할 수도 있다.

현실에서 일어날 수 있을 법한 일을 가상 세계에서 특별한 제약 없이

[가상세계 게임인 세컨드 라이프]

도 가능하게 해주었다. 1990년대 〈매트릭스〉 시리즈나 〈토털 리콜〉 같은 SF 영화가 출현하면서 VR이라는 개념은 컴퓨터나 전자기기를 사용하여, 인공적인 기술로 만들어낸 실제와 유사한 특정 환경이나 상황, 혹은 그 기술 자체를 의미한다〈위키백과〉. VR은 시각이나 촉각, 음성 등 인간의 다양한 오감과 3차원 가상현실과 상호작용을 통해 현실감과 함께 몰입감을 느낄 수 있도록 발전하고 있다.

현대적 의미의 VR은 헤드셋HMD, Head Mounted Display을 착용하고 3D로 구현된 가상 현실을 시뮬레이션하거나 게임과 같이 가상 현실 속에서 상호작용을 하는 것으로 이해하면 된다. 2014년, 페이스북이 VR HMD 기업인 오큘러스Oculus를 20억 달러에 인수하면서, 2~3년 내에 VR이 일반 가정이나 기업에 대중화될 것이라는 예측이 쏟아져 나왔다. 그러나 아직도 VR 시장은 일부 게임과 엔터테인먼트 분야를 제외하면 예상보다 성장이 더디다. 2016년, 페이스북 CEO 마크 저커버그는 오큘러스 커넥트 행사에서 VR을 이용한 소셜 네트워크 기능을 선보인다. 오큘러스 VR을 이용하여 원격에 있는 사람들과 대화를 하고, 게임 등을 진행한다.

[오큘러스를 이용하여 소셜 네트워크 기능을 선보이는 마크 저커버그]

증강현실 기능을 사용하여 콘퍼런스에 참석한 사람들의 카메라 화면을 통해 인사를 나누는 모습을 보여주기도 한다. 오큘러스는 초기 출시에 컨트롤러를 포함하여 약 800달러 정도의 비용이 들었다. 2018년, 오큘러스 고를 출시하면서 가격을 199달러로 책정했으며, 이전 버전이 PC와 연결해서 사용할 수 있었다면 이번 버전은 PC나 스마트폰과 연결이 필요 없이 기기 자체로 VR 콘텐츠와 게임을 이용할 수 있게 되었다.

삼성전자의 기어 VR과 같은 제품은 스마트폰을 VR기기에 거치하고, 스마트폰의 성능을 이용하여 VR 경험을 제공할 수 있도록 구성되어 있다. VR 기기 제조사들이 유사한 형식으로 제품을 구성하여 판매하며 최신 휴대폰을 가진 사용자들에게 새로운 경험을 제공했다. 소니의 플레이스테이션과 연동되는 소니 VR과 같은 기기도 등장했으며, 가격은 내려가고 있다. VR 기기를 이용하면 3D로 구현된 가상의 체험을 경험할 수도 있고, 360도 전환이 가능한 동영상(유튜브에서도 별도의 카테고리로 제공 중이다)을 감상할 수도 있다. 가장 활발하게 활용되는 분야는 VR 게임으로, 이미 많은 게임이 출시되어 다양한 장르의 게임을 체험해 볼 수 있게 되었다. 이처럼, VR은 AR 안경처럼 새로운 종류의 시각 인터페이스로 기존과 차별화된 경험을 제공해 주고 있지만 실제로는 아직 대중화되지 못하고 있는 이유는 무엇일까?

VR이 대중화되지 못한 이유로 콘텐츠가 다양하지 않다고 설명하기에는 부족하다. VR의 비싼 가격도 어느 정도 장벽으로 작용했지만 스마트폰의 예에서 볼 수 있듯이 충분한 만족감과 경험을 제공해 준다면 100만 원 정도 하는 고급 기종이 많이 팔린 것은 설명하기 힘들다. 근본적인 이유는 VR을 경험하기 위해서 착용해야 하는 HMD에서 찾을 수 있다. HMD를 착용하게 되면, 현실과 별개로 독립된 공간에서 VR 콘텐츠에 몰입할 수 있는 장점이 있다. 그러나 HMD 헤드셋을 착용하는 자체가 아직 대부분의 사용자에게 불편하다는 인식을 없애지 못하고 있다.

휴대폰 거치형 VR 기기를 머리에 착용하고(그것도 초점의 문제로 흔들리지 않게 잘 고정해야만 한다) 활동을 하면서 가상에서 일어나는 행동을 따라하기에는 무게나 피로감 등 장애 요인이 발생한다. 결국에는 소파나 의자에 앉아서 VR을 경험하는 수밖에 없다. 이러한 장애 요인이 3D 영화를 감상하기 위해서 3D 안경을 착용하는 것과는 근본적으로 다르다. 기술 발전으로 경량화 되고, 스냅의 스펙터클과 같은 형태를 취할 수는 있겠지만 아직 그런 제품이 출시되고 있지는 않다.

두 번째로는 예상했던 것보다 선명하지 않은 해상도와 화질의 문제이다. TV나 모니터와 같은 2차원 시각 인터페이스 기기들은 그 크기와 해상도, 선명도가 빠르게 발전했지만 아직 VR 기기는 상대적으로 해상도가 낮고 초점에 문제가 있다. VR을 처음으로 경험하는 사람은 새롭고 신기하다고 느끼지만 이를 지속해서 이용하는 사람은 많지 않다. 3차원 시각 인터페이스 수준에 머물기 때문이지만 기술적으로 성숙해지면 그 문제를 극복할 수 있다.

다음으로는 VR 자체가 너무 시각적인 경험에 의지한다는 점이다. 최근 흥행한 영화 〈레디 플레이어 원〉을 잠깐 살펴보자. 미래를 배경으로 하고 있기는 하지만, 시간뿐만 아니라 슈트와 같은 웨어러블 액세서리를 착용하고 실제의 활동이 가상공간과 반응하며, 음성, 촉각 인터페이스 등 다감각 인터페이스를 통해서 VR 세계를 경험할 수 있게 해주는 장면이 나온다. 현재의 VR기기들은 시각적인 효과에만 너무 몰입하게 하는 경향이 있다. 향후에는 다양한 액세서리가 출현하여 이러한 단점을 보완할 것이다.

이러한 단점에도 불구하고 교육이나 의료 분야 등에서는 새로운 차원의 경험을 제공함으로써 그 가능성을 보여주고 있다. VR이 직접 경험하기 힘든 부분을 가상의 화면으로 가능하게 해주는 본연의 기능을 충실히 수행할 수 있음을 증명한 것이다. 예를 들면, 일반인들이 직접 우주를 여행하기에는 아직 불가능하다.

이를 VR에서 체험하는 것은 충분히 가능하다. 태양계를 학습하기 위해서 책이나 동영상 등을 보고 듣고도 가능하겠지만, VR에서 직접 태양계를 여행하듯이 살펴보는 것과 같은 효과를 기대할 수 있다. 또한 NASA나 군사 분야에서도 VR로 교육한다. 의료 분야에서는 가상의 수술 실습처럼 인간의 생명과 직결된 수술을 VR을 통해서 훈련함으로써 숙련도를 높이는 데 큰 도움을 주고 있다.

VR이 페이스북의 예상처럼, 일반인들이 페이스북을 통해 SNS를 하듯이 VR 기기를 착용하고 소셜 네트워크 활동을 하고, 함께 VR 영화나 게임을 즐길지는 알 수 없다. 스마트폰처럼 쉽게 휴대가 가능한 기기도 아니고 꼭 필요한 기기도 아니기 때문에 소비자의 구매 욕구를 충분히 자극할 수 있도록 해주는 기술 완성도와 콘텐츠 경험, 직관적인 인터페이스를 제공해 줘야 한다. VR이 일반 대중에게 활성화되기까지는 시간이 더 필요해 보인다.

VR이 가상 공간에서의 현실 같은 경험을 제공하면서 높은 몰입감을 주는 장점이 있는 반면에 현실과의 반응을 접목한 MR^{Mixed Reality, 혼}합 현실이 새롭게 주목받고 있다. 마이크로소프트는 2015, 홀로 렌즈라는 MR 기기를 발표했다. 구글 글라스가 AR 기기로 단순히 정보나 콘텐츠를 시각의 새로운 레이어에 노출하는 수준이라면, 홀로 렌즈와 같은 MR 기기는 현실의 사물을 인식하고 상호작용할 수 있도록 하여 현실감 있는 경험을 창조해냈다. 예를 들면, AR로 제작된 게임은 무조건 화면에 특정 개체가 노출되는 반면에 MR 게임에서는 현실의 건물 뒤에 숨는 것처럼 현실과 반응하도록 할 수 있다.

2010년에 설립된 매직 리프^{Magic Leap}는 센서리 웨어^{Sensory Wear}라는 이름의 특허를 획득했다. 기존의 AR 기기들이 현실에 덧씌워진 입체영상이 표현하는 거리감과 실제 디스플레이와 눈 사이의 거리 차이 때문에 발생하는 괴리감이 현실감을 떨어뜨렸다면 이 특허 기술은 자체 개발로 이를 극복한 것으로 알려졌다. 유명한 체육관 고래 동영상은 MR

[홀로 렌즈에서 구현된 MR 마인 크래프트]

기술의 사실감을 잘 보여주었으며, 구글, 알리바바, 퀄컴으로부터 14억 달러의 투자를 유치하기도 했다. 2017년 12월, 매직 리프 원 개발자 버전을 출시하였으며, 2018년에 일반 소비자용 제품을 출시했다.

　MR 기술이 현실과 인터렉션하면서 AR이나 VR이 주지 못하는 생생한 현실감을 제공해 줌으로써 다양한 분야에서 활용이 기대된다. VR 공간에서 가상의 교사가 교육한다면, MR을 이용하여 실제 현실 세계의 눈앞에서 교사가 설명하고 곧바로 인터렉션을 진행할 수 있을 것이다. 이는 원격 교육 등에 활용이 가능하고, AI 등과 결합하면 새로운 형식의 교육 콘텐츠 개발이 가능할 것이다. 원격 의료 분야도 마찬가지로, 실제로 의사가 동일한 물리적인 공간에서 진료하는 것이 아니라, MR 기술을 이용하여 서로 대화하듯이 원격으로 진료가 가능하며, 다양한 정보를 MR 기기를 이용하여 확인하고 조치할 수 있게 될 것이다.

　AR, VR, MR은 아직도 기술을 개발하는 단계이며 앞으로 기술이 상호 혼합될 가능성이 높다. 현재는 하드웨어 기기의 형태, 가격, 기술 구

[매직 리프의 현실적인 MR 체육관 고래 동영상]

현 난이도에 따라서 개별적인 분야로 발전하고 있다. 그러나 미래에는 이러한 기술이 하나로 통합될 것이다. VR 헤드셋이 안경과 같은 형태로 발전하여, 상황에 따라서 VR 환경만 보여주거나, 현실을 그대로 보여줄 수 있다면 MR과 통합도 가능할 것이다. 또한 이러한 환경에 적합한 최적의 인터페이스가 적용된다면 관련 개발사가 주장하는 PC를 대체하는 기기가 될 가능성도 높다. 결국은 이러한 기기와 인터렉션하는 직관적인 인터페이스를 제공하는 회사가 승자가 될 것이다.

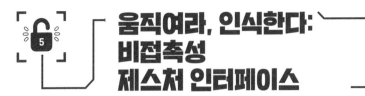

움직여라, 인식한다: 비접촉성 제스처 인터페이스

인간의 오감은 인터페이스에 있어서 자극을 받는 쪽이다. 시각은 TV나 스마트폰의 화면과 같이 정보를 눈으로 인식하고 촉각은 햅틱과 같은 진동이나 촉감을 느끼게 해준다. 청각은 전달되는 소리를 듣고 반응할 수 있게 해주며, 미각과 후각은 맛을 느끼고 냄새를 맡을 수 있게 해준다. 오감은 주로 외부에서 일어나는 현상이나 정보를 인식하고 뇌에 전달하며 인간의 수동적이고 수용적인 인터페이스 역할을 담당해왔다.

이에 비해서 인간의 능동적인 커뮤니케이션을 담당하는 대표적인 인터페이스로는 말과 글로 이루어진 언어를 들 수 있다. 이러한 언어적 커뮤니케이션 도구는 현대에 와서는 시청각을 이용하는 시각 인터페이스와 음성 인터페이스로 발전하였으며, 컴퓨팅 파워를 이용하여 인간과 기계가 서로 이해하고 인터렉션할 수 있는 수준에 이르렀다. 언어와 같이 직접적인 커뮤니케이션을 제외하면 직관적이고 널리 사용되는 비언어적 인터페이스는 제스처이다. 외국인을 만났을 때, 비록 언어가 완벽히 통하지 않더라고 제스처를 보면 어떠한 의미인지를 파악할 수 있는 것이 제스처의 직관성을 보여주는 예이다.

이러한 제스처를 기반으로 하는 접촉성 제스처 인터페이스는 이미 터치 인터페이스 속에 적용되어 있다. 스크롤을 하거나 화면을 확대하거나 축소하거나 하는 등 직접 접촉해서 현실의 제스처를 반영하였다. 이에 비해서 비접촉성 제스처 인터페이스는 그 직관성에 비해서 아직도 연구 개발 중인 분야이다.

비접촉성 제스처 인터페이스는 마이크로소프트 키넥트의 상업적인 성공으로 주목을 받았다. 자사의 게임기인 엑스박스를 시작으로 윈도 PC에서 사용하면서 교육, 의료, 산업 분야로 확산되었다. 단종이 되기는 했지만 비접촉성 제스처 인터페이스의 가능성을 보여준 좋은 예이다. 마이크로소프트 키넥트의 성공 이후, 2010년, 마이클 벽월드가 설립한 립 모션이 있다. 작은 기기를 설치함으로써 3D 동작을 인식하여 컴퓨터를 조작할 수 있는 새로운 인터페이스로 키보드와 마우스를 대체할 미래의 기기라는 찬사를 받았다.

그러나 마이크로소프트의 키넥트와 립 모션은 기대와 성공을 이어가지 못하고 그저 새롭고 흥미로운 기기로 특정 분야에서만 사용하는

[마이크로소프트 키넥트의 제스처 인식 가이드 화면]

인터페이스로 전락하고 만다. 비접촉성 제스처 인터페이스는 인터페이스로서 의미가 없는 것일까?

기술적으로 키넥트와 립 모션은 흥미로운 기술임이 분명하다. 가정용 게임인 닌텐도 위의 성공에서 알 수 있듯이, 동작 인식일종의 제스처 인터페이스은 직관적이며 충분히 매력적인 인터페이스이다. 키넥트와 립 모션의 실패는 새로운 기술에 초점을 맞춘 나머지 UI로서의 제스처를 잘못 적용했기 때문이다. 제스처와 UI를 연결하는 방식에 대한 고민과 적용 분야에 대한 연구가 부족했다.

터치 인터페이스에 있어서 제스처는 실제로 화면에 특정 사물이나 버튼 등 UI를 직접 확인할 수 있다. 이에 비해서 립 모션과 같은 제스처 인식 기기는 화면의 특정 동작을 제어하기 위해 사용되었지만, 터치 인터페이스와 다르게 객체가 실제로 존재하지 않는 허공에서 행위가 일어나기 때문에 굉장히 추상적이고 새로운 방식이었다. 제스처 자체는 인간의 비언어적 커뮤니케이션 수단으로 직관적이기는 하지만, 이를 PC 화면과 연결하는 방식은 완전히 낯선 새로운 인터페이스로 그 용도

[립 모션 컨트롤러]

도 제한적일 수밖에 없었다. 이러한 이유로 립 모션과 같은 제스처 인터페이스는 한번 시도해 볼 만한 정도로 인식되고 특별히 필요한 기술로 받아들여지지 않게 된다.

구글은 2015년, 구글 I/O 행사에서 프로젝트 솔리를 공개한다. 마이크로소프트 키넥트나 삼성전자 스마트 TV 등에 사용되었던 카메라 중심의 모션 인식 기술이 아닌 레이더 기술을 이용하여 정교한 컨트롤이 가능한 제스처 인터페이스를 선보인다. 제스처 인식 센서 칩을 통해서 사람의 정교한 손짓을 인식하여, 볼륨을 조절하거나 노래를 선택하고 시간을 조정하는 동작을 인식하여 컨트롤할 수 있도록 해준다.

웨어러블 기기와 IoT 기기들이 개발되고 널리 확산되는 시기와 맞물려서 이러한 기기를 컨트롤할 수 있는 혁신적인 인터페이스 기술이 필요했다. 현재 일반적으로 스마트폰 기기와 연동해서 컨트롤을 하지만 이는 블루투스와 같은 무선 기술의 특성상 모든 사람이 사용하기가 불가능하다. 또한 시각 장애인과 같이 터치 인터페이스를 이용할 수 없거나 시각·청각 장애가 있는 사람이 음성 인터페이스를 이용할 수 없을 경우에 유용하게 사용할 수 있는 새로운 방식의 인터페이스이다.

프로젝트 솔리는 작은 칩을 통해서 제스처 인식이 가능하게 만들어줌으로서 터치 인터페이스를 위한 화면이 필요하지 않아 경량화를 하는 데 유리하다. 또한 세균 감염의 위험이 있는 수술과 같이 특정한 상황에서 터치가 불가능할 경우에 유용한 인터페이스이다. 프로젝트 솔리는 범용성보다는 특정한 상황과 기기에 최적의 인터페이스를 제공하기 위한 목적으로 진행 중이며 성공 가능성이 높다.

[애플 애니모지 시연 화면]

　제스처 인터페이스 기술이 정교화되고 특정 영역에서 새로운 시도
가 이루어지고 있다. 애플은 아이폰X를 발표하면서 페이스 ID 기능을
소개한다. 스마트폰에서 널리 사용되던 생체 인증 기술인 지문 인증 방
식을 대체하고 특수한 카메라를 사용하여 사람의 얼굴 자체를 인식하
고 구분하여 인증하는 기술이다. 동시에 이러한 기술을 '애니모지'라는
3D 아바타에 적용하여 얼굴의 움직임을 표현할 수 있는 기능을 추가한
다. 현재는 일종의 이모지로 얼굴의 표정을 3D로 표현해주는 수준이지
만 향후 AI와 결합된다면 새로운 제스처 인터페이스로 발전할 가능성
이 높다. 사용자의 표정을 인식하여 AI가 말을 걸어준다던가, 음악을
틀어주는 기능 등 인간의 감정을 판단하는 일종의 제스처 입력으로 발
전할 것이다. 자동차 산업에 적용한다면 운전자의 표정과 눈의 움직임
을 판단하여 감정 상태라든지 졸음 등 다양한 상황에 대한 판단의 입력
인터페이스가 될 가능성이 있다.

　제스처 인터페이스에 대한 연구는 다양한 분야에서 진행 중이고, 미
래 인터페이스에 중요한 역할을 할 것이다. 범용성 연구를 지속하겠지

[제스처 인터페이스를 이용한 립 모션 VR 시연]

만 특정 분야에서 빠르게 적용될 것이다. BMW의 에어 터치처럼 자동차 컨트롤러로 사용되거나, AR이나 VR분야의 컨트롤러로 사용되는 등 특정 분야, 특정 산업군을 중심으로 발전할 것이다.

로봇,
인간과 소통하는
특별한 기계

로봇Robot이라는 단어는 1920년, 체코슬로바키아의 극작가 카렐 차페크의 희곡 〈로줌 유니버설 로봇Rosuum's Universal Robots〉에서 처음 사용되었다. 체코어의 노동을 의미하는 단어 'Robota'에서 나왔다고 알려져있다. 이처럼 로봇은 초기에 인간의 노동을 대신하는 기계 장치로 산업계에서 널리 사용되고 있었다. 단순 반복 작업이나 힘든 노동, 위험한 작업 등 설정된 프로그래밍에 의해서 동작하는 산업용 로봇이 등장하여 산업계에 영향을 미쳤다. 기술이 발전하면서 정교한 작업을 수행할수 있도록 개선되었으며, 컴퓨터를 이용하여 고도의 숙련된 작업까지대체했다. 의료분야에서는 인간의 실수를 줄이고 수술을 보조하는 용도로 사용된다. 로봇에 대한 연구와 기술 개발은 1970년대부터 본격화되었으며 지금까지도 로봇 산업은 미래의 중요한 산업으로 인정받으며, 인간의 생활을 윤택하게 해줄 것으로 기대되고 있다.

현재 가정용 로봇으로 로봇 청소기가 가장 널리 이용된다. 센서 기술의 발달과 인터넷의 발달, AI 기술의 발전으로 가사 노동을 줄여주는기기이다. 로봇 청소기와 같은 기기는 인간의 노동을 대체해주는 기기로 인터페이스 측면에서 다른 일반 기기와 다른 점이 별로 없다. 이보다는 오래전부터 휴머노이드라고 불리는 인간의 외형과 유사한 로봇 개발이 진행되어 왔다. 2000년, 일본 혼다사는 아시모라는 2족 보행 로봇을 발표한다. 그 이전의 로봇이 딱딱한 기계라는 인식이 강했다면 아시모와 같은 휴머노이드는 인간의 외형과 유사하게 제작되었으며, 인간과 같은 모습으로 친숙한 느낌을 준다.

영화 〈스타워즈〉나 〈아이, 로봇〉 등에 등장하는 인간형 로봇은 오래전부터 가정용 로봇의 가장 진보된 형태로 여겨져왔다. 영화에서처럼 인간과 자연스럽게 의사소통하고 감정적인 교류를 하며 인간의 일을 대신하는 로봇이 가정에 보급될 것이다. 그러나 소프트웨어와 센서의 기술은 AI의 등장 이후로 급속하게 발전했지만 하드웨어 기술 개발에 어려움이 있다. 2족 보행이라는 기술이 굉장히 복잡하여 아직도 연구 중이기 때문이다. 최근 보스턴 다이나믹스가 개발한 아트랄스라는 2족

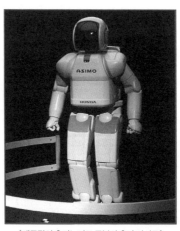

[대표적인 휴머노이드 로봇인 혼다 아시모]

보행 로봇은 점프하거나 인간처럼 달리기가 가능한 수준에 이르렀다. 향후 기술이 더욱 발전하고 AI 기술과 결합하면 영화에서 꿈꾸던 인간형 로봇이 등장할 것으로 예상된다.

이러한 인간형 로봇이라면 로봇이 가진 시각/청각/제스처 인터페이스 기술과 AI 기술과 결합하여 인간과 소통이 가능할 것이다. 휴머노이드는 인간과 대화를 하거나 감성을 표현할 수 있는 수준 정도이며, AI 로봇 소피아를 보면 휴머노이드 기술 개발이 진보되었음을 알 수 있다. 휴머노이드형 로봇 기술이 발전하여 보급되기까지는 아직도 난제가 많이 남아 있으며, 기업들은 현재 기술로 구현이 가능한 가정용 로봇 시장에 뛰어들고 있다. LG전자는 가정용 로봇으로 클로이를 출시했다. 이 로봇은 바퀴로 이동하면서 다양한 센서와 음성 인식 기술을 이용하여 청소하고 가전기기, 보안, 조명 등을 제어할 수 있다. 아마존은 가정용 로봇을 개발하는 '베스타 프로젝트'를 비밀리에 진행 중이다. 아직 명확한 용도는 알려져 있지 않지만, 그동안 아마존이 확보한 음성 인식

[인터뷰하는 AI 로봇 소피아]

기술과 AI 기술, 온라인에서 판매하는 다양한 상품군과 아마존의 서비스를 결합한 가정용 로봇일 것으로 예상된다.

로봇이 인간과 소통하면서 딱딱한 기계가 아닌 일종의 감성 인터페이스로 동작할 수 있음을 보여준 대표적인 예가 있다. 소니는 1999년부터 2006년까지 개 모양의 세계 최초의 애완견 로봇인 아이보를 판매했다. 발매 당시 약 250만 원의 고가 제품으로 약 100만 대 수준의 판매량을 기록했지만 낮은 AI 완성도로 인해서 상업적으로 실패했다. 그러나 사회적으로는 커다란 반향을 불러왔다. 일본 사회가 고령화가 되어가고 애완동물을 키우기 힘든 환경에 처한 독거노인들은 소니 아이보를 구입하여 10년 정도 같이 생활했으며 심지어는 장례식까지 치루어주기도 했다.

애완견 로봇이 외로운 노인과 감정적으로 연결해주는 인터페이스로 작동한 것이다. 실제로 살아있는 애완동물을 키우기 위해서는 많은 시간과 비용이 소요되며, 인간과 함께 생활하고 늙어간다는 의미로 반려동물이라는 용어가 있다. 소니의 아이보는 이러한 인간과 애완동물 간에 이루어지던 감정적인 교류를 로봇이라는 매개체가 대신해주는 감정 인터페이스로 동작한 것이다.

2018년 11월, 소니는 실제 강아지와 유사한 형태의 신형 아이보를 판매하기 시작한다. 감정 인터페이스로서 애완용 로봇의 기능에 더욱 초점을 맞추었으며, 진보된 AI와 인터넷 기술을 결합하였고, 실제 다양한 개의 울음소리를 내장하여 애완견을 모방했다. 또한 AI를 이용하여 개와 유사한 행동을 보임으로써 인간과 밀접한 감정적인 교류를 흉내

낼 수 있도록 만들었다. 새로운 아이보의 성공 여부는 시간이 지난 뒤에 판명이 나겠지만, 로봇이 인간의 감정과 인터페이스할 수 있다는 개념을 최초로 시도하고 다시 발전시킨 소니는 애완견 로봇이라는 새로운 산업을 이끌어 낸 것은 분명하다.

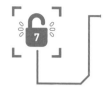

새로운 뇌파 인터페이스의 출현 가능성

인간과 기계와 직접적으로 인터페이스하려는 시도는 오래전부터 있었다. 주로 장애인들이 사용하는 의수에 많이 적용했다. 뇌에서 근육으로 전달되는 미세한 신경 신호를 측정하고 분석하여 의수일종의 로봇팔에 전달하여 움직일 수 있게 해주는 기술이다. 정확한 움직임을 구현하기 위해서 근육에 직접 신경 신호를 수집할 수 있는 인터페이스를 삽입함으로써 인간의 신경전달과 유사한 기능을 수행할 수 있도록 만들었다. 신경 신호와 직접적으로 인터페이스함으로써 정교한 움직임이 가능하게 되었지만, 실제 이러한 움직임은 우리의 뇌에서 움직임에 대한 명령을 신경에 전달함으로써 일어난다. 근본적인 인터페이스를 위해서는 뇌와 직접 연결하는 방식이 필요하며, 현재는 이러한 방향으로 연구와 개발이 진행 중이다.

뇌에 직접 전극을 이식하여 신경 신호를 전달하거나 뇌파를 분석하여 특정 움직임을 의수에 전달할 수 있도록 진화하였다. 뇌와 직접적으로 인터페이스를 연구하는 분야는 초기에는 장애인의 일상생활을 돕기 위해서 출발하여 이제는 뇌파를 이용하여 일반인도 사용할 수 있도록 해주는 비접촉 방식으로 발전하고 있다.

페이스북은 2016년, 미국 국방 고등 연구 기획청DARPA의 디렉터이자, 구글의 최신 기술 개발팀을 이끌었던 레지나 듀건을 영입하면서 '빌딩8'이라는 새로운 연구소를 설립하고 '인간의 감각을 확장할 수 있는 기술 개발'에 집중할 것이라 발표하였다. 2017년, 페이스북 개발자 콘퍼런스 F8에서 레지나 듀건은 2가지 새로운 기술 프로젝트를 공개한다. 하나는 사일런트 스피치 커뮤니케이션Silent Speech Communication으로 불리며, 뇌를 이용하여 컴퓨터에 문자를 입력할 수 있는 시스템이다. 유사한 기술이 존재하고 있었지만, 뇌에 전극을 연결해야 하는 불편함으로 인해서 특수한 상황에 처한 장애인을 제외하고는 일반인들이 이러한 위험과 불편함을 감수하면서 사용할 이유는 없었다.

이에 비해서 듀건이 제시한 기술은 뇌파를 이용하여 단어를 빠르게 입력하는 인터페이스로 별도의 장비가 필요하기는 하지만 직접적으로 인체에 장치를 삽입할 필요성은 없다. 다른 한 가지는 '피부로 듣는 기술'이다. 인간은 귀로 들어야만 의사소통을 할 수 있었지만, 인공 달팽이관을 이용하여 피부와 접하는 것으로 의사소통이 가능하게 하겠다는 것이다. 이러한 기술이 실현된다면, 음성 인터페이스를 이용할 필요 없이 기계와 문자를 통해서 바로 소통할 수 있는 새로운 뇌파 인터페이스가 출현하는 것이다. 전신 마비나 언어 기능이 마비된 장애인들도 이러한 뇌파 인터페이스를 통해서 직접적인 기계를 뇌나 몸에 삽입할 필요성도 사라지게 될 것이다.

2017년, 테슬라 CEO인 엘론 머스크가 뉴럴링크라는 회사에 투자하여 뇌와 컴퓨터 인터페이스를 연구하고 있다는 소식이 전해지면서 많은 관심을 그러모았다. 뉴럴링크는 인간의 뇌에 '뉴럴레이스'라는 칩을 이식하고 인간의 뇌 신경과 컴퓨터를 연결하는 것을 사업 목표로 하고 있다. 궁극적으로는 이를 통해 뇌 이식 기술을 개발하는 것이 목표라고 한다. 엘론 머스크는 마치 텔레파시처럼 자기 생각을 직접적으로 컴퓨터로 전달할 수 있는 가장 빠르고 직관적인 인터페이스를 개발하겠다고 선언했다. 흥미로운 이야기이기는 하지만 아직 언제 상용화를 할 수 있을지는 알 수 없다. 뇌에 직접적으로 칩을 집어넣어야 하는 관계로 의학 쪽 검증도 필요할 뿐만 아니라 일반인들이 가지고 있는 거부감을 극복할 수 있을지도 미지수이다.

뇌와 컴퓨터 간의 인터페이스가 등장하리라는 것은 이제 영화 속에나 존재하는 그런 황당한 이야기는 아니다. 이른 시기에 등장할 것으로 예측되지는 않지만 기술이 개발된다면 가장 궁극적인 인터페이스가 될 공산이 크다. 페이스북과 같은 기업이 뇌파 인터페이스를 연구하는 것은 SNS라는 공간이 VR 등 가상화되고 이러한 공간에서 커뮤니케이션할 수 있는 최상의 인터페이스로 바라보았기 때문일 것이다. 많은 기업이 뛰어들고 있기는 하지만, 의료 목적 등 특수 목적용으로 사용되며 기술적인 난제와 안정성, 해킹과 같은 문제 등 풀어야 할 과제가 많이 남아있다.

INTERFACE STRATEGY

지금도, 앞으로도 계속될 인터페이스 전쟁

스마트폰의 등장과 무선 인터넷 기술의 발달은 다양한 분야에서 치열한 경쟁을 야기했다. 새로운 폼 펙터 전쟁과 같은 하드웨어 인터페이스 경쟁부터, 혁신적인 서비스를 제공하는 애플리케이션 경쟁까지, 각각의 시장에서 새 기술은 기존 시장 지배자를 위협하기도 한다. 또한 사진과 동영상과 같은 멀티미디어 콘텐츠가 소통의 중심이 되어 치열한 경쟁을 벌이기도 한다. 제2의 인터넷 혁명에 비견되는 블록체인 기술이 등장했다. 그 어느 때보다도 많은 분야에서 인터페이스 혁신이 빠르게 진행되고 있으며, 앞으로 더 치열하게 전개될 것이다.

문자메시지를 대체하는 애플리케이션의 등장: 왓츠앱, 카카오톡

아이폰이 등장하기 전에는 주로 SMS가 간단한 메시지를 전달하는 주요한 수단이었다. PC에서 다양한 메신저가 개발되어 널리 사용되고 있었지만 일반폰에서는 SMS가 메시지를 전달했다. 블랙베리와 같이 문자 입력을 쉽게 해주는 하드웨어 인터페이스를 제공하는 초기 스마트폰이 PC의 메신저 같은 역할이었다. SMS를 제공하는 이동 통신사에서도 추가적인 대규모의 설비투자 없이도 막대한 수익을 내는 서비스였기 때문에 메시징 서비스에 대한 혁신의 필요성을 인식하지 못하고 있었다. 2009년, 야후에 근무했던 브라이언 액톤과 얀 쿰은 아이폰과 앱스토어에 새로운 기회가 있을 것으로 생각하여 왓츠 업What's Up과 유사한 발음을 가진 왓츠앱What's App이라는 인스턴트 메시징 애플리케이션을 출시한다. SMS를 제공하던 이동 통신사는 다른 개발사가 그랬듯이 스마트폰이 급속도로 보급되어 메시징 시장이 근본적으로 바뀔 수 있다는 점을 미처 인지하지 못하고 있었다.

아이폰이 폭발적으로 보급되기 시작하고 백그라운드 알림과 같이 다양한 기능이 추가된다. 왓츠앱은 PC의 메신저와 유사한 기능을 스마트폰에서 구현하여 폭발적으로 성장한다. 기존에 제공하던 SMS가 단방향으로 대화가 불가능했다면, 왓츠앱은 양방항으로 메시징뿐만 아니라 VoIP와 같은 음성 통화가 가능했다. 또한 인터넷만 연결되어 있으면 이러한 기능을 무료로 무제한 사용할 수 있었다. 와이파이Wi-Fi가 연결된 곳이라면 별도의 데이터 요금이나 메시지 당 요금을 지불할 필요가 없었다.

왓츠앱은 편리한 UI와 다양한 기능으로 스마트폰의 대표적인 메시징 인터페이스로 전 세계적으로 이용자를 확보한다. 2013년 2월, 왓츠앱의 사용자는 2억 명을 넘어섰으며, 같은 해 12월에는 4억 명이 넘어섰다고 발표했다. 페이스북은 2014년에 약 190억 달러에 왓츠앱을 인수한다는 발표를 한다. 왓츠앱은 페이스북에 인수된 후에도 지속적으로 사용자가 늘어서 2016년에 10억 명 이상의 사용자를 확보한다.

국내에서도 이와 유사한 현상이 발생한다. 초기에 스마트폰 애플리케이션들은 PC 시장의 소프트웨어와 유사한 개발 전략을 취한다. 가장 많은 사용자를 확보한 언어 버전을 먼저 출시한 후 점차로 다른 언어로 확대하는 것이다. 국내에서도 스마트폰이 판매를 시작한 후, 왓츠앱의 사용자가 늘어나기는 했지만 기본적인 UI가 영어로 되어 있기에 사용하기 불편했다. 이러한 이유로 왓츠앱이 해외에서처럼 급격하게 사용자를 확보하지는 못하고 있었다. 이때 등장한 애플리케이션이 현재 국민 메시징 애플리케이션으로 불리는 카카오톡이다.

카카오톡이 출시된 뒤 국내에서 폭발적인 성장을 거듭했다. 2010년에 출시한 카카오톡은 2018년 기준, 국내 메시징 애플리케이션 시장에서

94.4퍼센트를 차지하고 있으며 스마트폰을 사용하는 대부분이 사용하고 있다고 생각해도 큰 무리가 없을 것이다. '메시지를 보내'라는 말과 '카톡 보내'라는 말은 동의어로 사용되고 있을 정도로 독점적인 지위를 유지하고 있다. 카카오톡은 이후 PC 버전을 출시하면서 스마트폰뿐만 아니라 PC의 메신저 시장까지 장악한다.

2011년, 네이버 재팬ㅜ NHN Japan, 현 라인 코퍼레이션은 라인Line이라는 메시징 애플리케이션을 일본 시장에 출시한다. 라인은 현재 일본에서 국내의 카카오톡과 유사하게 국민 메시징 애플리케이션으로 사랑을 받고 있으며, 동남아의 여러 나라에서도 동일한 지위를 누리고 있다. 라인은 2019년 기준으로 약 1억6천만 명 이상이 실제로 사용한다. 국내에도 라인 애플리케이션을 출시했지만 카카오톡의 아성에 밀려서 사용자 확보에는 실패한다.

왓츠앱과 카카오톡, 라인과 같은 메시징 애플리케이션들은 스마트폰의 등장과 함께 이동 통신사가 주도하던 메시지 시장을 단숨에 장악하면서 성장한다. 이러한 메시징 애플리케이션들은 문자메시지가 주요한 수단이던 시장에서 대화형 메시징 인터페이스를 제공해서 주류 인터페이스가 된다. 이후에도 많은 기업이 메시징 애플리케이션 시장에 진입하지만, 몇 가지 특징적인 애플리케이션을 제외하면 시장에서 도태되고 만다. 그렇다면 기업이 스마트폰 메시징 애플리케이션 시장에 진출하고 치열하게 경쟁하는 이유는 무엇일까? 심지어는 페이스북 같은 거대 기업이 천문학적인 액수를 투자하여 왓츠앱을 인수한 이유는 무엇일까?

스마트폰이 등장한 후에 PC에서만 가능하던 일들이 이동 중에도 가능하게 됨으로써 생활이 근본적으로 변화했다. 정보 검색이나 쇼핑, 게임 등의 분야에서 이미 모바일 사용량이 PC 사용량을 넘어섰으며 이러한 현상은 급격하게 진행되고 있다. 많은 기업들이 모바일 퍼스트를 외치며 모바일 시장에 적극적으로 대응하고 있다.

모바일 검색 시장을 장악하기 위해서 구글이 취했던 전략을 보면 얼마나 모바일의 중요성을 높게 평가하고 있는지 쉽게 이해가 될 것이다. 구글은 경쟁사의 위치에 있는 애플에 막대한 비용을 지불하면서 구글을 아이폰 기본 검색 엔진으로 사용하도록 하는 계약을 맺는다. 이런 사례를 보면 거대 인터넷 기업들이 모바일 시장의 중요성을 어떻게 인식하고 있는지 단적으로 보여준다. 스마트폰에서 메시징 애플리케이션의 중요성도 이와 유사하다. 메시징 애플리케이션은 문자 커뮤니케이션 인터페이스의 역할(기존에 이동 통신사가 제공하던 문자메시지의 역할을 대체)을 수행하고 있으며 다른 모바일 서비스로 확장하기 위한 중요한 기반으로 작용하고 있다.

기본적으로 대부분의 인터넷 서비스는 아이디와 패스워드를 사용하여 로그인 서비스를 제공하고 있으며, 자사의 이러한 인증 서비스를 다양한 서비스에 적용하기 위해서 노력을 많이 기울였다. 그러나 구글과 페이스북과 같은 글로벌 회사나 국내의 네이버와 같은 회사만이 인터넷 시장에서 어느 정도 성과를 거두고 있었다. 스마트폰 시대에 접어들면서 메시징 애플리케이션들이 이러한 역할을 급격하게 대체하고 있다. 카카오톡을 예로 들어보면, 카카오톡 계정을 가지고 있는 사람은

[카카오톡의 더보기 화면]

카카오에서 제공하는 다양한 서비스를 별도의 복잡한 가입 절차 없이 바로 사용할 수 있다.

또한 다른 회사의 애플리케이션들은 카카오톡 연동 로그인 서비스를 제공하여 복잡한 가입 절차 없이 이용할 수 있게 했다. 즉, 카카오톡을 사용하고 계정을 보유하고 있다면 다양한 애플리케이션과 모바일 서비스를 쉽게 이용할 수 있다. 또한 카카오톡 자체도 다양한 서비스(이모티콘/쇼핑/선물하기/주문/티켓 등 카카오톡 더보기에서 확인 가능)를 제공하는 통로로 사용된다. 또한 최근 경쟁이 치열한 간편 결제 시장에서도 경쟁사보다 유리한 위치에 있다. 메시징 애플리케이션이 단순히 스마트폰의 커뮤니케이션 인터페이스의 역할만 수행하는 것이 아니라 다양한 스마트폰 서비스를 연결할 수 있는 시작점이 되므로 경쟁은 치열해지고 있다.

사진과 동영상으로 자신의 모든 것을 표현하는 시대

2010년 10월, 케빈 시스트롬과 마이크 크리거는 즉석에서 사진을 볼 수 있다는 의미인 인스턴트Instant와 전보를 보낸다는 의미의 텔레그램 Telegram을 합쳐서 인스타그램이라는 애플리케이션을 출시한다. 인스타그램은 출시와 함께 폭발적인 성장을 거듭하며 출시 두 달 만에 백만 명의 사용자를 확보했으며, 1년에 1억 명 정도의 사용자가 증가하는 추세를 이어갔다. 2019년에는 10억 명의 사용자를 확보할 만큼 엄청난 성장을 이루어 낸다. 인스타그램은 2012년, 페이스북에 10억 달러에 인수되었으며, 페이스북의 전략에 큰 영향을 미친다.

인스타그램이 출시한 시기에는 트위터와 페이스북과 같은 SNS와 포스퀘어와 같은 위치 기반의 SNS가 시장에서 치열하게 경쟁했다. SNS에서 인터페이스 방법은 주로 PC를 이용하거나, 스마트폰을 사용하더라도 문자 중심의 서비스가 주를 이루고 있었다. 이에 비해서 인스타그램은 사진을 소통의 중심 인터페이스로 삼았다.

인스타그램은 각종 사진 필터와 타 SNS에 쉽게 사진을 업로드할 수 있는 편리한 기능을 제공하면서 젊은 세대의 폭발적인 지지를 이끌어

[초기 인스타그램 화면]

낸다. 사진이라는 매체는 문자보다 직관적이며 즉시성을 가진 인터페이스가 된다. 문자는 일반적으로 아무리 짧은 내용이라도 머릿속에서 사고하고 정리하는 시간과 입력이 필요한 반면에 사진은 찍는 즉시 업로드하여 비주얼로 소통할 수 있도록 만들어 준다. 그래서 페이스북이나 트위터가 충족시켜주지 못했던 시각에 초점을 맞춘 새로움을 제공해 주었다.

스마트폰의 보급과 카메라 성능의 진보, 모바일 인터넷 중심의 문화가 절묘하게 맞아떨어지면서 인스타그램은 새로운 방식의 소셜 네트워크로 자리 잡는다. 사진 기반이라는 편리함과 함께 인스타그램은 해시태그를 도입함으로써 좀 더 강력한 검색 인터페이스를 제공한다. 태그라는 기능은 이미 블로그가 널리 사용되면서 도입된 기능이기는 하지만 트위터와 인스타그램이 전 세계적으로 일반화하는데 큰 공헌을 한다. 사진 중심의 인스타그램은 2011년 1월부터 해시태그를 도입하여 사진을 분류하고 쉽고 빠르게 검색할 수 있도록 한다. 일반적으로 SNS

가 사진과 메시지를 달아서 표현하던 방식을 사진과 해시태그 중심의 방식으로 바꾸어 버린다.

2013년, 페이스북은 스냅챗을 30억 달러에 인수하겠다는 제안을 하지만 스냅챗은 이를 거절하며 전 세계에서 화제가 되었다. 스냅챗은 사진과 간단한 문자를 보낼 수 있는 메시징 서비스이며, 일정 시간 후에 보낸 내용이 자동으로 삭제되어 개인 생활을 보호할 수 있다.

미국에서는 10대에서 30대 사용자들의 지지를 받으며 급격하게 성장하여 2013년에는 하루 2억 개가 넘는 사진이 전송될 정도로 엄청난 수준으로 성장한다. 스냅챗은 다양한 필터 기능을 내장하여 사진을 기반으로 소통하는데 재미를 줄 수 있는 요소들을 제공하여, 재미와 소통을 동시에 충족시켜주는 사진 기반의 애플리케이션이다. 최근에 전 세계적으로 '아이 얼굴 필터'라는 기능을 출시하여 화제가 된 바도 있으며, 광고 기능을 도입하여 매출이 크게 증가하였으며 지속해서 성장하고 있다.

스마트폰의 보급과 스마트폰 기술과 무선 인터넷 기술이 발전하면서 텍스트 중심의 인터페이스에서 사진과 동영상이 소통의 중심으로 자리잡는다. 스마트폰에 내장된 카메라의 성능은 이미 일반 디지털카메라의 성능을 능가하고 있으며 디지털카메라 시장은 성장을 멈춘 채 그 자리를 스마트폰에 넘겨준다. 디지털카메라는 일부 전문가나 취미 생활을 하는 사람들의 전유물로 여겨지고 있으며 십수 년 전에 예측했던 디지털 컨버전스라는 용어가 현실화하여 스마트폰 자체가 모바일 기기로써 가장 중요한 인터페이스 역할을 한다. 이러한 기술의 진보는 텍스트 중심에서 사진과 동영상과 같은 멀티미디어 중심으로 서비스를 변화시키고 있다.

중국의 미디어 기업인 바이트댄스Bytedance는 2016년에 15~60초 정도의 짧은 동영상을 만들고 공유할 수있는 틱톡TikTok이라는 애플리케이션을 출시한다. 직관적인 사용자 인터페이스와 편리한 편집 기능으로 사용자들의 호응을 끌어내던 틱톡은 2017년에 10억 달러를 들여 미국 청소년들에게 큰 인기를 끌던 뮤지컬리Musical.ly(디지털 립싱크 애플리케이션으로 미국 젊은 층 사이에서 유행)를 인수하여 틱톡과 통합한다.

2018년 10월에는 전 세계 다운로드 애플리케이션 중 3위를 기록하며, 유튜브, 페이스북, 왓츠앱, 인스타그램, 스냅챗 등을 물리치고 SNS 애플리케이션 중에서 1위를 차지한다. 또한 현재 약 84조 원의 기업 가치가 있는 기업으로 평가가 되며, 전 세계 이용자 수는 약 5억 명을 넘어 트위터의 사용자를 추월하였다. 틱톡은 AI 기반의 추천 서비스인 '포 유For You' 기능을 추가하여 사람들이 지속적으로 동영상을 재생할

[틱톡을 소개하는 홈페이지]

수 있다. 이제 동영상은 대부분의 SNS가 기본적으로 제공하는 기능이 되었으며, 5G로 무선 인터넷 속도가 빨라지는 현시점에서는 가장 강력한 인터페이스 역할을 수행하게 될 것이다.

공유 경제와 온오프믹스의 무한 가능성

'공유 경제'라는 개념은 서비스나 플랫폼보다는 일종의 비즈니스 모델로 볼 수 있다. 2008년, 하버드 대학교의 로렌스 레시그 교수는 상업 경제의 대척점으로써 공유 경제를 정의한다. 공유 경제의 참여 동인을 나 혹은 너의 유익을 이끌어낼 수 있는 점이라는 것을 강조하며 구체적인 설명과 함께 회자된다. 〈위키백과〉와 같이, 자발적인 참여를 통해 지식과 정보를 공유하는 것도 일종의 공유 경제로 볼 수도 있다. 공유 경제의 대표적인 예로는 에어비앤비와 우버를 들 수 있다. 2008년, 네이션 블레차지크와 브라이언 체스키, 조 게이바는 '에어베드브렉퍼스트 AirBed & Breakfast'라는 이름으로 벤처 기업을 창업한다. 제한된 인원만이 숙박할 수 있는 호텔은 시장이 포화되어 예약할 수 없는 사람들이 많았다.

이에 이러한 사람들을 위한 웹 사이트를 개설하고 개인이 공간을 빌려주고, 공간을 빌리는 사람을 연결해주는 커뮤니티 플랫폼을 구축한다. 2009년에는 회사 이름을 축약한 에어비앤비Airbnb로 이름을 바꾸고 에어 베드와 공유 공간을 빌려주는 개념에서 집 전체, 아파트, 특정 방,

성, 보트 등 다양한 공간을 예약해주는 서비스로 확장한다. 2011년에 누적 예약 건수가 100만 건을 기록했으며 2012년 1월에 500만 건, 6월에 1,000만 건을 돌파한다. 2018년에는 3억 건을 돌파하며, 전 세계적인 숙박 플랫폼이자 공유 경제의 상징처럼 된다.

에어비앤비 이전에 숙박을 하기 위해서는 전화나 인터넷을 통해서 예약하거나 직접 방문해야 했다. 또한 시장 참여자도 숙박업소가 유일했으며, 이는 일정 규모 이상의 자본을 가지고 있지 않으면 시장 참여 자체가 어려웠다. 에어비앤비는 이러한 시장에서 공간을 소유한 사람과 공간이 필요한 사람을 연결해줄 수 있는 인터페이스플랫폼를 제공함으로써 새로운 시장을 개척한 것이다.

유휴 공간을 가지고 있는 사람은 이를 필요한 사람에게 단기간 대여공유해서 수익을 창출하고, 숙박이 필요한 사람은 숙박업소보다 저렴한 가격에 다양한 공간을 취사선택할 수 있게 됨으로써 나 혹은 너의 유익을

[숙소와 다양한 액티비티를 예약할 수 있는 에어비앤비 홈페이지]

이끌 낼 수 있는 공유 경제의 모델이 된 것이다. 에어비앤비는 자사와 호스트, 게스트를 연결하는 인터페이스와 이를 강화할 수 있는 커뮤니티를 성공적으로 구축한다. 플랫폼이 가지는 특성상 유지에 들어가는 한계비용이 거의 들지 않기 때문에 빠르게 숙박 공유 시장을 장악하게 되었다. 에어비앤비는 이러한 공유를 이루어주는 인터페이스로서 플랫폼의 중요성을 보여주는 단적인 예이다.

우버 역시 에어비앤비와 유사한 공유 경제 플랫폼을 제공하며 성장하였다. 2009년에 창립한 승차 공유 플랫폼으로 개인이나 우버사의 운전기사와 승객을 모바일 애플리케이션을 통해서 중계해주는 서비스이며, 2019년 10월, 약 500억 달러의 기업 가치를 가진 기업으로 성장하였다. 세계에서 가장 논란이 많은 스타트업이기도 하다.

국내에서는 2015년에 법적인 이슈로 핵심 서비스인 우버X에 대한 철수를 결정하면서 일반에게 널리 알려진다. 우버는 택시와 같이 특정 지점으로 이동하기 위한 고객과 개인차량을 소유한 운전자 또는 우버에서 고용한 운전기사_{우버 블랙이라는 프리미엄 서비스}를 연결하는 플랫폼을 통해 새로운 운송 수단으로 각광을 받는다. 또한 자율 주행과 같이 신기술에 적극적인 투자를 하는 기업으로도 유명하다. 현재 우버는 적자 규모가 커지고 있으며 리프트와 같은 새로운 경쟁자의 등장으로 새로운 국면을 맞았다.

O2O^{Online to Offline}는 문구 그대로 온라인과 오프라인을 결합하는 현상을 의미하는 말로 온라인 시대에 많은 시간이 걸리던 일을 빠르게 오프라인으로 연결해 주는 것을 의미한다. 앞서 예로 들은 에어비앤비나

우버도 공유 경제라는 비즈니스 플랫폼을 기반으로 한 O2O 서비스로 이해하면 된다. 온라인과 오프라인의 결합은 스마트폰이 등장하면서 언제 어느 곳에서 쉽게 인터넷에 접속하고 애플리케이션을 통해서 서비스 이용이 가능해지면서 새롭게 부각되고 있다.

에어비앤비는 국내에서도 서비스 중이며, 해외 여행객이나 국내 여행객이 주로 사용하는 플랫폼으로 자리를 잡아가고 있다. 에어비앤비가 숙박 공유에 초점을 맞춘 글로벌 서비스라면, 국내에서는 야놀자나 여기어때에 같은 O2O 업체가 등장하여 숙박과 액티비티를 예약하는 서비스로 치열하게 경쟁한다. 해외의 경우, 국내보다 넓은 지역이 대다수이고 제한된 숙박 시설로 인해서 에어비앤비 이용이 편리하다면 상대적으로 밀집해 있고 다양한 숙박 시설이 있는 국내에서는 '야놀자'나

[야놀자 애플리케이션의 메인 페이지와 레저/티켓 페이지 화면]

'여기어때'와 같은 서비스가 활성화 되어있다. 또한 숙박을 중심으로 여행과 관련된 서비스 분야로 사업을 확장할 가능성도 있다. 이미 야놀자는 O2O 기업으로 국내에서 8번째 유니콘 기업기업가치 10억 달러 이상의 스타트업으로 등록되어 그 성장 가능성을 인정받고 있다.

국내의 대표적인 O2O 서비스이자 유니콘 기업인 배달의 민족은 음식 배달을 새롭게 혁신하면서 급성장한 기업이다. 기존에 음식 배달은 전화해서 주문하거나 예약 시스템이 구비된 특정 회사의 홈페이지를 통해서만 가능했다. 또한 배달원이 있는 식당만 가능했으며 이는 특정 음식 종류에 국한되어 있었다. 그러나 배달의 민족은 일반 식당도 쉽게 예약을 받고 일정 비용을 지불하면 배민 라이더라는 오토바이 배달원을 통해서 고객에게 음식을 배달하는 서비스를 선보이면서 새로운 배달 문화를 창출하였다. 배달이라는 특정한 분야에서 음식점과 고객 간 인터페이스할 수 있는 플랫폼을 제공함으로써 편리하고 빠른 배달이라는 새로운 시장을 개척하게 된 것이다.

이러한 서비스뿐만 아니라 직방이나 다방처럼, 부동산 O2O 서비스도 성장하였으며, 카카오택시나 타다와 같이 새로운 모빌리티 O2O 서비스도 등장하였다. 숙박, 홈서비스, 의료, 운송, 자동차 등 다양한 분야에서 O2O 서비스가 출현하고 있으며, 향후 이러한 트렌드가 지속될 것이다.

이커머스 시장의 무한 팽창 그리고 라스트 마일

2018년 5월, 인스타그램의 마케팅 이사인 수잔 로즈는 압구정동 K 현대미술관에 열린 페이스북 커뮤니티 커넥트 행사에서 인스타그램의 쇼핑 태그 기능을 소개하며 일부 제한된 국내 브랜드의 제품을 인스타그램의 쇼핑 태그를 이용하여 시범 서비스를 시작했다고 발표한다. 인스타그램의 쇼핑 태그는 2017년 4월에 미국에서 출시했으며 사용자 사진 속의 상품에 태그를 달고 이를 터치하면 구매 페이지로 이동할 수 있는 기능이다. 또한 2019년 3월에는 체크아웃 기능을 추가하여 다른 사이트나 애플리케이션으로 이동하지 않고 인스타그램에서 직접 구매

[인스타그램 쇼핑 태그]

를 할 수 있는 기능을 추가하였다. 인스타그램이 이커머스 시장에 진입하면서 많은 기업이 새로운 이커머스 인터페이스의 등장에 촉각을 곤두세우고 있다. 기존의 이커머스 업체는 강력한 경쟁자를 맞이한 셈이다. 일부 업체는 경쟁자라기보다는 새로운 채널이 추가된 것으로 사진과 동영상 중심의 인스타그램에 적합한 상품을 판매하는 채널로 인식하기도 한다.

인스타그램을 매일 5억 명 이상이 사용하며, 60퍼센트 이상의 사용자가 인스타그램에서 새로운 제품을 발견하고 70퍼센트가 넘는 사용자가 사업자 계정을 팔로우하거나 사업자 포스팅을 보고 추가 행동검색이나 웹 사이트 방문, 쇼핑, 친구에 공유 등을 한다고 한다〈인스타그램 자체 통계〉. 또한 일반 소비자용 브랜드 회사의 32퍼센트는 인스타그램을 매우 중요하고 핵심적인 소셜 미디어 마케팅 채널로 인식하고 있다. 2019년, 빅커머스의 통계에 따르면, 인스타그램 쇼핑 태그를 통해서 1,400퍼센트 이상 트래픽이 증가한 브랜드도 있으며, 20퍼센트이상 매출이 증가하는 효과를 보았다고 한다. 매달 1억3천만 건 이상이 인스타그램 쇼핑 태그의 클릭이 이루어지고 있으며, 인스타그램 쇼핑 포스트는 마치 가상의 샵 메인 페이지처럼 동작하고 있다. 이처럼 강력한 영향력을 행사 할 수 있는 인스타그램의 쇼핑 태그는 이커머스 시장에서 어떠한 영향을 미치게 될지 주시해볼 필요가 있다.

전 세계적으로 이커머스 시장은 2020년, 이마케터 닷컴에 따르면 4조 580억 달러에 이를 것으로 예측한다. 국내도 이미 2018년에 100조를 돌파했으며, 향후 매년 20퍼센트 이상씩 성장할 것으로 예상한다. 구글과 같은 거대 인터넷 기업도 검색을 통해서 아마존과 커머스 경쟁을 하려고 하지만 현재까지는 효과가 미미한 편이다. 국내 시장을 살펴보면, 기존의 오픈 마켓 비즈니스가 변화하고 특징이 발견된다. 네이버와 쿠팡과 같은 기업이 그 중심에 있으며, 네이버는 스마트 스토어를 중심으로 새로운 서비스를 확장한다. 쿠팡은 물류 시스템과 운송 시스템을 구축하여 새로운 방식의 서비스를 시도하고 있다.

기존의 오픈 마켓은 상품 판매자와 구매자의 거래를 중계해주는 역할을 했다. 이를 통해서 수수료 매출을 일으키는 것이 전통적인 오픈 마켓 비즈니스 모델이었다. 이에 비해서 네이버는 자체적인 쇼핑과는 별도로 상품의 가격을 비교 검색해주는 서비스를 가지고 있었으며, 네이버의 상품 검색 결과에 노출시키기 위해서 쇼핑몰은 광고와 네이버 상품 검색 DB 연동에 노력을 많이 기울였다.

기존 오픈 마켓은 이러한 네이버의 사업 모델을 도입하여, 상품 판매자가 자사의 오픈 마켓에 검색 광고나 영역을 구입하여 추가적인 매출을 창출할 수 있는 형식으로 변화하고 있었다. 네이버는 스마트 스토어를 업데이트하여 출시하면서 다양한 마케팅 시도와 더불어서 판매자를 유인한다. 스마트 스토어를 개설한 판매자에게는 별도의 입점 수수료를 받지 않고 검색에 노출될 수 있도록 해주었으며, 네이버 페이 서비스로 결제하고 각종 포인트를 적립할 수 있는 대규모 마케팅 캠페인을 실시한다. 또한 다양한 분야별 쇼핑 섹션을 구성하여 직접적인 경쟁에 나서고 있다. 오프라인 매장의 상품을 판매할 수 있도록 해주는 O2O 개념의 서비스도 제공하고 있으며, 쇼핑몰 창업을 도와주는 체계적인 프로젝트를 진행하고 있기도 하다. 기존의 이커머스 기업들은 검색 시장을 지배하는 네이버라는 강력한 경쟁자를 맞이한 셈이다.

국내 1위 이커머스 기업 쿠팡은 로켓 배송으로 유명하다. 쿠팡의 로켓 배송은 라스트 마일(이커머스에서 소비자와 만나는 최종 단계를 말한다)을 혁신하면서 시장에서 큰 호응을 얻어냈다. 기존의 쇼핑몰 업체는 자체 배송보다는 물류 전문 자회사나 물류 기업에 배송을 맡기고 있었다. 그러나 업체 간 상품의 가격 경쟁으로 수익이 낮아지면서 자체적인 물류망을 구축하게 된다. 라스트 마일은 배송 단계에서 가장 비효율적인 구간으로 꼽히며, 부정확한 배달, 교통체증, 배송 차량의 주차 문제, 분실 및 도난, 파손 등 다양한 문제로 인해서 비용이 늘어난다.

쿠팡의 로켓 배송은 빠른 배송 시간뿐만 아니라, 자체 직원(사회적인 이슈는 여기서는 논외로 하기로 함)을 통해서 고객의 만족이 높은 편이다. 쿠팡의 전략은 신세계나 롯데와 같이 기존 오프라인 유통 기업들이 자체 물류 센터와 라스트 마일 확보에 나서고 있는 것을 보면 틀리지 않은 전략으로 보인다. 쿠팡은 이러한 라스트 마일 확보를 위해서 자금을 투입했으며 매출이 성장하고 있지만 누적 적자도 1조 8천억 원에 이르고 있다. 쿠팡은 성장과 함께 늘어난 물량에 대응하기 위해서 쿠팡 플렉스라는 새로운 라스트 마일 서비스를 도입한다. 유휴 차량이나 시간이 있는 일반인이 쿠팡 플렉스에 등록하고 물량을 배정받아 일정한 수수료를 받아 가는 모델이다. 이는 우버와 같은 개념으로 라스트 마일 배송에 적용한 사례로 볼 수가 있다. 아직 시행한지 얼마 되지 않아서 보완할 점이 있지만 새로운 시도인 만큼 향후 확대가 될지는 이커머스 기업들이 주시하고 있다.

이외에도 다양한 라스트 마일 배송 서비스들이 등장하여 시도 중이다. 매장 픽업이나 편의점 픽업, 스마일 박스 등이 대표적인 예이며, 전세계 이커머스 시장을 장악하고 있는 아마존은 프라임 나우1~2시간 내 배송 서비스를 위해서 드론이나 로봇 등을 사용하거나 쿠팡 플렉스와 유사한 크라우드 소싱을 사용하기도 한다. 또한 40~100명 정도의 배송인력을 보유한 소규모 지역 배송 사업자와 파트너십을 맺고 배송을 진행하기도 한다. 구글, 월마트, 아마존 같은 기업은 드론이라는 수단을 이용하여 라스트 마일 배송을 위해서 기술개발과 테스트를 진행하고 있으며, 향후 중요한 역할을 수행할 것으로 예상된다.

아마존은 이러한 라스트 마일 전쟁에서 앞서가기 위해서 아마존 키 Amazon Key라는 새로운 서비스를 발표하였다. 아마존 키의 핵심은 배송 시 문 앞에 물건을 놓아두어서 분실 사고가 빈번한 점을 개선하기 위해서 아마존 프라임 회원의 댁내까지 배달해주는 것이다. 이를 위해서 클라우드 캠이라는 보안카메라와 스마트 도어락이 필요하다.

작동 방식은 비교적 간단하다. 문 앞까지 물건이 배송되면, 배송 직원은 고객에게 배달이 왔음을 알려주고 고객은 일회용 비밀번호를 전송하여 문을 열고 배달 물건을 집 안에 놓고 문을 잠그고 가면 되는 것이다. 이러한 과정은 클라우드 캠으로 녹화되고 실시간으로 확인도 가능하다.

아마존 키 서비스는 집뿐만 아니라 차고, 차의 트렁크까지 확대되어 서비스 중이다. 댁내 배송 서비스는 아마존, 월마트, ICA 같은 업체들

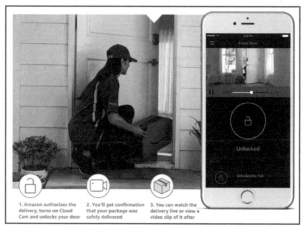

[아마존 키에 대한 설명]

이 IoT 기기와 연동해서 제공하며 많은 기업이 테스트한다. 이러한 댁
내 배송은 택배를 수령하고자 개인 공간을 외부인에게 공개해야 한다
는 점에서 부정적인 반응을 보일 수 있으나 라스트 마일을 위한 혁신적
인 시도라는 점은 부정할 수 없을 것이다.

또 한 번 세상을 바꿀 비트코인과 블록체인

2017년, 국내에서는 비트코인으로 대표되는 각종 암호화폐 투자와 채굴에 대한 급격한 관심으로 인해서 광풍이라 표현될 만큼 커다란 사회적인 현상이 발생하였다. 비트코인을 채굴하기 위해서는 뛰어난 성능의 GPU그래픽 처리 장치가 필요했으며 이로 인해서 GPU가 품귀 현상을 빚어 한동안 높은 가격에 거래가 되었다. 또한 국내에서 거래되는 비트코인이 급등하여 해외에서 비트코인을 구입하여 국내에서 되파는 일이 벌어지기도 했다. 그러나 암호화폐는 각국의 규제와 거래소의 해킹 등과 같은 다양한 이유로 인해서 폭락과 상승을 반복한다. 현재는 일부 국가나 금융기관에서 화폐와 투자의 대상으로 그 지위가 상승하고 있다.

비트코인은 사토시 나카모토라는 사람이 2008년, 〈비트코인: 어 피어 투 피어 일렉트로닉 캐시 시스템Bitcoin: A peer-to-peer Electronic Cash System〉이라는 논문을 공개했고 이듬해인 2009년에 비트코인 코어 버전 0.1Bitcoin Core v.0.1 프로그램이 공개되면서 채굴이 시작되었다. 비트코인과 같은 암호화폐는 블록체인 기술을 이용하여 거래 및 채굴이 이루어지고 있으며, 블록체인은 이러한 암호화폐뿐만 아니라 다양한 분야에 적용이 가능한 기술로 주목받는다. 블록체인은 '제2의 인터넷'이 될 것이라는 기대와 함께 한계성에 대한 지적을 받으면서 논란의 중심에 서 있다. 이 책에서는 암호화폐나 블록체인에 대한 설명보다는 인터페이스 측면에서만 살펴볼 예정이다.

돈 탭스콧과 알렉스 탭스콧은 《블록체인 혁명》에서 4차 산업혁명 시대에 인공지능을 뛰어넘는 거대한 기술로 블록체인을 조명하고 있다. 돈 탭스콧은 2016 테드 서밋TED Summit에서 '블록체인이 돈과 경제를 어떻게 변화시키고 있는가'라는 제목으로 강연을 진행했다. 강연에서 설명한 내용 중에 송금에 대한 내용이 있다. 일반적으로 해외에 송금을 보내기 위해서는 은행, 그것도 해외 거래가 가능한 은행을 이용해야 한다. 온라인이든 오프라인이든 돈을 송금하는 데는 적게는 수 일에서 몇 주가 걸리기도 하며 비싼 수수료를 지불해야만 한다. 또한 이러한 모든 행동은 중앙 집중화된 은행의 시스템에 전적으로 의지해야만 한다. 이에 비해서 블록체인 기술을 사용하면, 수 분 내에 암호화폐를 통해서 송금할 수 있고, 이러한 암호화폐를 일정액의 수수료를 받고 바로 환전해서 실물화폐로 바꾸어주는 서비스가 존재한다고 한다. 즉, 송금을 위한 인터페이스가 은행에서 암호화폐로 바꿀 수 있다는 것이다.

돈 댑스콧의 발표 내용을 인용하면 다음과 같다:

"아날리에 도밍고는 가사 도우미입니다. 토론토에 살고 매달 웨스턴 협동조합 사무실에 현금을 가지고 가서 마닐라에 있는 어머니에게 송금합니다. 수수료만 약 10퍼센트이고 도착하는 데 4~7일이 걸리며 언제 도착하는지 수신자가 알 수도 없습니다. 그녀는 매주 이걸 처리하는 데 다섯 시간 걸립니다. 6개월 전 아날리에 도밍고는 아브라라는 블록체인 애플리케이션을 사용했습니다. 모바일 기기로 300달러를 보냈죠. 그녀 어머니의 기기로 중개인을 거치지 않고 직접 보냈습니다. 그리고 어머니는 그녀의 기기를 보고 우버와 비슷한, 아브라 '은행원'들 중 별 다섯으로 평가된 7분 거리에 있는 은행원을 선택하면 문에 남자가 나타나서는 필리핀 페소를 주고 그녀는 지갑에 넣으면 됩니다. 이 모든 것은 몇 분이면 되고 수수료는 2퍼센트뿐이었습니다. 번영을 위한 큰 기회죠."

블록체인은 중앙 집중화된 시스템이 아닌 분산된 원장으로 모든 거래를 기록하여 실시간으로 이루어지는 모든 것을 디지털화할 수 있다. 또한 무결성의 네트워크화를 통해서 보안과 위변조를 방지할 수 있기 때문에 다양한 분야에서 활용할 수 있다. 블록체인은 말 그대로 블록에 데이터를 담아서 체인 형태로 연결하여 수많은 컴퓨터에 동시에 이를 저장하고 복제하는 분산형 데이터 저장 처리 기술이라고 보면 된다. 이러한 방식은 참여자 모두에게 데이터가 복제되어 저장되고 볼 수 있으며, 각 블록의 데이터를 대조하여 데이터를 위변조할 수 없도록 만들어 준다(실제로 데이터를 위변조하기 위해서는 51퍼센트의 노드를 장악해야만 가능하다). 탈중앙화 기부 플랫폼이나 중고차거래(수리 명세, 거래 명세 등이 블록에 저장되므로 불법 거래를 봉쇄할 수 있다), 생체 인증, 부동산 거래부동산 등 기부 등본와 같은 블록체인 프로젝트들이 진행 중이다.

인터넷이 새로운 정보를 습득하고 교류하는 인터페이스로 동작하기 시작하면서, 일부에서 독점하던 정보를 많은 사람이 공유하고 이용할 수 있는 자유를 가져다주었다. 다양한 플랫폼이 등장하고 이러한 플랫폼이 인터넷 서비스를 이용하는 인터페이스로 동작하면서 플랫폼을 보유한 기업의 힘이 막강해지고 사용자가 편리하다고 느끼는 반면에 정보가 중앙으로 모이고 있다. 에어비앤비를 예로 들어보면, 호스트유 휴공간을 제공하는 사람와 게스트공간이 필요한 사람를 연결하는 플랫폼이자 인터페이스로 서비스 중이다. 그러나 에어비앤비가 하는 이러한 인터페이스 역할은 모든 정보가 에어비앤비 플랫폼 내에 저장되며, 통제를 받는다. 그러나 만일 이러한 에어비앤비를 블록체인으로 바꾼다면 어떻게 될까? 가상의 숙소 거래 블록체인은 호스트와 게스트를 직접 연결하고, 암호화폐로 예약을 진행할 수 있으며, 사용자들의 의견도 이 블록체인에 저장이 된다면 근본적으로 위변조가 불가능하다. 즉, 에어비앤비와 같은 공유 플랫폼은 블록체인 시대에 있어서는 개인 간 직접적인 거래를 방해하는 장벽으로 존재하게 될 것이며, 블록체인상에 구현된 가상의 공유 플랫폼으로 대체될 가능성이 커진다.

　인터넷 시대에서 콘텐츠는 중요하다. 인터넷 시대 초창기에는 전문가들에 의해서 양질의 콘텐츠가 생성되었지만 점차로 일반인들도 다양한 플랫폼에서 콘텐츠를 생산한다. 블로그 사용이 일반화되면서 콘텐츠가 많이 생성 되었으며, 개인 방송이나 유튜브 동영상을 제작하는 크리에이터가 출현하였다. 이러한 크리에이터가 자신이 만든 콘텐츠에 대해서 보상을 받게 된 시기는 오래되지 않았다. 보상을 받고 있다고 하더라도 플랫폼 기업에 종속되어 있으며 투명하고 공정하게 보상을 받고 있는지를 명확히 판단하기는 어렵다.

2016년, 네드 스콧과 다이넬 라리머는 스팀Steem이라는 블록체인을 기반으로 하는 암호화폐를 발표하면서 소셜 미디어와 콘텐츠를 중심으로 하는 '스팀잇Steemit'이라는 블록체인 소셜 네트워크 시스템을 발표한다. 글이나 동영상(디튜브Dtube-스팀 기반의 유튜브 같은 동영상 플랫폼) 같은 콘텐츠를 올리면, 이는 블록체인상에 저장되며 다른 사람들이 추천해서 콘텐츠를 올린 사람이 보상받는 시스템이다. 보상은 암호화폐로 지급되며, 이를 암호화폐 거래소에서 환전할 수 있다. 스팀잇은 출시 이후로 5천9백만 달러가 보상으로 스팀잇 사용자에게 지급되었다고 한다. 국내에서는 라인이 링크Link라는 암호화폐를 만들어 콘텐츠에 기여하는 사람에게 보상으로 지급하여 양질의 콘텐츠를 수급하려고 한다.

블록체인이 새로운 인터페이스로서 그동안 인터넷 플랫폼이 누리던 지위를 위협할 가능성도 배제할 수는 없다. 아직 현실이 되지 않았지만 그 파괴력을 상상해보면 새로운 인터페이스로서 잠재력이 크다. 또한 암호화폐도 아직 실생활에 이용하기 쉽지는 않지만, 은행을 통하지 않고 직접 거래할 수 있는 새로운 디지털 화폐 인터페이스가 될지 살펴보는 것도 흥미로운 일이 될 것이다.

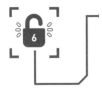

폴더블 스크린, 화면 인터페이스 전쟁을 촉발하다

아이폰에 의해서 촉발된 스마트폰 전쟁은 이제 새로운 국면을 맞이하고 있다. 혁신적인 인터페이스와 편리함을 제공했던 아이폰은 이제 안드로이드 진영과 전쟁에서 유리한 국면을 가져오지 못하고 상향 평준화 되었다는 평가를 받는다. 또한 시장도 포화 상태에 이르렀으며 일부 개발도상국의 수요를 제외하고는 정체기를 맞이하고 있다. 이에 스마트폰과 스마트폰 OS로 경쟁하기에는 어려워지고 있으며 콘텐츠를 소비하는 인터페이스로 스마트폰 시장을 재정립하려고 한다.

애플은 아이폰과 아이패드를 이러한 콘텐츠와 서비스 인터페이스로 정의하고 아이클라우드, 음악, 애플 TV +, 아케이드 등 콘텐츠와 서비스를 강화하는 전략을 취하고 있다. 안드로이드 진영에서는 직접 콘텐츠를 제공하기보다는 콘텐츠 소비 기기를 중심으로 화면을 키우거나 새로운 폼 팩터를 적용하는 전략을 취하고 있다.

세계 스마트폰 시장 점유율 1~2위를 차지하고 있는 삼성전자와 화웨이는 폴더블 스마트폰 개발에 뛰어들었다. 기존의 스마트폰의 스크린이 커지고 있었지만 휴대성을 생각하면 무조건 크게 만들 수는 없는 한

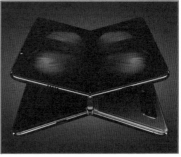

[화웨이 메이트X(좌) 삼성전자 갤럭시 폴드(우) 제품 사진]

계가 있었다. 또한 태블릿 시장이 존재하고 있으며 콘텐츠 소비에는 태블릿이 더 적합한 상태였다. 이에 삼성전자와 화웨이는 폴더블 스마트폰의 출시를 준비하며 서로 먼저 제품을 출시하기 위해서 치열한 경쟁을 펼친다. 삼성전자는 내구성 문제로 한 차례 연기하지만 화웨이보다 먼저 갤럭시 폴드를 2019년 9월 6일에 출시한다. 화웨이는 메이트X라는 아웃 폴드 방식의 폴더블 스마트폰을 출시했으며, 2021년에는 삼성전자와 동일하게 인폴드 방식으로 전환했다. 시장에 판매 중인 갤럭시 폴드의 경우, 초기에 시장에서 혁신적인 제품으로 인정을 받으면서 판매량이 늘고 있기는 하지만 시장에서 성공 여부는 조금 더 시간이 지난 후에 판명이 날 것이다.

삼성전자와 화웨이는 디스플레이 기술이 발전하면서 접고 펼칠 수 있는 화면 개발이 가능해지자 새로운 화면 인터페이스 시장을 선점하고자 한다. LG전자에서는 롤러블 폰을 개발하였지만, 시장에서 철수한다. 세계 최초의 롤러블 폰은 중국기업이 될 것으로 예상된다. 스마트폰에 폴더블 화면을 넣으면서 휴대성과 대화면을 동시에 적용할 수 있기 때문에 새로운 경험을 제공해 줄 수 있다. 아직 기술적으로는 두께나 무게 등 개선해야 할 사항이 많고 높은 가격 등 장애물이 있기는 하지만 사용자들은 폴더블 폰이 주는 넓은 화면 경험과 기능에 대해서 거부감이 없다는 점은 어느 정도 검증이 된 상태이다. 주류 시장까지 장악하게 될지는 조금 더 시간을 두고 살펴봐야 할 것 같다.

　삼성전자와 화웨이가 폴더블 스마트폰이라는 기술 중심의 화면 인터페이스 경쟁을 하는 시기에 LG전자는 재미있는 전략을 취한다. 가격과 실용성을 위해서 폴더블 폰이 아닌 플립 커버에 스크린을 하나 더 장착하여 듀얼 스크린으로 사용할 수 있도록 한 것이다. 제품 출시 전에 LG전자 내부에서도 출시를 반대하는 의견이 많았다는 이야기도 들리지만 후속 기종이 나올 정도로 사용자에게 호응을 얻고 있다. 게임을 하는 모습을 보면 닌텐도 DS의 인터페이스 전략을 적용한 것이 아닌가 할 정도로 유사한 전략을 취하고 있다.

　삼성전자나 화웨이처럼 기술 중심의 전략이 아니라 사용성 위주의

[LG전자 V50 듀얼 스크린 스마트폰]

전략도 충분히 시장에서 통할 수 있다는 점을 보여주는 좋은 예이다. 마이크로소프트는 안드로이드 기반의 서피스 듀오라는 듀얼 스크린 모바일 기기를 출시한다. 꼭 폴더블 스마트폰이 아니더라도 듀얼 스크린을 제공하는 모바일 기기가 시장에서 충분히 경쟁이 가능할 것이다.

패블릿이 등장하고 폴더블 스마트폰, 듀얼 스크린 스마트폰 등이 나오면서 콘텐츠 소비를 위한 최상의 기기라는 찬사를 받던 태블릿은 시장이 축소되는 상황이다. 이러한 상황에서 애플은 새로운 맥OS인 카타리나를 배포하면서 사이드카라는 새로운 기능을 발표한다. 카타리나와 새로운 아이패드 OS를 설치하면, 아이패드를 듀얼 스크린으로 사용하거나 새로운 입력 기기로 사용할 수 있는 기능이다.

PC나 노트북에서 듀얼 스크린이 생산성을 높여준다는 점은 여러 기관의 연구 결과로 증명되었다. 애플의 사이드카는 닌텐도 DS의 전략과 듀얼 스크린 전략이 적절하게 혼합된 새로운 인터페이스 전략이다. 이를 통해서 아이패드나 맥 제품의 판매를 획기적으로 늘릴 것으로 기대하지는 않지만 기존에 아이패드를 보유하고 있는 사용자에게 전혀 새로운 경험을 제공할 수 있다는 점에서는 큰 의의가 있다. 또한 향후 맥OS의 애플리케이션과 아이패드의 애플리케이션이 통합된다면 이러한 통일된 사용자 경험은 충분히 경쟁력을 확보할 수 있을 것이다.

디스플레이 기술이 발전하면서 하드웨어적인 화면 인터페이스가 혁신적으로 바뀌리라는 것은 명확하다. LG전자가 발표한 롤러블 TV와 같이 스크린이 말려 들어가는 형식의 다양한 제품도 출현할 것이며 상황에 따라서 다양하게 활용이 가능한 스크린을 가진 기기가 출현할 날도

[영화 〈아바타〉의 홀로그램을 이용한 장면]

멀지 않았다. 결국 이러한 디스플레이 기술_{하드웨어 측면}의 인터페이스 기술은 휴대성과 활용성, 사용자 경험 측면에서 진보를 이루면서 발전해 나갈 것이다. 이러한 화면 인터페이스는 전통적인 2D에 의존하는 측면이 있다.

미래의 어느 시점에서는 이러한 2D 중심의 화면 인터페이스는 3D 공간 인터페이스로 전환이 이루어질 것이다. VR같이 별도의 기기를 착용하여 3D 화면 인터페이스를 지원하기는 하지만, 향후에는 홀로그램과 같이 3D를 구현하는 공간 인터페이스 기술이 일반화될 것이다. 영화적인 상상력이 언제 현실화될 지 아직 알 수 없지만, 3D 공간 인터페이스가 과연 최상의 인터페이스인지는 좀 더 많은 연구와 검증을 거쳐야 할 것이다.

보이지 않는 인터페이스가 가능하다?

아마존은 최근 아마존 고라는 일종의 무인 매장을 오픈한다. 기존 매장은 점원과 계산대라는 전통적인 인터페이스가 존재하였지만, 아마존 고는 전용 애플리케이션을 이용하면, 줄을 설 필요도 없고 계산대도 필요가 없다. 이러한 시도는 스마트 태그RFID를 이용한 스마트 매장에서 최초로 시도했다. 그러나 구축에 들어가는 비용뿐만 아니라 매장과 소비자 양쪽에서 불편을 호소하여 널리 사용되지 못하고 사라졌다.

아마존 고는 머신 러닝과 컴퓨터 비전, 인공지능, 자율 주행 등 다양한 첨단 기술을 융합하여 저스트 워크아웃 테크놀로지Just Walk Out Technology를 매장에 적용했다. 저스트 워크아웃 테크놀로지는 고객이 쇼핑하는 동안 자율 주행 센서가 부착된 원형 카메라가 쇼핑객의 동선을 따라다니며 진열대의 상품을 집어 들거나 내려놓는 행위를 정확히 인식해 반영하는 기술로, 이 기술을 이용하여 고객이 물건을 장바구니에 집어넣는 순간에 구매 목록에 추가되고 매장을 떠나는 순간에 결제가 이루어진다.

이러한 기술은 매장을 이용하기 위한 전통적인 인터페이스인 점원과 계산대를 없애면서 비용을 절감할 수 있도록 해준다. 고객은 계산대에서 대기할 필요도 없고 물건을 꺼내놓을 필요도 없다. 인터넷 쇼핑과 유사하게 타인을 의식할 필요도 없으며 오프라인의 특성상 물건을 직접 확인 가능하다. 현재는 직접 가져간다는 점만 제외하면 온라인 쇼핑보다 오히려 편리하다(배송도 향후에는 드론, 로봇으로 대체될 수도 있다). 고객은 아마존 계정만 있으면 별다르게 눈에 보이는 인터페이스를 거치지 않고도 원하는 물건을 구입할 수 있다.

AI의 발전에 따라서 애플의 시리나 아마존의 에코, 삼성전자의 빅스비 같은 음성 인터페이스 기반으로 하는 기술 경쟁이 치열하게 전개된다. 인간의 의사소통의 가장 기본적인 도구인 음성이 기술의 발전에 힘입어서 향후 보편적인 인터페이스 중 하나로 여겨지게 될 날이 머지 않았다.

영화 〈아이언맨〉의 자비스와 같은 개인화된 AI 비서가 출현하게 될 것이다. 2019년 2월, BMW는 모바일 월드 콩그레스 2019 BMW 내추럴 인터렉션Natural Interaction이라는 인터페이스 기술을 공개한다. 5G 시대

[BMW 내추럴 인터랙션 시연 화면]

가 도래하면서 자동차 시장에서 커넥티비티는 중요한 요소로 작용한다. 대용량의 데이터를 클라우드에 전송할 수 있고 이를 통해서 빅데이터와 AI에 의해서 분석된 데이터를 다시 자동차에 빠르게 전송할 수 있게 됨으로써 정교한 자율 주행뿐만 아니라 다양한 경험을 제공할 수 있게 된 것이다.

BMW에서는 정교한 센서 기술을 이용하여 음성뿐만 아니라 인간의 시선이나 동작을 감지하여 자연스럽게 정보를 띄우는 인터렉션 기술을 선보인 것이다. 화면과 같은 인터페이스는 기술 발전과 함께 가장 오래되고 익숙한 인터페이스로 자리 잡고 있다. 이러한 인터페이스가 과연 인간에게 유익한 인터페이스일지는 다시 한번 엄밀하게 따져 볼 필요가 있다.

스마트폰의 보급률이 높아지고 대부분의 사람이 스마트폰을 보유하게 되면서 스마트폰 자체가 인터페이스 역할을 하거나 이러한 방식으로 서비스를 제공하는 경우가 많다. 스마트폰과 연동된 스마트 도어락을 한 번 살펴보자. 스마트폰을 이용해서 원격에서 자신의 집 문을 열거나아마존키 일시적인 비밀번호를 생성해 문을 열 수도 있다. 그러나 스마트폰 자체가 키 역할을 하는 애플리케이션을 상상해 보면, 집 앞에 도착하여 스마트폰을 꺼내고 전원을 켜고 인증하고 애플리케이션을 실행하여 비밀번호를 입력해야만 비로소 문을 열 수 있다.

그러나 문을 연다는 행위를 위해 필요한 것은 열쇠와 문손잡이일부는 자동문뿐이다. 진짜로 편리한 인터페이스는 자신의 문 앞에 서면 자동으로 문이 열려서 아무런 방해 없이 집에 들어갈 수 있도록 해주는 인터페이스일 것이다. 단지 서비스를 늘리거나 기술 개발자들이 지나치게 스마트폰의 휴대성과 편리함에 매몰되어 있어서 스스로 인터페이스의 제약을 만들고 있지는 않은지 생각해 볼 문제이다. 자신의 자동차 스마트 키는 자신의 차를 열 수 있도록 고안되어 있다. 모든 사람이 차량을 소유하고 스마트 키를 가지고 있다고 볼 수는 없지만, 이러한 원리를 이용하여 자량의 키를 지닌 채 문 앞에 서면 자동으로 잠금이 해제되는 그런 기능이 있다면 편리하지 않을까 하는 생각이 든다. 인터페이스 측면에서는 이러한 사용자의 근본적인 목적을 고려해야 하며 최소한의 관여나 장치로 방해 없이 보이지 않게 처리할 수 있다면 새로운 경험을 제공할 수 있을 것이다.

미래 선점 키워드: 디자인과 인터페이스, 그리고 인터페이스 아이덴티티

디자인과 인터페이스의 관계는 UI처럼 일부 영역은 교집합을 이루기도 하고, 닌텐도 위의 동작 인식처럼 전혀 별개로 취급되어야 한다. 초기 아이팟의 클릭 휠과 같이 하드웨어 디자인 영역으로 볼 수 있는 부분과 클릭 휠로 조작해서 인터렉션이 일어나는 순수한 인터페이스 영역을 동시에 의미할 수도 있다. 제품이나 서비스의 성공에 있어서 디자인의 중요성을 간과할 기업은 없을 것이다. 그러나 인터페이스 자체의 중요성에 대해서는 제품과 서비스의 핵심 성공 요소로 생각하는 기업은 많지 않다. UI의 중요성을 인정하고 있지만 성공의 핵심요소로 여기지 않고 있다. 특히나 하드웨어 중심의 회사에서는 하나의 팀이나 부서에서 처리하면 되는 정도로 생각하고 있을 수도 있다.

세탁기를 만드는 기업이 있다고 가정해보자. 핵심 기술을 개발하는 부서가 존재할 것이며, 생산과 관련된 부서가 있을 것이다. 또한 마케팅과 영업을 담당하는 부서도 있을 것이다. 물론 디자인을 담당하는 부서도 있다. 인터페이스는 이런 디자인 부서에서 일부 팀이나 인원이 담당하고 있을 것이다. 디자인부서는 제품의 외관뿐만 아니라 활용성, 편의성 등 다양한 요소를 고려하여 제품을 디자인할 것이다.

그러나 회사 차원에서 통합된 인터페이스를 전담하는 부서가 존재하고 있는지는 의문이다. 회사의 브랜드 아이덴티티처럼, 조만간 인터페이스 아이덴티티가 더욱 중요해지는 시대가 올 것이다. 세탁기의 인터페이스를 선풍기에는 적용할 수 없는 것일까? 또는 전자레인지에 적용하면 무리일까? 일관되고 뛰어난 인터페이스 아이덴티티를 확보한 기업의 제품은 인터페이스만으로도 직관적으로 사용법을 알 수 있으며 회사의 브랜드를 바로 알아챌 수 있게 만들 것이다. 조금 시간이 흐르기는 했지만 클릭 휠 인터페이스 하면 애플이 떠오르는 것처럼, 인터페이스가 회사를 인식하게 만들 수도 있다.

지금과 같이 UX의 중요성이 강조되는 시대는 일찍이 없었다. 서비스 기획과 디자인에서 UX를 고려해야 하며, 사용성 테스트로 검증하기도 한다. 앞서 지적한 것처럼, UX의 중요성에 비해서 전향적으로 투자를 하는 기업은 생각보다 많지 않다. 일부 경영진의 UX에 대한 인식의 정도에 따라서 UX와 관련된 투자인력 규모가 결정된다. 인터페이스와 인터렉션을 통해서 이루어진 결과물인 UX는 인터페이스와 함께 회사의 핵심 영역으로 정의해야 한다. 심지어는 인터페이스를 먼저 설계하고 이러한 인터페이스에 맞게 제품을 개발하는 프로세스를 진행할 수 있는 기업이 등장해야 한다.

애플의 무선 이어폰인 에어팟은 인터페이스 설계가 먼저 이루어진 좋은 사례이다. 이전에 블루투스 이어폰은 존재하고 있었지만 실제로 사용하기에는 어려움이 있었다. 애플은 이어팟을 무선으로 개발하기로 하면서 이에 필요한 기술을 직접 개발한다. 다른 기업들이 기존 기술의 한계점을 인식하면서도 현실에 안주하는 동안, 애플은 무선 이어팟이라는 확실한 인터페이스 전략을 중심으로 기존의 문제를 해결하기 위한 전용칩을 개발하는 등 새로운 혁신을 이루어 낸다.

에어팟은 작은 기기 내에 배터리부터, 터치 인터페이스, 무선 통화 등 다양한 기술과 인터페이스를 갖추고 시장에서 승승장구한다. 이러한 전략이 시사하는 바는 명확하다. 인터페이스와 디자인을 완료한 후에 기술을 적용하는 방식을 취하는 것이다. 현존하는 기술이 없다면 적합한 기술을 개발하고 사용자 경험에 문제가 없을 때까지 테스트한 후에 출시한다. 애플은 기술 중심의 회사에서는 결코 생각할 수 없는 방식으로 제품을 개발하고 출시하여 성공한다. 에어팟은 특유의 디자인으로 출시 초기에 조롱을 받기도 했지만 현재는 시장을 주도하고 있는 혁신적인 제품으로 인정받는다.

회사의 전담 부서에서 인터페이스를 설계하고 기업의 인터페이스 아이덴티티를 세우는 작업은 향후 중요성이 증가할 것이다. 점차로 인터페이스가 사라지는 시대에 접어들고 있지만, 뇌파와 같이 직접적으로 우리의 두뇌와 인터페이스하지 않는 한은 보이는 인터페이스가 근시일 내에 사라지지는 않을 것이다. 인터페이스만 확인해도 어느 기업의 제품인지를 인식할 수 있게 만드는 기업은 미래에도 성공할 수 있다. 그러므로 인터페이스와 인터페이스 아이덴티티 확보의 중요성을 인식하고 늦지 않게 투자해야 할 것이다.

AI 시대를 지배하는 경영의 핵심

인터페이스
혁명이
온다

1판 1쇄 펴낸 날 2021년 6월 9일

지은이 신성석
펴낸이 나성원
펴낸곳 나비의활주로

책임편집 유지은
디자인 design BIGWAVE

주소 서울시 성북구 아리랑로19길 86, 203-505
전화 070-7643-7272
팩스 02-6499-0595
전자우편 butterflyrun@naver.com
출판등록 제2010-000138호
상표등록 제40-1362154호

ISBN 979-11-90865-34-0 03320